IP 知识产权专题研究书系

LUN WOGUO ZHUANLI
XINGZHENG CHUFAQUAN DE
BIANJIE

论我国专利行政处罚权的边界

万里鹏 著

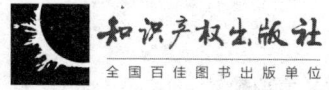

知识产权出版社
全国百佳图书出版单位

图书在版编目（CIP）数据

论我国专利行政处罚权的边界/万里鹏著. —北京：知识产权出版社，2017.4

ISBN 978－7－5130－4857－6

I. ①论… II. ①万… III. ①专利—行政处罚法—研究—中国 IV. ①D923.424

中国版本图书馆 CIP 数据核字（2017）第 075143 号

内容提要

该书较为系统详细地论述了专利行政执法制度中两个关键性问题，即专利行政处罚权是该扩张还是该限制以及处罚权的边界该如何界定。在理论准备方面，分别从行政权边界的一般理论、专利行政处罚权的理论基础以及边界研究的框架和分析工具进行论证。通过梳理行政权与公权力、私权力、私权利以及公权利这四对基本范畴，引申出行政权边界构造的内部边界和外部边界。在专利行政处罚的域外考察部分，重点分析美国、英国、墨西哥等国家的知识产权行政保护制度及其实践。同时，在信息公开视角下探讨了专利行政处罚权及其制度机制。

责任编辑：可　为　　　　　　　责任校对：潘凤越

封面设计：SUN 工作室　　　　　责任出版：刘译文

论我国专利行政处罚权的边界

万里鹏　著

出版发行：	知识产权出版社 有限责任公司	网　　址：	http://www.ipph.cn
社　　址：	北京市海淀区西外太平庄 55 号	邮　　编：	100081
责编电话：	010－82000860 转 8335	责编邮箱：	kewei@cnipr.com
发行传真：	010－82000893/82005070/82000270	发 行 电 话：	010－82000860 转 8101/8102
印　　刷：	北京嘉恒彩色印刷有限责任公司	经　　销：	各大网上书店、新华书店及相关专业书店
开　　本：	880mm×1230mm　1/32	印　　张：	8
版　　次：	2017 年 4 月第 1 版	印　　次：	2017 年 4 月第 1 次印刷
字　　数：	210 千字	定　　价：	30.00 元
ISBN 978-7-5130-4857-6			

前　言

　　专利行政执法制度是一个具有中国特色的知识产权保护制度。目前，在理论和实践中存在以下两点疑惑：第一，专利行政处罚权是该扩张还是该限制？即专利行政执法制度的发展趋势问题。第二，专利行政处罚权的边界应该如何界定？即专利行政执法制度的发展模式问题。虽然这两点在学界历来存在争议，但很少有人对其进行较为系统、详细的论证。常见的论述要么是从"专利权是私权"推导出公权力不应过多介入专利法这一私法领域，要么是基于专利权的私权"公权化"趋势及其负载的维护公共利益等多重目的而获得行政保护的正当性。这两种论证进路都未能全面触及专利行政执法制度运行的根本，即法律赋予管理专利工作的部门实施行政执法的行政权及权力的边界范围。此外，本书还特别论述了知识产权行政处罚案件信息公开机制及其对专利行政处罚制度的影响。

　　在理论准备方面，本书分别从行政权边界的一般理论、专利行政处罚权的理论基础以及边界研究的框架和分析工具三个方面进行论证。通过梳理行政权与公权力、行政权与私权力、行政权与私权利以及行政权与公权利这四对基本范畴，引申出行政权边界构造的类型，即行政权与公权力的内部边界和行政权与私权利的外部边界。同时，在政策语境下界定专利行政处罚（权）的内涵和设定。为了反映出专利行政处罚制度研究的特殊性，从一般意义上的行政处罚、商标行政处罚、专利刑罚以及专利行政裁决四个角度进行对

比研究。在专利行政处罚的国际协定与域外考察部分，主要以
TRIPs 为范本研究了与专利行政处罚有关的规定条款，并重点分析
了美国、英国、墨西哥等国家的知识产权行政保护制度及其实践。
最后，搭建出专利行政处罚权边界研究的基本框架，即专利行政处
罚权与公权力的内部边界和专利行政处罚权与私权利的外部边界。
一方面，选取公共政策的效果评价作为构造专利行政处罚权边界的
评估准则；另一方面，在具体的制度分析时按照行政合法性和行政
合理性的行政法基本原则之要求，明晰了处罚法定、处罚公正、处
罚公开等基本准则。

与公权力的边界界定，主要从立法权、司法权、相关行政执法
权三个方面展开。在与立法权的边界论证部分，结合我国专利行政
处罚制度的行政立法现状，认为我国现行两类主要的专利行政立法
文件（地方性专利法规和专利行政执法办法）均不同程度存在越权
设定行政处罚的缺陷。从而得出具体的立法规制路径：新设专利行
政处罚的种类、幅度必须先在《专利法》或其实施细则的修订中予
以规定；在新一轮《专利法》修改之际，地方立法机关应及时修
订、废止相关专利法规，删除越权设定行政处罚的相关内容，国家
知识产权局也要启动对《专利行政执法办法》的修订工作。在与司
法权的边界论证部分，首先从行政权与司法权的制约关系和衔接机
制方面进行一般性论述，进而推导出司法权对专利行政处罚权的限
制规则：专利权效力判定的去行政化；专利侵权纠纷处理的弱行政
化；专利行政处罚的司法监督。相应地，从专利行政处罚证据的效
用、专利行政处罚决定的效力以及专利行政处罚与刑事司法的衔接
三个方面论述了专利行政处罚权对司法权的影响作用。在与相关行
政执法权的边界论证方面，梳理了广义上的专利行政处罚体系，并
从行政处罚主体和行政处罚管辖方面进行详细介绍。在此基础上，
归纳出专利行政处罚权限冲突的表现形态及其原因，并对现有权限
冲突的规制方式进行评价。继而得出，以跨部门协作为主的行政协
作机制是提高专利行政处罚效率的发展路径。

　　与私权利的边界界定，在"活私开公—公私共创"的公共哲学范式下，从行政参与主体论的角度重新解构专利行政处罚权与私权的边界体系，继而分别从行政相对人和行政相关人两个方面构造与行政处罚权的边界。对于行政相对人，专利行政处罚裁量基准制度有利于保障其实体权利免于不当裁量之侵害，而简易程序、一般程序和听证程序的完善则是从程序方面进一步规范行政处罚权之行使。对于行政相关人，考虑到其利益诉求往往与行政执法主体所维护的公共利益具有共通性，借鉴法律制度激励功能的相关理论，在法律文本和激励模式设计的基础之上提出行政主体与行政相关人互动激励的边界构想，以尽可能地鼓励行政相关人参与到行政程序中、协助行政主体提高专利行政处罚的效益水平。

　　结合信息公开机制探讨专利行政处罚权的边界问题，一定程度上可称之为前述边界论证结论的具体分析。一方面，从制度层面阐述行政处罚信息公开制度的背景和机理等问题，并分析其存在的问题和发展趋势。另一方面，从《专利法》第四次修订草案的具体文本层面论述专利行政处罚权的扩张趋势，并对扩张抑或限制的选择进行理论反思和现实困境的考量。本书认为，专利行政处罚信息公开会使专利行政执法部门的执法能力面临考验，被处罚人基于"信用利益"也可能频繁提起行政诉讼。前者归因于行政权的特性、执法主体的尴尬地位以及专利侵权判断的复杂性，后者由于与被查处人切身"信用利益"相关而激发其不断积极维权的意识。据此，从立法、执法、管理体制三个维度进行对策探讨：《专利法》需慎重划定专利行政处罚权的边界，并对相关行政处罚条款提出了立、改、废的建议；以信息公开促进专利行政执法办案质量的提高，凸显行政处罚案件信息公开作为一种外部制约机制的功能发挥；探索建立跨部门协作的专利执法长效机制，这符合国家深化行政执法体制改革的基本方向。

目　录

第 1 章 导 论

由于历史沿革，我国长期以来在专利保护上实行行政执法与司法保护平行的"双轨制"模式。这种方式是世界上多数国家通行的做法，唯其特色在于，实行行政管理机关直接执法和法院等司法机关司法保护并存的"双轨制"。随着《与贸易有关的知识产权协定》（TRIPs）对知识产权私权属性的进一步明确，这一观念已逐步深入我国知识产权法律实务和学术研究中。私权、公权这一二元矛盾的相互博弈和紧张关系始终存在。时至今日，主流观点对专利领域中的行政化去留问题已无过多争议，但行政执法权的边界问题仍然是引发专利行政执法一系列纷争的症结所在。目前，国内外很少有这方面的系统性研究。本书以《专利法》第四次修订为契机、以修法中涉及的专利行政处罚条款为样本，对"专利行政处罚权的边界"这一专利保护制度中的基础理论命题展开研究。

1.1 研究背景与问题提出

本书来源于国家社会科学基金重大招标项目"促进自主创新能力建设的国家知识产权政策体系研究"子课题二（促进自主创新能力建设的现行知识产权政策成效与局限）。专利制度是与自主创新能力建设最密切相关的制度之一，我国现行专利政策在促进自主创新能力建设方面的成效如何？存在哪些问题和不足？对此展开系统研究和客观评价是实现本课题目标——优化、重构促进自主创新能力建设的知识产权政策体系的基石。本书聚焦研究的专利执法政策体系，是国家知识产权政策体系的重要组成部分。选取"专利行政处罚权的边界"进行研究，主要基于我国专利保护制度的一些国际、国内背景。

1.1.1　国际背景

1994 年由世界贸易组织（WTO）施行的 TRIPs 获得一致通过。TRIPs 开创了一个成熟的、有约束力的全球知识产权体制，该体制深入到了各国国内的监管环境。[1]随着知识经济的不断发展和国际政治格局的演变，在 WTO 框架下围绕知识产权保护的造法活动日益活跃，其特征表现为美欧等发达国家牵头、参与主体复杂、利益取向多元、地缘政治倾向明显、规范多样化和碎片化等。简言之，国际知识产权保护已进入后 TRIPs 时代。[2]"国际知识产权体制已转变为包括许多新参与者、根据新结构成立和运行并产生新规范的众多制度的体系，是一个比作为中心框架的 TRIPs 叙述更为复杂的图景"。[3]与此同时，基于知识产权的角力已成为当代国际竞争的本质特征。以美国高智发明公司全球收购、掌控核心专利为表征，悄然来临的全球新科技革命已经进入不宣而战的核心专利争夺阶段。发达国家和跨国公司在重要技术领域进行专利收购、专利布局和跑马圈地的同时，还从制度层面入手，一方面通过知识产权国际协调机制抬高知识产权的保护水平，另一方面利用各种手段打压发展中国家与激励自主创新相关的知识产权和竞争政策。面对国际环境，作为技术后发型的发展中国家，该如何结合本国经济社会发展程度抉择适宜的保护水平显得至关重要。

本书具体从 TRIPs – plus 条款、政府加强知识产权行政保护的基本趋势这两个方面来阐述相关国际背景。

1.1.1.1　后 TRIPs 时代之 TRIPs – plus 条款

TRIPs 是各方利益妥协的产物，是对 WTO 成员知识产权最低保护标准所做的原则性安排，并非全面保护知识产权的国际规则。后 TRIPs 时代[4]知识产权多边谈判停滞不前，主要知识产权出口国通过"体制转换",[5]以自由贸易协定（FTA）❶、双边投资协定（BIT）❷或专门的双边知识产权协定（BIP）❸为工具，在实力导向的双边或区域体制下推进其知识产权行动步伐，有关知识产权的国际立法正处于关键的变动之中。以该协议确立的最低保护标准为参照，TRIPs – plus 条款的渊源包括但不限于：各国国内法、WIPO 公约、双边知识产权协议、自由贸易协定等。TRIPs – plus 条款既涵盖旨在超越 TRIPs 保护标准、提高权利人保护水平的规定，也包括旨在缩小权利限制和例外的范围和有效性的措施，即"超出 TRIPs 规定的最低知识产权保护标准"。作为 TRIPs – plus 规则制定最积极的倡导者之一，美国执意推行知识产权高标准保护。比如，通过体制转换，在世界海关组织（WCO）、万国邮政联盟（UPU）、世界卫生组织（WHO）和八国集团（G8）推出了一系列涉及知识产权执法的 TRIPs – plus 条款。其中，世界海关组织关于《海关统一知识产权执法的临时标准》的谈判堪称发达国家在边境措施方面试图建立 TRIPs – plus 规则最狂热的努力。[6]发展中国家则开始有意识地运用有利于己的弹性条款甚至修改协议以摆脱其被动地位。在 WIPO 体制内，发展中国家凭借数量优势对美欧主导的发达国家的知识产权主张形成强大的制衡力，继而刺激了区域经济一体化的发展。

于 2011 年 5 月开放签署的《反假冒贸易协定》（ACTA）对知识产权执法提出了更高标准的要求，反映了国际知识产权执法的新动态和新趋势。ACTA 几乎全部是涉及执法方面的条款，从实体权利向执法实践的重心转移，表明国际知识产权保护在未来或许将主

---

❶　例如：US – Australia Free Trade Agreement；US – Chile Free Trade Agreement；EU – Korea Free Trade Agreement 等。

❷　例如：US – Bolivia Bilateral Investment Agreement；US – Uruguay Bilateral Investment Agreement 等。

❸　例如：Agreement between the Government of the United States of America and the Government of Ecuador Concerning the Protection and Enforcement of IPRs 等。

要围绕执法问题展开。[7] 我国是最大的发展中国家，也是全球主要的假冒产品产销地，在 ACTA 制定过程中，发达国家对我国始终选择性回避，这对我国非常不利，有可能制造新的贸易壁垒来打击发展中国家的出口商，便于发达国家重构新的世界贸易格局。ACTA 余波未平，美国贸易代表已经着手谈判新的贸易协议：《跨太平洋伙伴关系协议》（TPP）。TPP 增加新的知识产权执法措施：美国希望允许海关官员基于知识产权侵权怀疑而扣押在运药品，并试图提高知识产权侵权的损害赔偿额。由此可见，后 TRIPs 时代以美国为首的发达国家通过 TRIPs – plus 条款不断提高知识产权执法的标准，某种程度上是在迫使发展中国家被动接受对其不利的条件。然后通过 "棘轮效应" ❶ 将其推广到多边协定中。可以说，美国等专利强国已逐步撇开 TRIPs 对知识产权规定的最低保护标准，借助双边和多边谈判不断推行其强保护要求。表现在专利行政执法方面，就是不断要求我国提高专利执法保护水平、加大执法力度和惩罚水平。

总之，后 TRIPs 时代是我们研究专利行政执法问题的时代背景，TRIPs – plus 条款是相伴而生的必然产物和主要媒介，这构成了本书研究专利行政处罚问题最重要的国际背景。

1.1.1.2 政府加强知识产权行政保护的基本趋势

在经济全球化趋势不断加快和知识经济兴起的情势下，国际竞争的成败关键早已脱离了传统生产要素起决定作用的路径，知识产权的保护水平已经成为衡量国家综合国力的重要指标。纵观知识产权保护制度在主要发达国家和地区的适用，虽无统一的保护模式，但加强行政执法的趋势明显。在美国的行政机构中，海关与边防局、专利商标局、国土安全部、司法部、联邦调查局以及国会贸易代表办公室等都具有一定程度的知识产权执法权。白宫发布的报告

---

❶ 棘轮机构是由棘轮和棘爪组成的一种单向间歇运动结构，由棘轮机构的特征引发的只能前进不能后退的单向效应即称为棘轮效应。引自：武际可.从仙鹤喝水谈棘轮效应 [J].百科知识，2010（9）：33－36.

指出，为了加强知识产权执法，2008 年 10 月 13 日，美国通过了
《知识产权执行法案》，之后于 2010 年 6 月制定发布《知识产权执
法联合战略计划》，设立了由总统直接任命的知识产权协调专员，
并设立了跨联邦机构的"知识产权执法联席小组"，统一协调美国
联邦政府机构的知识产权执法。[8]2013 年，美国白宫再次发布计
划，反映出美国知识产权政策日益注重国家层面的战略部署，致力
于打造一个多层次、一体化的知识产权执法体系，并寻求使执法尽
可能地协调和高效。

　　欧盟也非常重视统一成员国的知识产权执法，特别是建立了比
较完善的海关知识产权执法制度。[9]欧共体早在 1994 年 12 月就通
过了一个《海关知识产权保护条例》（1999 年修订）。[10]为了进一
步贯彻落实 TRIPs 中有关海关措施的规定，欧共体于 2003 年 7 月
又通过了一个新的《海关知识产权保护条例》，取代了 1994 年的条
例。[11]与此相应，依据《欧共体条约》而成立海关联盟，基本实现
了欧共体海关组织一体化的目的，从而保障了知识产权在进出口环
节上获得有效保护。[12]2003 年之后，欧洲委员会专门提出了两项关
于加强知识产权执法的建议，一份是针对外部市场的：《关于起草
新规则以对来自欧盟之外输入的假冒货物加强海关扣押力度的建
议》；另一份是针对内部市场的：《关于统一欧盟内部各成员国知识
产权执法的建议》。相较于欧共体有关知识产权司法体系一体化的
举步维艰，知识产权行政机构的一体化进程较快。

　　日本为了实施"知识产权立国"的基本国策，先后颁布了
《国家知识产权战略大纲》《知识产权推进计划》《知识产权基本
法》等政策法律文本，并成立了由内阁总理负责的知识产权战略本
部，作为日本知识产权事务的最高决策机构。近年来，日本政府推
出多项举措以加强知识产权行政管理部门之间的协作。诸如，构建
处理知识产权侵权行为的一体化决策机制；强化海关查处力度，以
遏制侵权产品的流入；海关对进口仿冒产品的企业进行曝光等。[13]

　　韩国自 2008 年发生金融危机后，更加重视知识产权保护工作，

于 2009 年颁布《知识产权强国实现战略》，并于 2011 年 4 月通过
《知识产权基本法》。韩国知识产权行政保护的特色是行政部门之间
的联合执法行动，主要包括四个方面：一是构建中央和地方、政府
和行业协会之间相互配合的知识产权协调机制；二是设立联席会议
制度，以共同打击假冒侵权行为；三是为了加强边境执法力度，提
高海关、法院以及贸易部门之间的协作；四是加大对互联网侵权行
为的查处等。[14]

通过对上述国家知识产权行政保护现状的简要列举，可以基本
反映加强知识产权行政保护的基本趋势，也说明知识产权行政执法
已经获得了主要国家和地区的普遍适用。这不仅构成了本书探讨专
利行政执法问题的背景，也是可资借鉴的重要参照。

1.1.2　国内背景

我国采取双轨制的保护模式主要是由中国的特殊国情所决定
的。从历史演进上看，专利行政保护模式是在我国知识产权制度建
立之初，由于司法救济作为调处社会纠纷力量不足的情形下而作出
的制度选择。行政保护具有效率高、主动性强、弥补司法保护不足
等优点，在实践中取得的成效日益显现。以 2013 年为例，专利执
法办案总数已达 16227 件，相对于 2012 年增加了 79.8%，其中包
含专利纠纷之类的案件有 5056 件，增加了一倍左右。❶ 毫无疑问，
知识产权行政执法途径符合我国国情，是满足我国当前现实需求的
必然选择。这是本书论述专利行政执法制度总的国内背景。以下从
行政执法体制改革、最新《专利法》修订以及行政处罚案件信息公
开三个方面概述与专利行政处罚制度相关的国内背景。

1.1.2.1　行政执法体制改革不断深化

在党的十八届三中全会通过的《中共中央关于全面深化改革若

---

❶ 数据来源于国家知识产权局专利执法处公布的统计数据。[EB/OL].[2015 -
03 -04]. http://www.sipo.gov.cn/zlgls/zfgl/zftjyfx/.

干重大问题的决定》（以下简称《决定》）中，再次重申要维护宪法法律权威，深化行政执法体制改革。"确保依法独立公正行使审判权监督权，健全司法权力运行机制，完善人权司法保障制度。坚持用制度管权管事管人，让人民监督权力，让权力在阳光下运行，是把权力关进制度笼子的根本之策。必须构建决策科学、执行坚决、监督有力的权力运行体系"。作为执政党的重要决议，《决定》为国家进一步深化行政体制改革指明了方向。专利行政处罚权属于行政权范畴，权力的内涵和外延如何界定以及具体规定不能脱离国家确立的对行政执法体制改革的轨道。专利权是私权，行政保护与司法保护并行，如何权衡两者的界限显得尤为重要。是赋予行政机关准司法权，还是行政、司法联合办案，抑或削弱行政权限以充分发挥司法保护的主导作用，这些问题的讨论离不开我国目前及未来行政体制和司法体制改革的大方向。《决定》明确市场在资源配置中的决定作用，试行科学的宏观调控和有效的政府治理。对政府机关如何在各自领域调整好市场配置（私权自治）与行政权控制的关系提出要求，换言之，就是行政权的边界如何划定。

1.1.2.2 《专利法》第四次修订

《国务院关于进一步做好打击侵犯知识产权和制售假冒伪劣商品工作的意见》，要求有关部门研究修订法律法规，建立健全长效机制，有效打击侵权和假冒行为。为了落实该意见，国家知识产权局启动《专利法》修订工作。在实地调研和讨论等系列工作的基础上，聚焦于目前专利保护中的"举证难、周期长、成本高、赔偿低、效果差"的问题，❶ 国家知识产权局于 2012 年 8 月公布了《专利法修改草案（征求意见稿）》，并于 2013 年 1 月向国务院提交了《专利法修订草案（送审稿）》。草案中涉及专利行政执法权的内容

---

❶ 国家知识产权局. 意见征求：关于征求对《中华人民共和国专利法修改草案（征求意见稿）》意见的通知 [EB/OL]. [2015 - 03 - 04]. http://www.sipo.gov.cn/tfs/dtxx/jndt/201208/t20120810_736933.htm.

主要有以下几点。一是赋予行政执法机关调查取证权，为充分发挥行政执法机关在处理专利侵权纠纷中的作用，以解决权利人在侵权纠纷行政处理中的"取证难"问题，同时明确妨碍专利行政执法人员执行公务的责任。二是增加管理专利工作的部门对侵权赔偿额的判定职能，解决专利维权"周期长"的问题。三是明确无效宣告请求审查决定的生效时间及相关后续程序，规定宣告专利无效或者维持专利权的决定生效后，人民法院和管理专利工作的部门应当根据该决定及时审理和处理侵权纠纷。四是赋予管理专利工作的部门查处和制止恶性侵权行为的职能，同时明确国务院专利行政部门对全国有重大影响的专利侵权案件的组织查处职能，以解决专利维权"成本高、效果差"的问题。同时，正值我国《商标法》第三次修正案的通过以及《著作权法》处于新一轮修订过程中。已公布的2013 年修正的《商标法》和《著作权法修订草案（送审稿）》中均涉及知识产权行政执法部门的执法范围和内容的扩张。主要包括以下两个方面：一是赋予知识产权行政管理部门的行政处罚权限❶；二是赋予知识产权行政管理部门的行政查处权限❷。《专利法修订草案（送审稿)》正在审议过程中，正如已颁布修订的《商标法》经过多次审议，第四次《专利法》修订必将经历一个相对较长的过程。

1.1.2.3 行政处罚案件信息公开制度

2013 年 11 月 20 日，李克强总理主持召开国务院常务会议，通过了《关于依法公开制售假冒伪劣商品和侵犯知识产权行政处罚案

---

❶ 参见：《著作权法》第三次修订草案"送审稿"中删除"同时损害公共利益"的规定；2013 年修正的《商标法》第六十条赋予工商行政管理部门处理侵权纠纷，认定侵权行为成立，责令停止侵权，没收、销毁侵权商品，罚款等权利。

❷ 参见：《著作权法》第三次修订草案"送审稿"第七十三条；2013 年修正的《商标法》第六十二条。

件信息的意见》❶。会议要求，除涉及商业秘密和个人隐私外，适用一般程序查办的假冒侵权行政处罚案件信息应当主动公开。包括违法违规的主要事实、处罚种类、依据和结果等，做到公开透明，并及时回应社会关切。目前我国正抓紧建立健全覆盖全社会的征信系统，企业、个人等社会主体的征信记录与其自身利益密切相关，尤其随着网络信息传播途径的全方位拓展，更加剧了"信用经济"的重要性。将行政处罚案件信息纳入社会征信体系，使假冒侵权者因信用不良"处处受限"。2014 年 2 月 4 日，国务院批转全国打击侵犯知识产权和制售假冒伪劣商品工作领导小组《关于依法公开制售假冒伪劣商品和侵犯知识产权行政处罚案件信息的意见（试行)》的通知。随后于 2014 年 4 月 29 日，国家知识产权局部署专利行政执法案件信息公开工作，印发《关于公开有关专利行政执法案件信息具体事项的通知》❷。《专利法》第四次修订与行政处罚案件信息公开制度的推行存在非常密切的关系，在很大程度上，是信息公开迫使我们重新思考《专利法》第四次修订中有关行政处罚条款该如何进一步修订。

　　通过对上述有关专利行政执法制度的国际、国内背景的介绍，进一步凸显了"专利行政处罚权的边界"这一论题研究的时代背景和现实价值。在此，本书提出两点疑惑：一是专利行政处罚权是该扩张还是该限制？即专利行政执法制度的发展趋势问题。二是专利行政处罚权的边界应该如何界定？即专利行政处罚制度的发展模式问题。本书围绕这两个命题，试图系统论证专利行政处罚权及权力的边界范围。

---

❶　国务院办公厅. 关于依法公开制售假冒伪劣商品和侵犯知识产权行政处罚案件信息的意见［EB/OL］.［2015－03－05］. http：//www. gov. cn/ldhd/2013－11/20/content_2531230. htm.

❷　国家知识产权局. 关于公开有关专利行政执法案件信息具体事项的通知［EB/OL］.［2015－03－05］. http：//www. sipo. gov. cn/tz/gz/201404/t20140429_ 941745. html.

1.2 研究现状

1.2.1 国内状况

首先需要说明的是，虽然本书以"专利行政处罚制度"为研究主题，但专门讨论这一方面的文献不多，通常是在"专利（知识产权）行政保护（执法）制度"的视域下有所涉及。因此，本书所参照的文献资料不拘泥于专利行政处罚，而是扩展至"知识产权行政保护制度"这一较为宏观的主题，具体的概念界定参见第 2 章，此处的文献介绍中暂且不作严格区分。

自 1984 年我国首部《专利法》颁布以来，专利行政保护制度始终是该法历次修订中的重要内容❶。在经历了 30 年的演进和发展后，我国专利行政保护制度在立法和执法实践中反映出不断强化的趋势。相应地，理论界对专利行政执法制度的研究也逐步深入、细化，但系统性的研究成果不多。截至目前，最有代表性的系统性论著是学者邓建志的博士论文《WTO 框架下中国知识产权行政保护问题研究》（2008 年）。其主要内容有七个部分：知识产权行政保护的基础理论；WTO 对知识产权行政保护的规定与基本态度；外国知识产权行政保护制度；中国知识产权行政保护存在和发展之现状及趋势研究；中国知识产权行政保护的特色内容；中国知识产权行政保护的创新机制研究——以跨区域行政执法协作机制为例；中国知识产权行政保护的个案研究——以 2010 年上海世博会为例。在此论文中，作者对具有中国特色的知识产权行政保护制度作了全

---

❶ 参见：《专利法》（1992 年修订）第六十三条及《专利法实施细则》第七十六条、第七十七条、第七十八条；《专利法》（2000 年修订）第三条、第四十一条、第五十七条、第五十八条、第五十九条及《专利法实施细则》第七十八条、第七十九条；《专利法》（2008 年修订）第六十三条、第六十四条；《专利法》第四次修订草案"送审稿"第六十条、第六十三条、第六十四条。

面系统的梳理，特别是从 WTO 和国外知识产权行政保护制度方面，详细论证并提出了我国知识产权行政保护制度的基本路径和发展模式，在各章中对我国知识产权行政保护制度中的一些理论和实践问题进行了较为深入的研究。可以说，这篇博士论文及作者随后发表的一系列相关论文成为这一领域学术研究"里程碑式"的文献资料。❶ 除此以外，根据近 5 年（2010～2014 年）中国知网的检索结果统计，❷ 直接研究知识产权（专利）行政问题且与本书主题密切相关的"期刊文献"约 90 篇，有 25 篇为 CSSCI 来源期刊论文。另外，从行政法的角度探讨行政执法或行政处罚问题的研究成果也是本书重要的文献资料，此处不予详述。

　　根据本书的研究内容，笔者从以下三个方面对国内研究现状进行梳理与述评：行政权边界的理论基础；专利行政执法权边界的争议；专利行政处罚制度。

1.2.1.1　行政权边界的理论基础

　　就本书基本概念而言，与"边界"相近的有"界限""限度""干预""介入""限制"等。之所以采"权利边界"主要基于以下三点考虑：一是"权力边界"是政治学研究中有关公共权力阐述中的惯用术语，比较适合分析行政权问题；[15]二是"边界"概念本身蕴含一定的灵活度，兼具制度刚性与制度弹性；[16]三是"边界"

---

❶　中国知网检索结果显示，博士论文《WTO 框架下中国知识产权行政保护问题研究》被引 8 次，已发表与博士论文相关的 8 篇 CSSCI 论文共计被引 128 次。论文分别是：《我国知识产权行政保护的涵义》载于《知识产权》（2007 年 1 月）；《中国专利行政保护制度绩效研究》载于《中国软科学》（2012 年 2 月）；《中国知识产权行政保护特色制度的发展趋势研究》载于《中国软科学》（2008 年 6 月）；《TRIPs 协定对知识产权行政保护的规定及其启示》载于《知识产权》（2013 年 1 月）；《2010 年上海世博会知识产权的行政保护》载于《法学》（2006 年 4 月）；《我国专利行政保护制度的发展路径》载于《知识产权》（2012 年 3 月）；《中国专利行政保护制度的基础理论研究》载于《湖南师范大学社会科学学报》（2012 年 5 月）；《各国知识产权行政管理机构的设置及其启示》载于《同济大学学报（社会科学版）》。

❷　分别以"知识产权行政"和"专利行政"为题名关键词进行检索。

一词是法学研究中比较常见的术语，往往用作界定概念的内涵、外延、范围等，❶ 比较符合法律修辞的特性。

在哲学、政治学、经济学、法学等学科领域中广泛存在"边界"一词的运用和解释，均对本书的研究有所启发，此处列举有代表性的一些观点。在哲学领域，康德较早使用"边界意识"概念，是指一种既有别于形而上学思维方式及其元意识，又与形而上学的终极及其虚无意识相区别，即"和而不同"的理论意识。[17]贺来的"边界意识"概念有四重内涵：一是承认领域的分化、领域的相对自主及其游戏规则的自律；二是承认每一个领域具有内在有限性和相对性，而这种有限性和相对性使得每一领域获得自身的规定性；三是领域的自成目的性；四是各领域的游戏规则不能越过自身的"边界"去干涉其他领域的活动或去充当其他领域的权威。[18]张弘的观点"行政权的边界意识"主要包括行政权与公民权的边界意识、行政权与共同公权力的边界意识、行政权的时空边界意识以及行政责任与社会责任的边界意识。[19]20世纪的西方马克思主义者哈贝马斯将市民社会分解为公共领域和经济两部分，建立了三元分析模式，该模式试图构建一个"公共"的市民社会来限制权力。其方法是将权力分解为不同性质的权力：政治权力、社会权力、经济权力，将社会权力和经济权力从政治权力中独立出来，从而为政治权力设置一个边界。[20]这一努力旨在从政治权力外部寻找制约政治权力的理论支点。刘伟指出现代社会中公共权力边界是一个非常具有普遍性的理论问题，造成该问题有三个方面的原因，即从个人利益与社会利益的区分到公域与私域的分野；从权力的本性到对人性的不信任；从人类的自由本性到现代社会条件下的实际需求。[21]刘杰

---

❶ 诸如：罗培新. 公司法强制性与任意性边界之厘定：一个法理分析框架 [J]. 中国法学，2007（4）：69-84；胡建淼. 行政强制措施与行政强制执行的边界划定 [J]. 法学，2002（6）：16-24；冯军. 论刑法解释的边界和路径——以扩张解释与类推适用的区分为中心 [J]. 法学家，2012（1）：63-77；张新宝. 我国人格权立法：体系、边界和保护 [J]. 法商研究，2012（1）：3-8 等。

认为只有明确了权力边界，权力机构才能审慎而负责地行使公共权力，社会和公众也才能对公共权力进行有效制约和监督[22]。吴翰在讨论行政改革本质时指出，行政权力有两条重要边界：内边界和外边界。外边界约束主要来自：一是政治国家价值层面的约束；二是在市民社会和行政管理之间的替代遵循边际成本持平原则；三是在权力和权利的划分上同样适合经济学的边际原理。内边界转化为集权和分权之间的关系。综合认为，在制度边际成本持平处权力的配置达到帕累托最优。[23]经济学家曼昆认为，政府有时可以改善市场结果并不意味着它总能这样。公共政策是由极不完善的政治程序制定的，有时所涉及的政策只是为了有利于政治上有权势的人，有时政策是由动机良好但信息不充分的领导人制定的。[24]萨缪尔森也指出，政府的基本职能主要体现为三个方面：一是促进竞争并控制经济行为的外部性问题；二是通过公共产品的提供来提高经济效益和社会福利水平；三是促进宏观经济的稳定增长。[25]政府实施前两项职能时，不可避免地会对私域直接产生影响，即政府不再恪守"守夜人"角色，而是运用"有形之手"实施对经济社会的干预。罗斯巴德秉承奥地利学派对政府控制和干预的一贯警惕，指出政府的控制和干预必然会损害正义。因此，无须与市场相对立的政府或类似机构来界定和分配财产权利。这项任务能够而且可以借助运用理性并通过市场过程本身来完成；任何其他的界定和分配方式必然是完全武断的，是违反自由社会的原则的。[26]

在法学研究中，王景斌认为行政权有限介入私域的必要性基于以下考虑：基于私法自治原则的要求；由行政权的两面性所决定；基于克服市场失灵的需要；基于权力分工原则的设定。在此基础上系统分析了行政权介入私域的原则、范围、方式和限度。[27]潘爱国将公权力的边界概括为权力与权力的边界及权力与权利的边界两种情形，进而指出与公权力有关的概念除了权利与权力这一基础关系外，还涉及权力与公权力的关系、私权力与公权力的关系、公权利与公权力的关系及私权利与公权力的关系。[28]甄理从内部边界和外部边界两个方面确定行政权的边界及其内涵，认为行政权越界既有其本身的原因（行政权的性质、全能政府的兴起），也与公权力内部边界的模糊等外部原因有关，并进一步认为需要通过人权规则、法治规则、执行规则来规制越界问题。[29]肖顺武在经济法视野下，以消费者选择权为分析视角研究政府干预的权力边界。基于国内外学者的研究梳理了政府干预的边界止于何处：市场失灵处即为政府干预的边界；政府干预的边界应基于短期的需要；政府干预的边界不断变化；政府干预的边界以合理为限；政府干预的边界取决于政府干预的绩效；政府干预的边界必须在宪政和法治框架内；政府干预的禁止性排除。[30]郑少华认为从市场失灵与监管失灵来限定金融监管权的边界并据此对我国金融监管体制进行改革。[31]可见，行政权天然扩张的本性需要我们通过法律的正当程序为其设定合理边界。

现代社会中，个人权利及其"保留权利"构成了公权力的边界和首要责任。[32]公民权利和国家公权力的关系问题是宪法学与行政法学核心的、法哲学层次的基本问题。我们通常将民主秩序的基本价值目标概括为：制约权力、保障权利。[33]这里隐含着两层逻辑，一是以权力制约权力，二是以权利制约权力。前者是传统意义上的大多数学者视为制约权力的手段，其最具形式意义的是对立法权、行政权和司法权的三权划分；而后者是近年来我国政治学、法学等相关学界在研究遏制权力异化问题时提及的重要话题，"让权利有效制约权力以实现权利与权力之间关系的真正平衡"。[34]从行政权的产生、结构以及作用对象等多方考量，在研究行政权的边界问题时主要涉及行政权与立法权的边界、行政权与司法权的边界、行政权与公民权利的边界。其中，行政权与立法权、行政权与司法权这两类可统称为行政权与其他公权力的关系，表现为行政权的"内部边界"；相应地，行政权与公民权利（私权利）的边界表现为行政权的"外部边界"。追溯历史，涉及这三种关系的研究最早见于亚里士多德在《政治学》一书中对分权学说的论述。千百年来，对于如何规制公共权力的研究可谓汗牛充栋。我国随着法治国家的建设和服务型政府职能的转变，对行政权研究的成果不断涌现，特别是越来越重视"权利对权力的制约"。由于相关的研究成果较多，此处不予赘述。

　　总体而言，现有文献中对权力边界的论述比较普遍，往往是从不同角度在具体问题中使用边界概念，没有一般性的结论可供参考，更没有系统性理论直接适用于本书研究。可能是边界一词本身涵义的笼统性导致的不确定，或者是概念使用中的随意性，但已有文献都一致认可边界界定的必要性，这体现了严谨的学科划分所依循的应然路径，也是开展学术研究不可缺少的规范化前提。[35]对行政权边界问题还需要进一步深入、系统地加以研究，这是本书首先需要面对的基础理论难点。以专利行政处罚权为切入点，具体分析专利法领域的权力边界问题，能够较为详细地阐述公权与私权、行政与司法、国家干预与市场自治等理论命题。

1.2.1.2　专利行政执法权边界的争议

　　就已有文献而言，对于知识产权行政执法的国内研究基本是围绕行政执法与知识产权私权属性之间关系进行探讨。目前的主要研究方法也与研究视角相适应，是以知识产权权利属性的理论研究为主要切入点，或者直接研究我国现有行政保护体系。鲜见的是，肖尤丹采用特定视角从执法的语境内涵、执法的普适性和中国特色的行政执法实践的系统视角对知识产权执法问题进行理论分析，尝试构建一个更加清晰、明确、完整的研究路径。[36]郑成思认为，"在知识产权执法中，法院的作用永远是居于首位的，行政执法应当逐步让位于司法"。[37]易玲认为，"知识产权确权问题取决于行政权与司法权的分配与制衡，而我国这两大权力配置不合理，主张借鉴日本特许法第一百零四条之三对专利侵权诉讼中止问题重新梳理，合理配置行政权与司法权"。[38]邓建志在分析我国专利行政保护制度的发展路径时指出，由过去的以行政裁决为中心，到现在的以行政查处为中心，再到将来的以行政服务为基本理念和重心。[39]赵克祥认为，知识产权行政保护的关键是明确行政机关的处罚权限，主张应修法解决双轨制所带来的行政保护与司法保护之间可能出现的矛盾关系，确立司法作为私权最后保护屏障的权威。[40] 王秀哲指出，知识产权的私权属性不因行政保护的公权行使而改变。充分发挥知识产权侵权司法救济的主导作用，以私权的对抗性强化行政救济，由此推动知识产权的行政保护从执法到管理和服务的制度转型。[41]由此可见，已有文献对知识产权行政执法的研究思路比较相近，始终在探讨如何协调行政权与私权之间的紧张关系，权力背后是行政机关与司法机关之间的不断博弈。

《专利法修改草案（征求意见稿)》发布后，就专利行政执法权的扩张问题再次引发争议。刘春田认为，"加强行政执法是很有必要的，但关键是主体是谁以及通过什么方式需要进一步研究，并强调行政执法必须有强制力保障，否则没有效果"。❶ 唐素琴分别阐述了公权介入私权保护的正当性、行政公权对专利权保护的必要性以及专利权行政保护合法性的程序保障等。行政保护并不会否定也不会削弱专利权的私权属性，而是为真正的权利人营造良好的创新环境，从而达到科技促进经济发展的目的。简言之，专利权行政保护具有正当性。[42] 张南通过解读 TRIPs 第一条、第七条、第四十一条、第四十九条等规定，得出 TRIPs 在多项条款中体现出对行政执法的重视，进而认为在《专利法》修订草案中适当地增强专利行政执法能力有充分的法理依据。❷ 面对此次修法，部分学者也提出了一些质疑。李永明以我国三部主要知识产权法律的最新修法为背景，认为知识产权行政执法应该受到严格限制，修法时应弱化对知识产权纯粹民事纠纷的行政裁决，提倡行政调解，并适时调整行政查处的范围和力度。[43] 李明德认为，"在解决专利权保护存在的问题方

---

❶ 参见：《中国知识产权报》2013 年 6 月刊载的"专利法修改专题研讨会"的专家发言。

❷ [EB/OL]. [2015 – 03 – 05]. http://www.sipo.gov.cn/mtjj/2014/201407/t20140725_985010.html.

面，还是应该坚持专利权是私权的基本理念，行政部门没有必要在
先主动查处或者为权利人取证"。[44]金多才指出专利行政执法制度
存在三个问题，即行政执法的主体缺陷、《专利行政执法办法》存
在立法缺陷、执法程序缺陷等。[45]

　　结合以上观点，笔者认为，在看待此次修订草案时首先必须了
解草案出台的背景及具体的制定过程，包括是否在前期作了充分的
调研工作。更要明确此次修法需要解决哪些问题，新修的条文是否
对这些问题具有针对性以及可能的负面效应等。2013 年 1 月，向国
务院提交的送审稿已经作了调整，如征求意见稿中的"涉嫌扰乱市
场秩序"的说法含义广泛、比较模糊，送审稿改为"对涉嫌群体侵
权、重复侵权等扰乱市场秩序故意侵犯专利权的行为"。根据"送
审稿"，除了涉及严重扰乱市场秩序的专利侵权行为，行政机关一
般不会主动介入专利侵权纠纷。同时，所有的行政执法都会接受司
法监督，当事人对行政机关作出的决定不服的，均可以向法院起
诉，由法院发挥监督和指导作用。毫不讳言，《专利法》中的行政
权扩张引起争议是必然的，这不仅是由于私权自治与公权干预之间
天然的对立，更是根植于我国浓厚的行政权传统。此次《专利法》
修订，主要是为了应对我国目前专利保护中的困境，是行政权的重
新配置过程，也是在调整权力的边界。

　　上述文献的研究成果从不同侧面探讨了专利行政执法制度，但
并未直接论及专利行政执法权的边界问题，学者段葳、章娅彤撰写
的《知识产权行政保护的边界重构》[46]是唯一一篇与本书主旨直接
相关的论文，在此对其主要内容和观点作重点介绍。《知识产权行
政保护的边界重构》一文在论证存在边界式行政权力的基础上，批
判性地指出在知识产权领域存在行政权力的可能性并不能证明知识
产权行政保护范围、时间、手段的有效性。结合我国的实际情况，
作者认为知识产权的行政保护存在失灵的越位保护、与司法权产生
直接或间接冲突等问题。进而提出知识产权行政保护的边界应限定
在以下三个方面：一是回归私权的保护边界；二是采取轻重有致的

行政保护手段，包括行政调解、行政服务、行政查处的非权力方式；三是保持行政保护与司法保护之间的明晰与互动，即明确司法移送的程序规则、建立部门间的信息联动机制、设立知识产权上诉法院等。论文最后写道，"立法者可能无意清晰界定知识产权行政保护的边界，但其规则可能来源于公民、行政机关以及司法机关的运作博弈过程"，并展望在个案中寻找博弈的例子。作为首篇专门论述知识产权行政保护边界问题的研究成果，论文视角的独特性和开拓性不言而喻，单就内容讲，也基本触及了目前知识产权行政保护边界问题的核心并提出了边界重构的可能路径。但正如作者在文末所使用的"未定的结论"一语，对于知识产权行政保护的边界问题的讨论才刚开始，这为本书的研究预留了广阔的空间。

1.2.1.3 专利行政处罚制度

专利行政处罚是行政处罚制度在知识产权领域的具体运用，也属于管理专利工作的部门实施执法职能的重要组成部分。专利行政处罚制度与行政处罚制度、与专利行政执法制度之间存在异同之处。因此，对专利行政处罚制度的相关研究成果单独予以说明。

从现有文献来看，专门针对知识产权行政处罚制度的研究不多，究其原因，除了将其纳入知识产权行政保护的研究视野中一起讨论外，可能是制度本身并未引起足够的重视所致。目前，对这一制度直接的研究成果体现在为数不多的较为分散的论文中，仅有一篇硕士论文对这一制度进行了相对系统的研究[47]。其主要内容有四个部分：知识产权行政处罚制度概述；知识产权行政处罚制度的实践；知识产权行政处罚面临的困境；完善知识产权行政处罚制度的建议。在该论文中，作者反复指出我国知识产权行政处罚的理论和制度还不够成熟，这方面缺乏系统性研究，无法适应社会现实的需要。针对目前知识产权侵权现象严重的情况，加强对知识产权行政处罚的研究具有极大的必要性和现实性。此外，学者时延安以侵犯知识产权行为为视角，针对行政处罚权与刑罚权在作用范围和具体运作中存在的交叉、重合现象，认为既要从立法上理顺两者的关系，也需在实务中加强行政执法部门与司法部门的协调配合，同时，在理论上对行政违法责任和刑事违法责任作出明确的界定。[48]值得一提的是，陈钠从公共选择理论的视角，对我国知识产权行政处罚制度中理性经济人的行为选择进行了比较分析。通过结合不同行为主体的偏好、行为策略、效用追求，提出以促进社会福利最大化作为判断制度优劣的标准，并认为依优先确认的群体利益为核心对知识产权行政处罚制度进行改良是一种有效的制度选择路径。[49]直到 2014 年国务院出台《关于依法公开制售假冒伪劣商品和侵犯知识产权行政处罚案件信息的意见》，要对专利行政处罚案件实施信息公开，才使得对专利行政处罚这一制度的研究有了新的现实价值。比较有代表性的论文有：李云霖的《知识产权行政处罚案件信息公开制度探析》、朱雪忠等的《信息公开视角下的专利行政处罚权研究》。这里我们对这两篇论文中的主要内容和观点作以介绍。

《知识产权行政处罚案件信息公开制度探析》[50]一文首先明确处罚案件信息公开一方面有助于维护公平竞争的市场秩序和保护消费者权益，另一方面承载了行政处理知识产权纠纷的正当性及提高执法公信力的价值预设，还会严重影响处罚相对人的知情权、表达权与救济权等合法权益的行使与保障。在此基础上，作者提出构建四大机制：建立主体统一的处罚信息公开平台发布机制；创建确保客观事实、法律事实及公开事实相一致的遮盖式公开方式；设置知识产权行政处罚案件信息公开的人大监督模式；设立撤销处罚决定后处罚相对人获得精神损害抚慰金的机制。作者着重强调了这一制度的缺陷及对其研究的紧迫性，盖因我国政府信息公开制度的实施举步维艰、效果不佳。《信息公开视角下的专利行政处罚权研究》[51]一文则侧重于从《专利法》及专利行政执法部门的角度，指出专利行政处罚案件信息公开且与征信体系"捆绑"，势必挑战专利行政机构的办案水平，也会导致被处罚人频繁发起行政诉讼。进而提出对策建议：《专利法》第四次修订中应慎重划定专利行政处罚权的边界；以信息公开促进专利行政执法办案质量的提高；探索建立综合的专利行政执法长效机制。

另外，国内学者所作的有关国外行政部门对知识产权侵权行为实施处罚的相关研究成果也对本书的研究具有启发意义。陈刚考察了法国、德国和日本的知识产权行政处罚的相关规定后得出，这三个国家均规定了针对专利侵权的刑罚救济制度，即专利权人可以请求警察这一行政部门调查与专利侵权有关的刑事责任问题。而且，其刑事救济没有门槛限制，实际上包括了我国的行政处罚。同时，这些国家的海关部门可提供禁令救济。[52] 孙益武详细说明了美国农业部、商务部、食品药品管理局、国土安全部、司法部、国务院、总统办公室、国会图书馆等部门加强知识产权联合执法的最新情况，认为美国 2010 年首次发布的《知识产权联合执法战略计划》必将有效整合上述行政部门的执法资源，从而对美国乃至其贸易伙伴的知识产权行政处罚活动产生重大影响。[53] 赵丽从国际法传统理论和条约法的视角，对国际多边条约下的知识产权执法标准进行研究。考察了现有的知识产权国际条约中对国内执法义务的相关规定，并对 TRIPs 第三部分的执法条款及相关 WTO 争端解决机制予以阐述。[54] 如前所述，专利行政执法具有很强的地域性，但对研究我国专利行政处罚制度仍有一定的借鉴意义。

综观国内的研究状况，这些文献呈现出以下三个特点：第一，从整体上看，对行政权的边界问题缺少系统研究的理论成果，不能满足对具体行政职权边界研究的理论给养。第二，目前对知识产权行政执法权的争议过多地纠结于行政权与司法权如何协调、公权干预与私权自治的关系问题，少有深入探讨行政执法权的边界这一基础理论命题的研究成果，而边界问题恰恰是引发专利行政执法制度诸多争议的根本原因。第三，多年来，专利行政处罚作为行政保护的重要手段未引起学界足够的关注，专利行政处罚制度研究的滞后严重影响了整个知识产权行政执法制度的效益水平，专利行政执法部门的执法"疲软"现象就是直接后果，少有人对这一制度进行系统研究。总之，国内关于专利行政处罚权的边界这一理论命题的研究尚处于起步阶段，既不深入更不系统。

1.2.2　国外状况

与国内的研究状况相比，国外对"知识产权执法"（The Enforcement of IPR）的研究相对较早，尤其是从国际法角度对与TRIPs 相关的知识产权执法问题的研究较为成熟。早在 2009 年中美"影响知识产权保护与执法措施案"[55]以前，欧美的一些学者便意识到了知识产权执法对于达到知识产权保护的良好效果所起的重要作用，从而关注知识产权执法的国内外发展情况。已有的文献资料除了从不同角度介绍和评价本国的知识产权执法现状，也对知识产权执法的国际发展趋势作出预判。

Lorna Brazell[56]和 Louis Harms[57]全面研究了知识产权执法的基础理论和概况。Timothy P Trainer[58]、Xuan Li 以及 Carlos M. Correa 等[59]从国际法视角对知识产权执法国际标准的现状及发展趋势进行了评析和展望。M. C. E. J Bronckers[60]和 Carlos M. Correa[61]对 WTO 框架下 TRIPs 的知识产权执法相关条款进行了介绍，并提出了一些应对策略。Peter Drahos 认为，在后 TRIPs 时代，知识产权执法主要集中在两个方面，一是对于 ACTA 来说涉及的知识产权执法高标准与 TRIPs 条款的对比，以及各个国家尤其是发展中国家对其的态度；二是探讨欧美等发达国家重返知识产权保护双边主义的原因[62]。Timothy P Trainer 和 Vicki E Allums 共同针对知识产权执法的具体领域即边境执法的规则和实践情况进行了专门研究。[63]Susan Sell 认为对知识产权执法的强调不应该是单方面的，"执法"不仅仅意味着执行知识产权持有人的权利，也应当意味着执行平衡、例外与限制、合理使用、民事权利、私人权利和反垄断（或竞争政策）。[64]Peter K. Yu 通过对 WTO 中美知识产权执法案（DBS）的分析，来说明专家组报告对于今后的影响力。尤其是对于所谓的"天花板"条款的运用在纠纷解决中起到了非常重要的作用。[65]Ivus 通过研究发现，加强发展中国家的专利执法水平能够提高发达国家的出口额，特别是对专利敏感度较高的高新技术产品（如医药、精密仪器等）的影响尤为显著。[66]另外，一些学者专门研究了某个国家或地区的知识产权执法状况，例如，Christopher Wadlow 介绍了欧盟区域内的知识产权执法与国际法的影响和互动；[67]Thomas A. Hemphill 找到了现存专利制度存在的严重问题：由于小企业无法承受高额的诉讼费用，便放弃了对侵犯其专利权行为的追究，进而提出通过立法建立一个新的有关专利权异议的行政程序，加大行政的管辖权，降低司法制度造成的高额诉讼成本；[68]Daniel Gervais 对后 TRIPs 时代知识产权执法的战略选择提出了积极建议；[69]Jay S. Albanese 则针对知识产权执法面临的打击盗版这一最大难题进行了系统研究。[70]

可见，国外学者对知识产权执法的研究得益于大量 WTO 案例的支撑，但大多基于发达国家自身的经济和技术地位，出于本国的利益考量来看待知识产权执法的国际保护标准等问题。但对于发展中国家来讲，则无视其经济发展水平和知识产权保护的现实状况，笼统地以发达国家自己的执法水平和欲达到的效果作为"理想状态"，其立足点也往往是为了实现国际贸易中本国权利人的利益最大化。比如，美国国际贸易委员会于 2010 年 11 月发布的报告《中国知识产权侵权、自主创新政策以及法律体制对美国经济的影响》中指出："中国的知识产权执法实践存在严重问题，这使得侵权现象泛滥。"[71]再以中国欧盟商会 2012 年发布的报告《创新迷途：中国专利政策与实践阻碍了创新的脚步》[72]为例证，报告中对我国的执法共提出了六个方面的问题，主要涉及诉前禁令、透明度、证据保全、刑事起诉门槛等内容。研究视角的差异不可避免，重要的是能否以中国的实际情况看待知识执法的国际标准。

实际上，从概念的内涵和外延看，"知识产权执法"与"知识产权行政执法或保护"（The Administrative Protection of IPR）存在较大差异，而国外学者对中国语境下的知识产权行政执法制度并没有进行深入探讨的文章，更何谈有关专利行政处罚权边界问题的研究。即使是涉及本国行政部门对知识产权侵权行为或违法行为的保护，也不能直接纳入我国的知识产权行政执法研究的范畴。究其原因，除了制度的"中国特色"，[73] 可能是国外知识产权行政保护与司法保护的功能定位与我国相异。尽管如此，我们通过查阅有些国家的知识产权法律法规，还是发现了很多类似于我国知识产权行政执法制度的相关内容，本书第 2 章将介绍这部分内容，此处不予赘述。

另外，国外学者有关我国专利行政执法制度的认识及其研究成果亦对本书研究有所启发。Paolo Beconcini 认为，国家知识产权局于 2015 年 1 月启动的《专利行政执法办法》修订工作将使得这一制度更为有效，但对国外的专利权人不会产生影响。因为，总体上讲，行政执法针对的主要是一些拥有低价值或低创造性专利的小型中国公司。至于《专利行政行政办法》的修订条款，都不适用于典型的国外专利和外观设计，以及它们复杂的诉讼策略。[74] Rouse 也认为，中国的专利行政执法制度适用于简单的产品专利（实用新型和外观设计专利）案件最有效。一方面，该制度可以作为一种执法系统而存在；另一方面，可以为主张侵权和损害赔偿的民事诉讼程序收集证据。尤其是以广东为代表的一些制造业较为发达的省份更依赖于、也更善于运用专利行政执法系统。[75] King & Wood Mallesons 从促进自主创新能力的角度分析指出，中国《专利法》的第四次修订将会提高专利执法效力，从而遏制专利侵权行为，同时有利于激励创新。然而，更强的行政执法权并不足以促进创新能力的提升。中国自主创新能力的建设还是要基于专利质量，遗憾的是，《专利法》第四次修订并未触及如何提高专利质量的问题。[76] Jeffery M. Duncan 在对比知识产权司法保护和行政执法这两种途径后得出，尽管行政执法能够提供一种快捷、高效且低成本的救济途径，一旦侵权者诉至法院以挑战已作出的行政处理决定，权利人最好是放弃行政保护途径，转而寻求司法救济。同时，知识产权行政保护的另一个缺陷是，地方知识产权局可能受到地方保护主义的影响。[77]
Dimitrov 等学者认为，中国在保护知识产权中广泛开展"专项治理"活动，这种方式反映出了当前的无奈现实，但其弊端及消极影响是比较明显的。[78]

总之，知识产权行政执法及其边界研究是"本土化"色彩较浓的理论命题，中国的特殊国情催生了制度的发轫，并受到根深蒂固的行政权传统之影响。[79]因此，少有学者对这种具有中国特色的命题进行研究。

1.3 研究目的与意义

本书拟达到以下研究目的：汲取政治学、法学、经济学等学科领域对权力边界问题的研究成果，以构建专利行政处罚权的边界体系及研究路径；在考察主要国家专利行政处罚制度的规则和实践以及涉及专利行政处罚的国际协定之前提下，重点研究对我国专利行政处罚制度完善有借鉴意义的内容；在此基础上，对专利行政处罚权的边界体系展开全面研究，具体从行政处罚权与私权利的边界、行政处罚权与公权力（立法权、司法权、行政权）的边界这两个维度进行论述；为了应对处罚案件信息公开的现实紧迫性，对我国专利行政处罚制度的前景作出预测，并探讨和选择适合于我国具体国情的专利行政保护机制。总之，以期从基础理论和实际效用两个方面对我国专利行政处罚制度进行研究，并为目前我国专利行政执法中遇到的问题和存在的障碍提供一些思路。

专利行政处罚是我国知识产权保护制度中颇具特色的内容，到底应该如何进一步完善使其充分发挥遏制专利违法、维护创新环境的作用，国外可供借鉴的经验有限，而国内学术界也极为缺少系统深入的研究成果以提供理论支撑。随着我国对促进自主创新能力建设的国家知识产权政策体系研究的不断深化，需要我们重新审视行政保护在知识产权政策体系中的定位和作用，以探寻均衡有效的专利政策体系设置。具体而言，如何统筹国内外两个大局，找准与我国自主创新能力相匹配、专利保护水平相适宜的专利执法政策；专利行政处罚权与其他权利（力）之间存在哪些冲突、相互之间该如何协调；新一轮《专利法》修改中涉及行政处罚的条款之合法性和合理性如何证成；在处罚案件信息公开的约束下，专利行政处罚权是限制还是进一步扩张等。这些问题的有效解决均离不开对专利行政处罚权的边界这一基础理论命题的深入研究。当然，从专利行政执法这一具体制度入手探讨行政权的边界问题，也进一步丰富了行政法基本原理及传统宪政制度的理论品格，增强了法学研究的科学性。此次《专利法》修改是一种权利人（企业）自下而上利益诉求的反映，扩张行政权也主要是为了促进专利纠纷的解决而不是为了加强行政管理的部门利益所限。故，权力扩张不是必然的"恶"，关键是如何构建对权力的制约机制，本书的研究恰好可以提供较好的例证。

除了从理论上研究行政权的边界问题，本书的研究成果可直接为立法部门对《专利法》的修订、完善提供参照，也有对管理专利工作的部门如何应对行政处罚信息公开带来的挑战所提出的对策和建议。这些内容可操作性强，凸显了本书具有较强的实际应用价值。

1.4　主要创新点

结合国内外研究现状、研究目的的预设以及我国知识产权行政保护制度的发展趋势，本书的创新之处主要有以下三点：

第一，基于公共政策视角，构建行政权的内部边界和外部边界体系。内部边界解决公权力内部利益划分问题，应采用"利益平衡说"平衡不同执法部门的权限和执法协作；外部边界解决行政处罚权与私权关系问题，宜采用"激励论"以形成"活私开公—公私共创"的公共哲学范式。行政权的边界难以通过静态的价值分析得到答案，但可以经过公共政策的博弈过程得出效益最大化的阶段性结论，以"成本—收益"作为主要方法，剖析行政权边界界定的合理性、评价其效用及社会成本、科学测定专利执法政策绩效的成果；"激励论"与"利益平衡说"这两种评价专利制度的公共政策进路，恰好与专利行政处罚权的内部边界和外部边界构造的价值标准相对应；专利行政处罚权与立法权、司法权及其他行政权的关系在本质上属于公权力体系内部的利益划分问题，用利益平衡论来分析这一问题显得较为合适；在专利行政处罚权与私权的边界构建时，我们倡导一种有别于传统"公私"二元对立的新的"公私"关系，这就需要从制度层面上有效激励私主体积极参与行政活动；通过公共政策对专利制度的改造，最终是为了实现"增进最大多数人的最大幸福"这一立法目的。

第二，运用边界思维，厘清专利行政处罚权与相关权力或权利的边界。与公权力的边界方面：地方性专利法规以及《专利行政执法办法》普遍存在越权设定专利行政处罚的条款，需要从效力层级较高的法律、行政法规层面规范专利行政处罚的设定；司法权限制为专利行政处罚制度的变革及《专利法》修订确定了界限，专利行政处罚权运行的法律效果亦需要法院尊重，专利行政保护与司法保护的共通性为两者的衔接奠定了基础；知识产权行政保护"部门林立"的体制弊端为专利行政处罚权限冲突埋下了隐患，行政协助、联合执法、综合执法在削减权限冲突方面发挥了一定作用，以跨部门协作为主的行政协作机制是提高专利行政处罚效率的发展路径。与私权利的边界方面：对于行政相对人，专利行政处罚裁量基准制度、简易程序、一般程序和听证程序的完善是为了规范行政处罚权之行使；对于行政相关人，考虑到其利益诉求往往与行政执法主体所维护的公共利益具有共通性，借鉴法律制度激励功能的相关理论，在法律文本和激励模式设计的基础之上提出行政主体与行政相关人互动激励的边界构想。

第三，结合信息公开机制，审视专利行政处罚权的边界和发展趋势。专利行政处罚案件信息公开与专利行政处罚制度密切相关，信息公开机制的发展趋势之一便是结合法律制度进行综合考量，同时，公开机制的弊病也会得到一定程度的化解。专利行政处罚信息公开会带来两方面的挑战，一是专利行政执法部门的执法能力面临考验，二是被处罚人基于"信用利益"可能会频繁提起行政诉讼。最后，从立法、执法、管理体制三个维度进行对策探讨，《专利法》第四次修订时需慎重划定专利行政处罚权的边界，并对相关行政处罚条款提出了立、改、废的建议；以信息公开促进专利行政执法办案质量的提高，凸显行政处罚案件信息公开作为一种外部制约机制的功能发挥；探索建立跨部门协作的专利执法长效机制，这符合国家深化行政执法体制改革的基本方向。

1.5　研究方法与结构安排

1.5.1　研究方法

第一，理论研究与实证研究相结合：既注重理论上对有关权力边界、行政权边界、专利行政处罚权边界进行分析与阐释，也通过对国内外专利行政执法的制度实践以及政策文本进行实证分析。

第二，跨学科研究：本书借鉴政治学、经济学、法学等学科中有关权力边界议题的相关理论成果，严格区分理论的一般性和特殊性之间的差异，适用于本书的研究。

第三，历史研究：从《专利法》中的专利行政执法条款的起草、修订的历史，考察知识产权行政保护机制的社会背景和发展趋势，兼谈我国的行政权传统。

第四，比较研究：通过考察国外典型国家与专利行政执法相关的法律法规和执法实践，为我国专利行政处罚制度的进一步完善提供经验借鉴。

此外，本书也运用了概念分析、规范分析、归纳演绎等研究方法。

1.5.2 结构安排

本书共分为 6 章进行论述，主要内容概述如下。

第 1 章，导论。在分析国际、国内背景的前提下，提出本书所要研究的问题。经过对国内外研究状况的梳理，进一步明确了本书的研究目的和意义。具体内容有：研究背景与问题提出、研究现状与文献综述、研究目的与意义、主要的创新点、研究方法与结构安排等。

第 2 章，专利行政处罚权的边界构造及逻辑展开。本章对专利行政处罚权及其边界界定的基础理论问题予以论述，是全文的理论基点和逻辑起点。在厘清行政权边界的内涵及存在形态、边界构造的必要性和可行性及影响因素等一般性理论内容的基础上，将专利行政处罚制度纳入我国的行政权传统和行政处罚制度研究的视野内，分析专利行政处罚的内涵、外延、形式及其历史流变，并通过与一般行政处罚、商标行政处罚、专利刑罚、专利行政裁决的比较分析，得出专利行政处罚制度的特殊性。同时，本书重点选取美国、英国、墨西哥等国家的知识产权行政保护制度进行探讨，在对相关法律法规进行分析的基础上得出对我国的启示。也会论及TRIPs、反假冒贸易协定（ACTA）等国际条约中涉及知识产权行政执法的条款，明确我国专利行政保护制度的国际约束条件。

第 3 章，专利行政处罚权与公权力的边界。本书所指的公权力主要包括立法权、司法权以及与专利行政处罚权有关的其他行政权，并分别予以探讨相互间的边界关系。由于立法权在我国政治体制和法律体系中的特殊地位，其与行政权之间的边界问题已无多少探讨之必要，仅涉及一些专利行政处罚权的设定问题。我国知识产权保护的"双轨制"模式为行政权与司法权之间的边界研究预留了足够的空间，如何在正视既有边界的基础上形成行政与司法的衔接机制将是本书研究的方向。涉及知识产权执法的"行政部门林立"的体制弊端造成了专利行政处罚权与其他行政权的权限冲突，边界模糊导致执法不力、消极执法等现象，这属于行政权的内部划分问题。

第 4 章，专利行政处罚权与私权利的边界。本章借鉴"活私开公—公私共创"的公共政策理念，以行政参与理论为切入点，通过研究参与主体的法律地位及权利体系，形塑公共哲学统摄下的专利行政处罚主体论。继而，从专利行政处罚相对人和专利行政处罚相关人两种主体论视角，分别构造其与专利行政处罚权的边界体系。沿着"发现问题—分析问题—解决问题"的思路，在探讨边界争议与冲突的基础上，提出边界界定的现实路径或理论构想，以期提高专利行政处罚程序及处罚决定的合法性、合理性。

第 5 章，当前挑战：信息公开视角下的专利行政处罚权的边界。实施不久的知识产权行政处罚案件信息公开制度仍然存在一些问题，与专利行政处罚制度一体讨论才更具现实意义。以终为始，是信息公开迫使我们重新审视《专利法》第四次修订中涉及专利行政处罚之条款，继而有了本书专利行政处罚权边界问题的源起。所以，本章在边界问题研究的基础上，深入探讨信息公开视角下的专利行政处罚权，为《专利法》的进一步修订提供参照。

第 6 章，结论与展望。这是本书最终和总体的结论，着重阐述笔者的创造性工作及所取得的研究成果在该学术领域的地位、作用和价值，并对本书进一步需要讨论的问题及发展趋势作以展望。

第2章 专利行政处罚权的边界构造及逻辑展开

专利行政处罚权属于一般意义上的行政权范畴，是行政权这一抽象概念在专利行政执法领域的具体化。欲探讨专利行政处罚权的边界问题，需要首先厘清行政权边界的内涵及存在形态、边界构造的必要性和可行性及影响因素等。由于本章是基础理论部分，也将对专利行政处罚制度作全面梳理，包括专利行政处罚制度的内涵与外延、专利行政处罚制度与相关制度的比较、域外考察及国际协定之约束条件等内容。从而进一步明确本书的研究范围、研究思路及其所运用的基本分析工具等。

2.1 行政权的边界概述

先哲孟德斯鸠言，"有权力的人都易于滥用权力，这是万古不变的经验，有权力的人们运用权力一直到遇有边界的地方才休止。"[80]权力现象古已有之，是社会共同体构建、运行的基本要素，但是权力本身具有侵犯性。这就产生了人类社会一个永恒的悖论："权力是社会必不可少的祸害"。[81]如何钝化这一悖论，将权力为害的可能性限制在最小的范围内，同时，最大限度地发挥权力保障权利的功能就成为现代规范科学的首要问题。当然，也是公法学的首要问题——因为现代公法的核心是权力的范围、不同权力的相互关系及其滥用后果的惩治与救济。[82]这就引出了本书研究的主旨之一，即如何实现权力的合理化问题。

2.1.1　行政权边界的内涵及存在形态

一般认为，行政权概念是英国思想家洛克首先提出的。实际上，早在古希腊时期就已经有了类似分权的讨论。亚里士多德将权力分为三种，一是对公众事务协商的权力，二是官宪或统辖的权力，三为裁判官之权力。[83] 及至 1688 年英国"光荣革命"爆发后，洛克在《政府论》中提出立法权、行政权和外交权三权分立的学说。[84] 之后，法国思想家孟德斯鸠在洛克分权理论的影响下，将国家权力分为立法权、行政权和司法权。这时的行政权已明确与立法权、司法权相区分，具有近代意义的行政权概念自此形成。其后，法国学者霍尔巴赫将行政权进一步界定为"强制人们遵守法律的权力，是一种将单独力量联合到公共中心的社会力量"。[85] 纵然，行政权的难以界定无异于行政的难以界说，[86] 但循着对行政权内涵和外延的讨论，会附带性地显现行政权的边界问题。

2.1.1.1　行政权边界的内涵

"边界"一词广泛出现于法学、政治学、经济学等人文社科研究领域里，也被运用于像数学这样的理工科研究中作为基本概念。❶ 追本溯源，边界最早被用来划定一国领土之范围，又称"疆界"，即划分一国领土与另一国领土或公海的界限。[87] 随着语词使用的泛化，人们已逐渐忽略边界概念的本质，在不同研究视阈中借用边界的"形式意义"来分析具体问题。究其"形式意义"，不外乎领域的"分化"、领域的"自主性"及其"自我规定性"。[88] 从这个意义上讲，边界本身的内涵已无关宏旨，"抽象概念只有和具体内容相结合才有丰富的现实世界"。[89] 从边界视角解构行政权，不是词语字面意思的逻辑重构，有着更为深刻的理论意义和现实价值。同时，行政权边界的内涵就根植于行政权的内涵中。

---

❶　"将一个平面分成两个区域的封闭图形，即封闭曲线，称为该区域的边界。"引自：沈以淡. 简明数学词典 [M]. 北京：北京理工大学出版社，2003：17.

英文中"executive power"和"administrative power"均译为行政权，但两者所表述的内容是有区别的。前者是"执行"，而后者更倾向于"管理"。可见，行政权更规范的英文表述是 executive power，即一般意义上的执行法律，而非行政部门具体的管理活动。[90]自孟德斯鸠的分权学说以降，有关行政权的界定一时间似乎确定下来。但是，每一种学说都孕育自特定的时代背景。随着行政权的扩张和多元化趋势，政府作为"守夜人"时的行政权学说也难以适应现实的需要，理论应该与时俱进。现今，行政权的设定即使仍受制于宪法、法律的规定，但其实际上已超越了传统范围，某种程度上集立法职能、行政职能和司法职能于一身。行政的内容日趋浩繁，必然导致行政权的扩张，这使得我们已无法对行政权作出积极的概念界定，或许从消极的方面才能最大限度地囊括行政权[91]。根据我国宪法和法律之规定，也并没有对具体的行政职权进行列举式规定，同样采消极的方式理解行政权的内涵。奇怪的是，学者们对行政权直接下定义的例子并不多见。这可能是由于行政权本身的模糊性，也或者是学者们更注重从定量而非定性的角度探讨行政权问题。孟德斯鸠以前的学者都是从权力分立的角度论述行政权，而这并非现代意义上的行政权。现在的学者通常是在已定的权力模式内进行探讨。[92]西方学者布莱克对行政权的解释是比较权威的，他认为："行政权指执行法律的权力，是总统根据联邦宪法第二条之规定所享有的广泛权力；它与制定法律的权力以及对法律纠纷裁判的权力相区别。"[93]我国有关行政权的表述始于孙中山先生在"五权宪法"框架内所作的定义。[94]《行政管理学大辞典》将行政权定义为，"政府及国家各级行政机关执行法律、制定和发布行政规章，在法律授权范围内完成行政管理的任务，处理解决问题的权力"。它是国家权力体系的一部分，与立法权和司法权构成国家权力体系的基本内容。[95]

近年来，学者们从不同角度对行政权进行了界定。有学者认为，"行政权是国家行政机关执行法律、管理国家行政事务及社会事务的权力，其实质是行政机关依法从事行政管理的权力"。[96]这是从行政权的性质和内容两个方面所作的定义，也是大多数学者所认同的概念。也有学者从形式意义上将行政权界定为行政机关职务范围内的法定权力及非行政机关行使的依法管理国家事务的权力。[97]综观上述观点，本书对行政权的界定需要包含以下四点：第一，行政权必须是法定的，没有宪法、法律的设定，就没有行政权存在和行使的合法基础；第二，行政权是行政主体依法享有的权力，行政主体不限于行政机关，在不同的政体模式下行政权的承担主体不同；第三，行政权与立法权、司法权一同构成国家权力综合，但彼此之间存在差异且相互制约；第四，行政权的内容比较广泛，无法通过列举式进行界定。鉴于此，本书采纳的行政权内涵是，行政主体依法享有的执行法律、管理行政事务的权力，是国家权力的组成部分[98]。内涵反映了事物的本质属性。此外，仍需要把握行政权与行政职权、行政权与行政权限、行政权与权利等相近概念之间的比较。

如前所述，行政权的内涵决定了行政权边界的界定，行政权是行政权边界"质"的规定性。现有文献中未见明确界定行政权边界的表述，这不足为怪，因为行政权的界定本就难度较大。结合行政权的内涵，我们认为，行政权边界是行政主体依法行使行政权所及的范围，包括行政权运行的主体范围、幅度、时空限制等。

2.1.1.2 行政权边界的存在形态

将国家公权力予以分配，依不同主体行使各自权力，以达到彼此制约和平衡，防止绝对权力的出现，这是特定社会中的社会主体维护自身权利和自由而进行的制度选择。[99]进入现代社会以来，伴随着市民社会和政治国家的兴起，以分权制衡为目标的基本权力形态得以确立。在此过程中，权力的存在形态不断更迭，相应地，行政权边界的存在也经历了从"边界失约"或"边界的非法律化"到"边界法定"的发展过程。按照马克思唯物史观的基本论调，"事物的发展是肯定中蕴含否定的螺旋式上升过程"。[100]行政权边界的变迁不是直线的前后相继的结果，而是这两种形态相交织的存在。

在行政权运行中，始终存在一个突出的问题，即行政权边界的非法律化，或行政权边界没有直接的法律依据。按照学者的概括，这可称之为行政权边界的失约。[101]研究行政权边界的非法律化问题需要注意以下两点。首先，行政权的边界没有法律依据并不意味着边界是不正当的。比如"君权神授"就曾经被视为君主专政的正当理由，但后来这个理由不再被承认了，"君上大权"的边界划分就不再正当了；经合法程序选出的总统，也完全可能因为以权谋私等原因异化为不正当的权力。可见，行政权边界的正当性是一个动态的、变化的过程。不仅如此，边界的正当性还不能仅仅依靠论证，更重要的也许还在于权力主体之间持续不断的信息交流或者博弈。其次，行政权边界的失约也不意味着对行政权的划界完全保持沉默。事实上，随着20世纪90年代以来中国立法进程的加快，我国法律对行政权边界的规范进一步具体化了。但由于我国法律对国家权力的规定太过原则化，[102]特别是在行政权领域，这种现象最为明显。[103]"宜粗不宜细"的立法指导思想只是其中之一，中国幅员辽阔、人口众多也是具体国情，中央立法如果对每一种权力边界都作出特别具体、细致的规定也可能顾此失彼而脱离实际。因此，在社会变革的大背景下，对行政权边界难以作出具体的规定。

如何克服行政权边界失约或边界的非法律化现象？对此，我们提出一个基本命题：实现从边界失约到边界法定的转化。或者说，让行政权边界以法定的方式出现。要全面理解边界法定的概念，需要从以下三个要件着手。一是法定边界的形式要件。法定边界的形式要件是指，行政权的内容、适用范围、幅度、时效等，都必须由法律作出明确规定。行政权的内容是其区别于其他权力的主要依据，但在我国现行的权力体系中，不少行政权的内容并不清楚。比如，法律没有对村民委员会与村党支部分别享有的权力的具体内容作出明确的规定，以至于在推进村民自治的过程中，时常可以看到村委会与村支部之间的矛盾与冲突。[104] 原因在于行政权的内容缺少法律上的明确界定。行政权的适用范围是指行政权在哪些领域适用，在哪些地方适用。行政权的幅度涉及自由裁量权的问题，行政权的时效不能依赖于法律上的推定。二是法定边界的实质要件。法定边界的实质要件也可称之为法定边界的伦理要件，或法定边界应当满足的道德准则。本书认为，行政权法定边界的设定应该以公共利益为出发点和归宿。行政权边界如果只满足前述形式要件还远远不够，法定边界的真正内核是为了满足社会公共利益。简言之，行政权边界的法律化实际上就是法律以公共利益为标准来审查行政权。三是法定边界的责任要件。在边界法律化的同时，与行政权相伴随的责任也必须法律化。即不当行使行政权或违法行使行政权的责任，都应当由法律作出明确规定。与法定边界相关的法律责任，其特点是确定性、强制性和程序性。在我国现行的行政权体系中，有的权力还未纳入法律调整的范围，与这些权力相对应的责任也当然地道遥于法律之外。[105] 有的权力尽管已纳入法律规定的范围（如行政处罚权），被法律化的责任形式也越来越多，但仍存在一些弊端。典型的是，对法律责任轻描淡写或给予大而化之的原则性规定。这为行政权的扩张与滥用留下了过多的空间，再加上现行法律中追究责任的程序立法严重滞后，甚至于无从查找，使得对责任的追究更加艰难。法定边界的责任要件是行政权边界的保障性要件，无责任便无边界可言。

2.1.2 行政权边界构造的必要性和可行性

一方面，行政权边界的划定并没有统一的或恒定的标准，行政权的扩张或收缩均直接影响着边界的变迁，这是行政权边界的内在动力。另一方面，随着政府执政理念的转变，也会间接对边界产生影响。可见，行政权边界构造既有源自行政权本身的动因，也被动地受制于一国政治环境和法治状况。内外因素的变化要求行政权的边界与之作出呼应，这是行政权边界构造的必要性所在。边界构造的必要性只是一种应然状态，需要在实然层面上进行可行性分析。可行性是边界构造的现实基础，必要性自身也解释着一定的可行性。

2.1.2.1　行政权边界构造的必要性

2014年6月国务院发布的《关于促进市场公平竞争维护市场正常秩序的若干意见》中指出，"创新执法方式，强化执法监督和行政问责，确保依法执法、公正执法、文明执法"。同时，要求"改革监管执法体制，完善执法保障"。❶行政执法是促进市场公平竞争、维护市场正常秩序的重要途径，行政执法制度的完善需要遵循既定的政策方向，而其实质就是行政权边界如何构造的问题。"经济基础决定上层建筑"，[106]我国现阶段特殊的国际经济及技术竞争环境、特定的经济发展阶段决定了行政权边界构造有着特别的需求。

第一，转变政府职能、建立服务型政府的需要。政府职能是动态的，需要根据社会发展的变化作出相应调整。随着行政管理体制改革的加快，建设服务型政府成为政府职能转变的中心。[107]服务型政府是在公民本位和社会本位理念的指导下，在民主制度的框架内，把服务视为社会治理体系的核心和政府职能结构的重心。[108]"公共性"是现代民主政府的价值追求之一，政府职能转变的效度体现为社会公共服务所产生的最大福利。然而，目前我国政府职能转变步履维艰，其中重要的原因是受制于来自政府、社会、市场等多种因素之影响，诸如，政府的惯性思维、权责不清的弊端、部门利益的阻隔等[109]。改革开放、市场经济体制实施30多年所取得的成绩斐然，但"大政府、小社会"的格局仍然存在，有必要重新界定政府、社会与市场的合理边界。[110]服务型政府职能的转变属于顶层设计问题，涉及面广且内容庞杂，但通过对行政权的优化及合理配置是服务型政府职能转变的内在要求，是行政体制内部作出的主

---

❶ 国务院. 关于促进市场公平竞争维护市场正常秩序的若干意见 [EB/OL]. [2015-02-06]. http：//news. xinhuanet. com/finance/2014-07/08/c_ 126725145. htm.

动变革。行政权边界的构造是对政府职能转变、服务型政府建立所作出的系统性回应。

第二，全面推进依法治国、实施依法行政的迫切需求。2014年10月23日中国共产党第十八届中央委员会第四次全体会议通过了《中共中央关于全面推进依法治国若干重大问题的决定》，中央全会以"依法治国"为主题在中共党史上尚属首次。这份规划依法治国的纲领性文件指出，建设中国特色社会主义法治体系、建设社会主义法治国家是全面推进依法治国的总目标。其中，在第三部分"深入推进依法行政，加快建设法治政府"中具体要求："依法全面履行政府职能；健全依法决策机制；深化行政执法体制改革；强化对行政权力的制约和监督；全面推进政务公开"等。自十一届三中全会首次明确提出依法治国方略以来，我国实施依法治国方略已进入新的历史时期，将政府工作制度化、法律化是依法行政的内在要求[111]。使行政主体在法律规定的范围内决策，按照法律规定的程序办事，才能从根本上提高行政效率，更好地实现工具性政府的"合目的性"[112]。当然，依法行政也是转变政府职能、建立服务型政府的必要条件之一。"改革已进入深水区"，[113]加强对政府权力的监督、形成科学有效的权力制约和监督体系，需要从理论上对行政权的边界予以重新构造。因此，行政权边界构造是依法行政的理论诉求，也是彰显依法治国建设成效的表征之一。

第三，行政法律法规逐步修订、完善的需求。法律是社会经济、政治、文化和其他社会生活和社会关系的制度形式，社会经济、政治、文化和其他社会生活和社会关系是其内容。[114]内容的变化要求形式的变化，法律体系的重构是形式变化的重要内容，包括体系的内部方面和外部方面。[115]在我国法制体系中，行政法律体系是最为庞杂的体系之一，其涉及面之广已难以详细列举。加之受到我国行政权传统[116]的影响，行政法律法规的重要性程度在相当长的时期内仍不会减弱。随着"新行政法"[117]的形成和发展，行政法律法规体系的变革呈现以下四个方面的发展趋势：

其一，国家公权力向社会转移的速度会适当加快，政府的强制性权力会越来越缩减；[118]其二，法律对人与自然关系调整的比重相对于法律对人与人关系调整的比重会适当增加[119]；其三，私法公法化、公法私法化的趋势会越来越明显、越来越强劲；[120]其四，世界各国的行政法、不同法系的行政法会相互借鉴并趋于融合。[121]从立法法的角度讲，行政法律法规的"立、改、废"是不同主体利益博弈的过程，需要遵循基本的立法程序和立法技术。作为行政法的基础理论命题，行政权边界的构造是立法过程中不可或缺的理论支撑。

2.1.2.2　行政权边界构造的可行性

中国行政法理论紧随着中国行政法实践的发展而迅速发展，可以说在我国各部门法学中，理论创新最显著的当属行政法学了。[122]透过纷繁复杂的社会现象找寻行政法赖以产生的基础发现，中国古代就已经存在行政法，《唐六典》就是古代行政法的典范[123]。不管是"控权论""平衡论"，还是"服务论""公共利益本位论"乃至"政府法治论"，自20世纪90年代形成的行政法基础理论的研究热潮仍在持续。同时，以《行政处罚法》为标志，中国最高国家立法机关正式接受正当法律程序的法治理念。行政法理论研究的逐步深入以及立法进程的不断推进，为行政权边界问题的研究提供了广阔的空间和丰富的可能性。

第一，行政权理论基础的扎实和细化。行政权是行政法学的理论基点，是"行政法一切特殊性的根源"，[124]行政主体、行政作用、行政责任、行政救济等众多行政法学的基本范畴无不与行政权的存在息息相关。[125]也有学者将行政权视为行政法学科的一个"支撑性概念"。[126]国内学者对行政权内涵的表述很多，❶此处只提

---

❶ 参见：罗豪才．行政法学［M］．北京：北京大学出版社，1996：4；应松年，薛刚凌．论行政权［J］．政法论坛，2001（4）：54－66；王学辉．行政权研究［M］．北京：中国检察出版社，2002；张正钊．比较行政法［M］．北京：中国人民大学出版社，1998：289．

出应当着重把握的两点：一是区分行政权与立法权、司法权等其他性质的国家权力，凸显行政权在整个国家权力体系中的特殊地位；二是注意行政权自身内涵和外延的发展、变化，使其概念的界定能够适应现代社会对行政权的客观需求。[127]需要进一步说明的是，行政权的主体是国家行政机关及其他特定的社会公共组织，行政权的实质内容是管理公共行政事务和提供公共服务，行政权的显著特征是直接性和主动性。[128]行政权的内容和形式实际上都是行政权分类的标准。总体上看，行政权的内容包括行政事权、行政财权、组织人事权等，[129]而行政权的形式日益呈现多样化、复杂化的发展趋势。有关行政权理论研究的成果还有很多，此处不再赘述。行政权的客观存在是行政法产生的历史起点，[130]行政权理论研究的丰硕成果为行政权边界构造奠定了坚实基础。

第二，行政权边界具备构造的空间。行政权只是国家权力的组成部分之一，由于立法的滞后性和立法者的"有限理性"，行政权与立法权、行政权与司法权、不同行政权权限之间存在交叉、重叠的模糊地带，这本身就构成了行政权边界构造的空间。另外，随着"权利制约权力"观念的勃兴，[131]私权已成为约束或对抗行政权的重要手段。由于"政府失灵"现象的普遍存在，以非政府组织（NGO）为代表的社会权力正日益成为支撑公共生活的权力形态。[132]私权利或私权力与行政权的关系为行政权边界的构造提出了新的要求。与一般意义上的行政权边界构造相对应，具体行政职权的边界构造同样会涉及上述权利或权力关系，这为本书的研究内容埋下伏笔。

第三，行政权边界构造具备丰富的经验。姑且不论西方政治思想史上对权力边界问题的研究成果和实践经验，当下我国比较新的制度改革举措均可视为行政权边界构造的成果。例如，综合行政执法体制、中国（上海）自由贸易区的负面清单管理制度、知识产权法院等。这些内容在本书后续章节会部分论及，作为专利行政处罚权边界构造可资借鉴的经验。

2.1.3 行政权边界构造的主要范畴

研究行政权边界的构造需要详细梳理几个与其有关联性的概念。从"权力（power）与权利（right）"这对最为基础的范畴入手，依据权力的性质，可以将其划分为公权力与私权力[133]；相应地，权利也有公权利与私权利之别。行政权属于公权力之一种或公权力的具体化。由此引出与行政权有关的四对范畴，即行政权与公权力的关系、行政权与私权力的关系、行政权与公权利的关系以及行政权与私权利的关系。

2.1.3.1 行政权与公权力

公权力是人类共同体（国家、社团、国际组织等）为生产、分配和提供"公共物品"（安全、秩序、交通、通信等）而对共同体成员进行组织、指挥、管理，对共同体事务进行决策、立法和执行、实施决策、立法的权力[134]。公权力包括国家权力、社会公权力以及国际公权力。国家产生以后，才开始有了三种公权力。到了现代，随着国家公权力部分向社会转移，以及 NGO、NPO 和国际组织（如联合国、世贸组织）的迅速发展，社会公权力和国际公权力才逐步强大起来。[135]公权力维护的是最大范围之利益，包括国家之公共利益、社会之公共利益及国际社会之公共利益等。

行政权是公权力的一部分。国家公权力包括立法权、国家行政权和国家司法权等。社会公权力以及国际公权力也包括具有制定规则、执行规则、裁决争议的权力。社会团体、国际组织制定章程、规则的权力同样具有一定的立法性质；其执行章程、规则，对团体、组织成员进行管理的权力同样具有一定的行政性质；其调解、裁决团体、组织成员间以及团体、组织相互之间或其成员与外部相对人之间的争议、纠纷的权力同样具有一定的司法性质。[136]

公权力虽然包括立法权、司法权等其他重要权力，但行政权是其中最重要的部分。人们聚集在一起，建立国家、社会等共同体，主要目的是获得安全、秩序等"公共物品"，而这些"公共物品"

的生产和分配主要是靠行政权维系的。[137]对一般公众来说，行政权是与其生活最密切相关的公权力，接触最为频繁且直接。值得一提的是，在探讨行政权的边界问题时，不得不讨论行政权与立法权、司法权以及其他公权力之间的关系。

2.1.3.2 行政权与私权力

政治国家与市民社会的分野奠定了私权力产生的基础。政治国家的权力集中体现为公权力，而建构于市民社会基础之上的权力则称为私权力。[138]相对于公权力，私权力是社会组织和个人所掌握或行使的管理私人事务的权力。[139]私权力有广义与狭义之分。广义的私权力包括两种类型，一是"私人的权力"，二是"私团体的权力"，狭义的私权力仅指后者。充分自治是市民社会的基本特征，这种自治是十分具体的。与政治国家的治权相比，市民社会的自治权是分散于不同社团的自治权之集合。在与政治国家权力对话的过程中，团体化的自治权可以获得比个体权力更大的力量，从而弥补个人力量之不足。[140]

行政权与私权力都是权力的具体表现形态，两者的区别主要表现为以下三个方面：一是权力产生的基础不同。按照卢梭"社会契约论"的观点，行政权产生于人们为产生主权者所转让出来的权力，[141]而私权力则是市民社会分散自治的产物。二是权力维护的利益范围不同。行政权维护的是政府所辖领域内所有人之利益，而私权力只关心自治体成员的利益。三是行政权与私权力存在一定的互动关系。在很多情况下，行政权与私权力所维护的利益会发生重叠，为了降低行政权运行的成本或弥补私权力保护手段之不足，两者会彼此互动。

2.1.3.3 行政权与公权利

从权利的法律功能和社会价值的角度，可以把权利解释为规定或隐含在法律规范中、实现于法律关系中的、主体以相对自由的作为或不作为的方式获得利益的一种手段。[142]权利是个体性的概念，也是一个集合性的概念。"人是一切社会关系的综合"，在一定社会环境下，人既有自然属性也有社会属性，也是"天生的政治动物"[143]而具有政治属性。由此，可将人的权利分为自然性权利、社会性权利及政治性权利。随着国家与社会的一体化发展，具有自治性的自然性权利和社会性权利归于市民社会，而政治性权利则与国家相对。自此，公权利主要是由宪法所赋予的各项政治权利，是人民以及社会组织"以公权利制衡公权力"的主要途径。[144]

作为公权力之一，行政权与公权利的关系体现在以下三个方面：其一，行政权与公权利之间的权力义务存在一定的对应性。行政权的义务主体是享有公权利的人，反之，公权利主要的义务主体之一是行政权主体。按照"公域"与"私域"的划分，[145]行政权与公权利都作用于公共领域。其二，公权利的存在是产生行政权的基础。无论是民主代议制国家、总统选举制国家还是人民代表大会制的中国，行政权主体都是公权利主体间接选举产生的，否则行政权不具有合法性。其三，公权利制约行政权。在参与政治生活中，公民权利具体表现为选举权、罢免权及议政权等。可以说，行政权的运行始终处于公民权利的监督之下，以遏制权力滥用等背离公共利益行为的发生。

2.1.3.4　行政权与私权利

私权利与公权利相对，一同构成完整的权利体系。如前所述，私权利主要是以"私"主体的利益为出发点的。私权利的内涵可以通过与公权利的对比得以体现。首先，私权利是人的基本权利，是人权的核心内容，而公权利则需要其他的相关条件才能成就。私权利也是公权利的基础，在个人基本生存和发展权无法满足的情况下是难以充分行使其公权利的。当然，公权利的最终目的还是私权利的实现。国家权利的行使不得违背人民的意志和利益，国家权力的运用也是为了人民的福利。[146]

行政权与私权利的关系日益成为行政权边界研究中的核心，因为行政权的不当干预或行政权越界最为直接的影响就是私权利。具体而言，行政权与私权利的关系表现为以下三点：首先，与公权利相同，行政权的来源基础也是私权利。其次，行政权行使的目的也是为了使私权利得到充分实现，至于"行政权的异化"只是权力行使的特殊现象，并不能否定行政权目的的公益性。最后，行政权与私权利的行使有着不同的规则。"权力法定"是行政权运行的基本规则，私权利则遵循"法不禁止皆自由"。[147]

行政权与基础范畴的关系如图 2.1 所示。

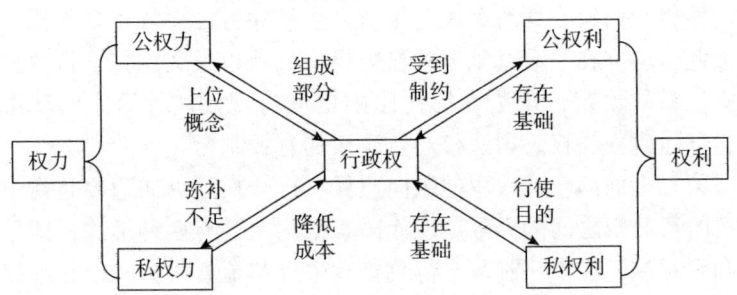

图 2.1　行政权与基础范畴的关系

2.1.4　行政权边界构造的类型

行政权边界的构造是行政权行使的前提。在现代法治国家中，未构造边界的行政权是难以想象的。从理论上讲，无边界的权力是不存在的，任何权力都有相对边界，即使是在奴隶制、封建制等前现代社会里也不例外。依据权力与权利的对应，结合上文所述的与行政权相关的基本范畴，行政权的边界可以划分为内部边界和外部边界两种类型。内部边界是不同权力类型之间的界限，而外部边界则是权力与权利的界限。内部边界根据"分权理论"可分为横向边界与纵向边界；外部边界按照权力对象的差异分为行政权对私权力的边界和行政权对私权利的边界。

2.1.4.1　行政权的内部边界

第一个面向：行政权的横向边界。行政权的横向边界是指同一个层级上行政权与其他公权力之间的界限。分权理论是构造行政权内部边界的前提。亚里士多德最早在其《政治学》中提出分权理论，至到近代分权理论的集大成者孟德斯鸠在《论法的精神》中发展为三权分立的理论体系，从而确定立法权、司法权和行政权之间清晰的界限。随着行政权的不断扩张，行政权获得了在传统意义上专属于立法权的权能，即委任立法的情况；另外，行政裁决也使得行政权得以成功向司法权渗透，尤其是行政处罚、行政强制的出现，使得行政权在纠纷解决、维持社会秩序方面发挥重要作用。即便如此，建立在宪政基础上的权力界限仍得以长久维持，行政权仍需立法权的设定，司法终局性原则也成为现代法治国家的基本底线，以达到立法权、司法权对行政权的有效制衡。

第二个面向：行政权的纵向边界。行政权的纵向边界是指不同层级的行政权之间的界限。现代国家结构主要有两种形式，即单一制和联邦制。在单一制下，行政权有中央和地方之分，地方性权力又可分为两级或三级。经过一层一层的授权，各级地方性权力都来源于中央。根据地方管理事务的需要，中央会灵活调整中央和地方之间的权力分配，但中央始终处于主导地位。在联邦制下，地方的权力不是来自于中央授权，而是由宪法规定的。[148]以美国为例，美国州政府与联邦政府之间的权力划分是由联邦宪法规定的，中央和州的行政权有一条非常明晰的界限。[149]

2.1.4.2 行政权的外部边界

行政权与私权力的边界。行政权是典型的公权力，私权力是社会自治体的权力，彼此具有相对性。由于行政权与私权力有着相似的来源基础——均来源于私权利，两者存在一定程度的权力重叠。但两者仍有各自的管辖范围，行政权不得随意干预。一般在如下两种情况下存在行政权干预私权力的空间。一是私权力的行使产生了负的外部性，即自治体以损害社会公共利益的方式为自治体内部成员谋求利益，这时行政权有必要介入。二是自治体内部出现难以调和的矛盾甚至出现刑事犯罪时，需要行政权的介入以维持基本的社会正常秩序。

行政权与私权利的边界。行政权与私权利的边界是行政权边界构造中最为重要的一条。因为行政权的越界在这一领域最为常见和普遍。依据私权利的类型，行政权与私权利的边界又可分为行政权与自然性私权利的边界和行政权与社会性私权利的边界。行政权对自然性私权利的限制有严格的程序保障，且实现的手段需符合比例原则。社会性私权利在很大程度上有赖于行政权为其提供条件（如受教育权），但其本身仍有一定的"自足性"。

2.1.5　行政权的越界及规制

2.1.5.1　行政权越界的原因

行政权的越界有多方面原因，既有行政权本身的原因，也有行政权以外的原因。由于行政权具有支配性和控制性，且有一定的强制力保障其行使，这种强制力使得行政权不断向外扩张。此外，面对行政权的扩张趋势，如果缺乏有效的外部制约机制，则行政权会变得肆无忌惮，这成为行政权越界的外部原因。

具体言之，行政权越界的内部原因主要有三点：一是行政权的利益性。行政权设置的出发点是为了实现公共利益，但行政主体落实到具体的个人就存在"经济人"本能的逐利偏好。行政权是抽象的，但行政权的运行却是具体的。[150]二是全能型政府的建立。进入21世纪，随着生产力的极大提高，生产关系变得日益复杂，政府维持社会制度的压力越来越大。这种情况催生了全能型政府的出现。行政权对社会生活的广泛介入在克服"市场失灵"的同时，也带来了权力滥用等新的问题。三是行政权边界的模糊。权力边界划分并不是一个数学问题，根本无法画出一条精确的边界，这不是一个纯粹理性的命题。权力与权力之间、权力与权利之间往往存在模糊的混合地带，这就需要对边界不断进行调整。行政权越界的外部原因主要是两个方面：一是市民社会的发育程度；二是公民的法律意识、权利意识等个体自觉性。

2.1.5.2　行政权越界的规制

在现代法治国家的治理现状下，对行政权越界的规制主要有三种方式。第一种方式是分权与制衡的方式。权力是可以建构和设计的，"权力的形成过程包含精神因素"。[151]分权与制衡是权力的一种运行模式，没有分权就不可能产生制衡。分权的作用在于为权力内部划出界限，从而为制衡创造条件。第二种方式是社会自治组织的发育。行政权与其他公权力之间的内部制约是最有力的，但仍不能制止行政权对私权利的越界行为。社会自治组织作为连接公权力与私权利之间的纽带，可以很好地起到矛盾缓冲的作用。[152]同时，社会自治组织也承担着沟通渠道与平台的作用。[153]第三种方式是程序保障。程序是约束权力的天然边界，也是抵抗权力侵犯的安全屏障。[154]通过程序实现对行政权的控制，可以有效地降低规制行政权的成本。从静态层面，程序可以控制行政权的设定；从动态层面，程序则对行政权的行使实施控制。对行政权越界现象的分析及规制方式的探索，本书将结合专利行政处罚这一具体领域进行深入研究，抽象意义上的理论构建不再详述。

2.2 专利行政处罚权的理论基础

1996 年 3 月 17 日，第八届全国人民代表大会第四次会议通过了《行政处罚法》，作为我国行政执法领域第一部综合性法律和第一部单行行政程序法，它不仅有效地治理了行政处罚中的各种乱象，而且也发展了行政法的理论。[155]较早之前，《专利法》颁布时就规定了包括对假冒专利等违法行为予以行政处罚的相关条款。专利行政处罚制度肇始于《专利法》，是专利行政执法体系的重要组成部分。同时，专利行政处罚制度是行政处罚制度的具体化，两者是特殊性与一般性的关系。这两个维度一同奠定了专利行政处罚权的理论基础。继而，通过对专利行政处罚的制度比较和比较法研究，明确我国专利行政处罚制度研究的特殊性和现实性，为专利行政处罚权边界的构造做准备。

2.2.1　专利行政处罚权概述

2.2.1.1　专利行政处罚的界定

在界定专利行政处罚之前，有必要先对行政执法、行政处罚以及专利行政执法进行界定。

首先，就行政执法这一概念来讲，在不同的场合，针对不同的事物，人们对它的内涵和外延有不完全相同的界定。广义的行政执法是相对于立法、司法而言的，是指国家行政机关对法律的执行和实施，包括整个行政行为。狭义的行政执法仅指行政机关实施的行政处理行为，是相对于行政立法（行政机关制定行政法规和规章的行为）、行政司法（行政机关裁决争议和纠纷的行为）而言的。在特定场合，行政执法（最狭义）仅指行政监督检查和行政处罚行为，不包括行政审批、许可、行政征收、行政给付等其他行政处理行为。在行政实务界，人们一般习惯于将监督检查、实施行政处罚和采取行政强制措施一类行为方式称为行政执法。[156]

其次，行政处罚是一个学理概念，比较有影响的观点认为："行政处罚是指行政机关或其他行政主体依照法定权限和程序对违反行政法规尚未构成犯罪的相对方给予行政制裁的具体行政行为。"[157]在《行政处罚法》出台之后，仍未对行政处罚给出明确定义，仅规定"公民、法人或者各其他组织违反行政管理秩序的行为，应当给予行政处罚，依照本法由法律、法规或者规章规定，并由行政机关依照本法规定的程序实施"。❶ 可见，虽然《行政处罚法》未直接为行政处罚下一个定义，但是它已经用描述性的语言，比较全面地告诉了何谓我国的行政处罚。

最后，广义的专利行政执法在我国有着普遍的适用性。[158]《国家知识产权战略纲要》中"提高知识产权执法水平"的相关表述，包括知识产权的司法保护，但未将知识产权行政执法与知识产

---

❶　参见：《行政处罚法》第三条。

权行政管理予以区分。本书对专利行政执法的界定在《专利法》的框架下采用狭义的行政执法概念，仅从法律语境下探讨行政执法问题。依据现行《专利法》及其实施细则在"专利权的保护"一章中的相关规定，专利行政执法是指，管理专利工作的部门根据专利法律、法规，处理专利侵权纠纷、查处假冒专利违法行为以及调解专利纠纷的行为。

结合以上内容，我们认为专利行政处罚是指，享有专利行政处罚权的行政机关或其他行政主体依照法定权限和程序对违反专利行政管理秩序的公民、法人或其他组织给予行政制裁的行政行为。在这里，"公民、法人或者其他组织"是专利行政处罚的实施对象；"违反专利行政管理秩序的行为"是专利行政处罚的实施依据；"依照法定权限和程序"指的是专利行政处罚要有实体规范依据和程序依据；"享有专利行政处罚权的行政机关或其他行政主体"指明了专利行政处罚冠以"行政"之名的原因是行政机关实施的处罚，行政机关是专利行政处罚的实施主体。可见，专利行政处罚属于专利行政执法之一类，而专利行政处罚与行政处罚又构成特殊与一般的关系。本书的研究范围便是穿梭于这两个学科维度，研究专利行政处罚这一类具体的专利行政执法制度。

2.2.1.2 专利行政处罚权的内涵

在讨论专利行政处罚权之前，同样需要先辨析一些相关概念。首先，要明确行政权与行政职权这两个不同的概念。如前所述，行政权是国家行政机关或其他特定的社会公共组织对公共行政事务进行直接管理或主动为社会成员提供公共服务的权力。行政职权是指特定的行政机关对某一具体行政事务进行管理的权力。[159]行政权是一个较为抽象的概念，是对现实生活中所存在的诸多行政权力的理论概括。行政权是行政职权的基础，而行政职权是行政权的具体化。其次，需诠释行政处罚权的概念。从严格意义上讲，行政处罚权属于国家行政权的组成部分，是行政机关基于"经济调节、市场监管、社会管理、公共服务"的职能背景，对经济和社会活动实施管理过程中依法所拥有的职权。[160]一般来说，具有行政管理权的行政机关就会有一定的行政处罚权，行政处罚权本身就是一种行政管理权。行政机关对行政处罚权的行使具有职责性、主动性和效率性。[161]最后，也要界定专利行政执法权这一最密切相关的概念。根据现行《专利法》及相关法律、法规，专利行政执法权是一套宽严相济的权力体系，具体指专利行政处罚权、专利行政强制权、专利行政裁决权以及专利行政确认权等。同时，上述职权又由比其次位的职权构成。专利行政执法权是管理专利工作的部门对专利行政执法事务进行管理的权力，本质上属于行政职权，是行政权在专利领域的具体化。

由此可得，专利行政处罚权本质上也是行政职权，是行政权在专利处罚领域运作的具体形式之一。另外，专利行政处罚权是专利行政执法权的重要内容，是管理专利工作的部门对违反专利管理秩序实施制裁的权力，具有职责性、主动性。现有文献中对专利行政处罚权内涵的界定并不多见❶。结合上述概念，本书所讨论的专利行政处罚权是指，管理专利工作的部门依据法定权限和程序，对违反专利行政管理秩序的公民、法人或其他组织给予行政制裁的行政职权。具体包括罚款权、没收权、警告权等。需要说明的是，根据《专利代理条例》第二十四条、第二十五条及第二十六条等相关规定，管理专利工作的部门有权对违反专利行政管理秩序的专利代理人或代理机构实施行政处罚，这也属于专利行政处罚权的职责范围。但鉴于研究内容所限，本书对行政管理色彩较浓的这部分内容不予探讨。

2.2.1.3　专利行政处罚权的设定

"设定"是《行政处罚法》所贡献出的一个重要概念[162]。在

---

❶ 学者柳福东等认为，"专利行政处罚权是指，专利管理机关依法对违反专利行政管理法律规范但尚未构成犯罪的行政相对人给予行政制裁的权力"。参见：柳福东，朱雪忠. 论我国专利制度中的行政执法权体系 [J]. 科研管理，2000 (1)：66 – 73.

此之前，行政处罚的设定问题一直没有引起我国学界特别是实务部门的关注。行政处罚设定是指谁有权行使行政处罚的设定权以及设定权如何划分。与"设定"有关的一个重要术语是"（具体）规定"。一般认为，"设定"是通过立法创造出行政处罚，即在法律没有明文规定的情况下，法律文件率先自主地"创造"出一种新的行政处罚；而"规定"则是对已经存在的行政处罚的一种细化或补充，即在某项法律文件已经"创造"出行政处罚的情况下，另外的法律文件在其范围幅度内再作出具体的规定[163]。可见，行政处罚的设定是指在法律法规尚未对行政处罚作出规定的条件下，某类法律文件率先对行政处罚的行为、种类和幅度作出规定，这种规定就是行政处罚的设定。

从本质上讲，行政处罚的设定权属于立法权范畴。《行政处罚法》的任务就是要合理地配置行政处罚的设定权，从而明确不同位阶的法律文件在行政处罚设定上的权力边界。根据《行政处罚法》有关行政处罚设定权的具体规定，❶ 行政处罚的设定权主要包含以下两方面内容：一是新设定，二是具体规定。所谓新设定，是指有权国家机关可以在法定权限范围内通过一定效力层级的法律规范设定何种行为构成违法以及对该违法行为给予何种行政处罚。所谓具体规定，是指在上位法已经对违法行为作出行政处罚规定的情况下，下位法可以在法定权限范围内作出细化规定，但必须以上位法为依据。总体上看，只有法律、行政法规、地方性法规及规章四类法律文件可以设定行政处罚，规章以下的任何规范性文件都没有行政处罚的设定权。具体表现为：法律可以设定各种行政处罚；行政法规可以设定除限制人身自由以外的行政处罚；地方性法规可以设定除限制人身自由、吊销企业营业执照以外的行政处罚；尚未制定法律、行政法规的，国务院各部委以及国务院授权的具有行政处罚权的直属机构制定的部门规章、省级人民政府和省会市及经国务院

---

❶　参见：《行政处罚法》第二章第九条至第十四条之相关规定。

批准的较大的市人民政府制定的地方规章可以设定警告或者一定数量罚款的行政处罚。此外，规章可以在法律、行政法规规定的给予行政处罚的行为、种类和幅度的范围内作出具体规定。

据此，可以明确专利行政处罚权的设定及具有设定权的法律文件范围。将涉及专利行政处罚条款的相关法律文件列举如下：《专利法》《行政处罚法》等法律，可以设定各种专利行政处罚；《专利法实施细则》等行政法规，可以设定除限制人身自由以外的专利行政处罚；地方性专利法规可以设定除限制人身自由、吊销企业营业证照以外的专利行政处罚，且必须在法定五种之内，包括警告、罚款、没收违法所得和没收非法财物、责令停产停业以及暂扣或者吊销许可证或者暂扣执照；《专利行政执法办法》等国家知识产权局制定的部门规章以及地方政府制定的专利规章，可以设定警告和一定数额罚款的专利行政处罚，罚款限额由国务院或省级人大常委会规定，且不得超出法律、行政法规规定的给予行政处罚的行为、种类和幅度的范围。如前所述，专利行政处罚权的设定属于立法权问题，是管理专利工作的部门实施专利行政处罚的合法性基础。换言之，专利行政处罚权的行使以其设定权的边界为限。专利行政处罚权的设定是讨论专利行政处罚权边界构造的前提，涉及立法权与行政权的关系问题，本书第 3 章在论述专利行政处罚权的内部边界构造时将具体分析。

2.2.2　专利行政处罚的制度比较

2.2.2.1　与行政处罚的比较

行政处罚一直是行政法学理论研究的基础问题。1996 年《行政处罚法》出台后，虽未对行政处罚予以明确界定，但该法第三条规定："公民、法人或者各其他组织违反行政管理秩序的行为，应当给予行政处罚的，依照本法由法律、法规或者规章规定，并由行政机关依照本法规定的程序实施。"可见，"违反行政管理秩序"是行政处罚实施的依据。换言之，行政处罚是针对违反行政管理秩序的行为而实施的。同时，实施行政处罚要有实体规范依据且得依照法定程序，"没有法定依据或者不遵守法定程序的，行政处罚无效" ❶。因此，行政处罚是指享有行政处罚权的行政机关依照法定的权限和程序对违反行政管理秩序的公民、法人或者其他组织给予行政制裁的行政行为。从性质上看，行政处罚是一种以惩戒违法为目的、具有制裁性的行政行为。具体言之，行政处罚的直接目的是惩戒违法；行政处罚的制裁性体现在对违法相对方权益的限制、剥夺或对其课以新的义务上；行政处罚在形式上表现为对相对方的制裁或不利，是要求相对人对其违法行为承担法律责任的制裁措施。

与一般意义上的行政处罚制度相比较，专利行政处罚适用于特定领域，既具有行政处罚制度的共性，如行政处罚的主体资格、处罚法定、处罚程序等，也存在一定的特殊性。这一特殊性集中表现为：对于专利侵权行为的查处，专利行政处罚权介入私权领域，涉及的是平等主体之间的权益纠纷；而一般的行政处罚权是针对违反行政管理秩序的行为所实施的制裁行为，其首要目的是对公共利益和社会秩序之维护。显然，专利行政处罚权介入私权纠纷与对行政违法行为的处罚法理依据是不同的。《行政处罚法》第一条明确规定："为了规范行政处罚的设定和实施，保障和监督行政机关有效实施行政管理，维护公共利益和社会秩序，保护公民、法人或者其他组织的合法权益，根据宪法，制定本法。"与之对比，无论是《专利法》第一条对立法宗旨的阐述，还是《专利法》第四次修订草案中为了加大执法力度、加强专利保护的修法动因，均是为了维护专利权人的合法权益、鼓励发明创造、提高创新能力，专利法律制度中并没有明确规定涉及公共利益的相关内容。简言之，依《行政处罚法》所确立的行政处罚制度之主要目的是维护公共利益和社会秩序，法理依据为是否违反既存的行政管理秩序；依《专利法》确立的专利行政处罚制度之首要目的是保护私权，法理依据即为是

---

❶ 参见：《行政处罚法》第三条第二款。

否侵犯了专利权人的合法权益。

由此可见，专利行政处罚与一般的行政处罚存在根本性的制度差异，专利行政处罚制度是专利制度与行政处罚制度相互杂糅的混合体，这样的制度设计在很大程度上是特殊的历史条件造成的。回溯专利制度之肇始，一方面由于知识产权司法审判力量比较薄弱，另一方面考虑到专利侵权案件需要审案人员具备一定专业技术背景，故由专利行政部门负责处理一些简单的侵权案件比较合适。及至今日，专利行政执法制度的"存废之争"已没有意义，《专利法》第四次修订草案中也反映出明显扩张行政处罚权的趋势。专利行政处罚与一般意义上的行政处罚纵然存在差别，但从制度完善的角度考量，对专利行政处罚权的规制及专利行政处罚制度的完善路径仍不得违背行政处罚制度所确立的基本法理和原则。正如本书所始终强调的，专利制度本身已难以为专利行政执法制度的完善提供制度给养，诉诸于上位意义的行政处罚制度不失为一种可行的研究进路。

2.2.2.2　与商标行政处罚的比较

《商标法》第三次修改历经 10 年，于 2013 年 8 月 30 日经全国人大常委会通过。与《专利法》第四次修改中扩张行政执法权类似，新的《商标法》也涉及行政执法部门的执法范围和内容的扩张。主要包括以下两个方面：一是赋予商标行政管理部门的行政处罚权限。新《商标法》赋予工商行政管理部门处理侵权纠纷、认定侵权行为成立、责令停止侵权、没收、销毁侵权商品、罚款等权利，且将罚款幅度提高到远高于法院惩罚性赔偿的程度❶。二是商标行政管理部门的行政查处权限。新《商标法》赋予工商行政管理

---

❶　参见：新《商标法》第六十条、第六十三条之规定。法院援引惩罚性赔偿是损失的 3 倍以下，而且要以侵权行为人的恶意和情节严重为条件，但是工商行政管理部门的行政罚款既无恶意要求也无情节严重的要求，只要认定侵权行为成立就可以在违法经营额的 1 倍以上 5 倍以下进行罚款。

部门全面查处涉嫌侵权行为的权力❶。

结合新《商标法》以及其他与知识产权行政处罚有关的法律法规，除了实施行政处罚的行政管理部门不同以外，专利行政处罚与商标行政处罚的差异还表现在以下五个方面：一是实施行政处罚的主体范围不同。《专利法实施细则》第七十九条规定，管理专利工作的部门是指由省、自治区、直辖市人民政府以及专利管理工作量大又有实际处理能力的设区的市人民政府设立的管理专利工作的部门，国家知识产权局和县级以下（包括县级）管理专利工作的部门没有专利行政处罚权；而商标行政处罚的实施主体是县级以上工商行政管理部门，比专利行政处罚实施主体的范围更广、层级更多。二是行政处罚的依据不同。专利行政处罚的依据主要有《专利法》《专利法实施细则》《专利行政执法管理办法》以及各地方出台的专利保护条例等；而商标行政处罚的依据主要是《商标法》和《商标法实施细则》，鲜见地方上制定专门的保护条例，这反映出商标行政执法依据较统一、体系更完备的优势。三是行政处罚的对象不同。依据现行《专利法》，专利行政处罚主要针对假冒专利行为；而商标行政处罚对象为侵犯注册商标专用权的行为，即工商行政部门对所有侵犯注册商标专用权的行为均可以实施行政处罚。可见，工商行政管理部门实施行政处罚的权限明显大于管理专利工作的部门实施行政处罚的权限。四是行政处罚的手段不同。专利行政处罚的种类主要包括没收违法所得和罚款两种；而商标行政处罚的措施有没收、销毁侵权商品和主要用于制造侵权商品、伪造注册商标标识的工具、罚款（包括从重处罚）。五是行政处罚权的限制不同。相比于专利行政处罚权的行使范围以维护公共利益为限，对商标行政处罚权的限制较低。甚至可以说，"一切商标侵权行为均需承担行政责任"。[164]对商标侵权行为实施行政处罚的目的主要是惩罚侵权人行为的违法性，并以此警示社会公众。相应地，对商标侵权的

---

❶ 参见：新《商标法》第六十二条。

行政责任之认定仅以违法性作为构成要件。[165]通过与商标行政处罚的比较分析发现，虽然两者同属于知识产权行政保护体系，但差异性较大，特别是工商行政管理部门拥有的商标行政处罚权限远大于管理专利工作的部门拥有的专利行政处罚权限。本质上讲，是商标行政处罚权的边界构造不同于专利行政处罚权的边界构造。

从维护公共利益的角度，对于侵犯不同性质的知识产权，行政处罚权的边界应该有所不同。工商行政管理部门所拥有的行政处罚权限最为广泛，基本覆盖了所有类型的商标侵权行为；著作权行政管理部门所享有的行政处罚权限于"同时损害公共利益"的侵权行为，即是否损害公共利益是行政处罚权介入著作权侵权纠纷的处罚依据❶。对比而言，专利行政处罚权既没有商标行政处罚权那么广泛的适用范围，也不比著作权法对行政处罚权予以明确的限制。严格意义上讲，依现行《专利法》，专利行政处罚的对象仅限于假冒专利行为。除了行政处罚的对象存在差异之外，商标法、著作权法、专利法中所规定的处罚手段也不同（见表2.1）。

表 2.1　《商标法》《著作权法》《专利法》规定的行政处罚权限比较

类别 部门	行政处罚的手段	行政处罚的对象
工商行政管理部门	（1）责令限期改正； （2）撤销注册商标； （3）通报； （4）责令限期申请注册； （5）罚款； （6）责令停止侵权行为； （7）没收、销毁侵权商品和主要用于制造侵权商品、伪造注册商标标识的工具	侵犯注册商标专用权的行为以及商标一般违法行为、假冒商标行为等

---

❶　参见：《著作权法》第四十八条。

部门 ＼ 类别	行政处罚的手段	行政处罚的对象
著作权行政管理部门	（1）责令停止侵权行为； （2）没收违法所得； （3）没收、销毁侵权复制品； （4）罚款； （5）没收主要用于制作侵权复制品的材料、工具、设备等	侵犯著作权、同时损害公共利益的行为
管理专利工作的部门	（1）责令改正并予公告； （2）没收违法所得； （3）罚款	假冒专利行为

通过表2.1的对比可得，三种不同性质的知识产权行政处罚力度差异明显。商标行政处罚的力度最大，其行政处罚的手段和对象最为广泛；著作权行政处罚的力度次之，但法律仍规定了较为全面的处罚措施，处罚对象也及于部分"同时损害公共利益"的民事侵权纠纷；专利行政处罚的力度最弱，其处罚手段相对较少，处罚对象则仅限假冒专利这一类专利违法行为。由于我国并没有统一的知识产权法典，知识产权立法采取的是分散立法模式，而且商标法、专利法和著作权法这三部主要的知识产权单行法律出台的时间并不一致，故在制度层面形成了专利、商标和著作权的行政处罚力度不均衡的态势。这反映了本书所研究的专利行政处罚权的特殊性。

2.2.2.3　与专利刑罚的比较

刑罚是国家审判机关对刑事犯罪分子给予的法律制裁。行政处罚和刑罚均属于国家机关对违法者实施的惩戒，是公法上非常重要的两种责任形式。两者的差异比较明显，主要有作出处罚的机关不同、行为的性质不同、适用的对象不同、制裁的方式不同以及程度不同等。此处重点讨论以下两个问题，以揭示两者的联系。一是以刑罚手段制裁行政违法行为。依据《刑法》第十三条，对于某一种行政违法行为施以刑事制裁需满足两个要件：该行政违法行为有社会危害性；依照法律应当受刑罚处罚。刑法的"谦抑性"要求立法者应力求少用甚至不用刑罚，从而有效地预防和控制犯罪。[166] 由此，在制裁行政违法行为的手段上应当以行政处罚为主，以刑事处罚为补充。[167] 二是行政违法与刑事犯罪之间是否存在必然的"升格"关系。行政处罚的基本功能是维护社会正常发展所需的行政管理秩序，故行政处罚的构成要件中并不要求行政相对人主观上是否存在故意或过失的心理状态，而是以"推定过失"原则支持这种"当罚性"的法理基础[168]。但在刑事犯罪认定中，即便是过失犯罪，也要以法律规定为前提并严格考虑犯罪构成的主观要件。[169] 所以，以"尚未构成犯罪的行政违法行为"作为行政处罚概念的限定词有待商榷。但是，在制定法上确实也存在不少行政违法行为可以升格为刑事犯罪的规定，即所谓严重的行政违法行为即为刑事犯罪❶。

　　明确了行政处罚与刑罚之间的区别与联系，以便厘清专利行政处罚与专利刑罚的关系。专利刑罚的法律规定源自《刑法》第二百一十六条，即对于情节严重的假冒专利行为，处三年以下有期徒刑或者拘役，并处或者单处罚金。假冒专利行为是否情节严重，应当由人民法院根据具体情况予以认定。一般认为，假冒专利的产品质量低劣，导致消费者的生命财产蒙受很大损失，或者造成重大事故的，应当认定情节严重，需要追究行为人的刑事责任。[170] 对于专利行政处罚与专利刑罚的差异性，基本可以援引行政处罚与刑罚之间的区别。但它们之间的联系同样引申出两个值得关注的问题：一是专利行政处罚"升格"为专利刑罚的成就要件，二是对专利侵权违法行为的"入罪化"[171] 或"非罪化"[172] 的争论。基于刑法的谦抑性，法院判定专利刑罚的适用空间已经非常有限，少用甚至不用专利刑罚、主要由行政部门对假冒专利行为予以惩处显得更为合理。

---

❶　参见：《安全生产法》第八十四条之规定。

从这个角度看，可以为专利行政处罚权的扩张提供理由。专利行政处罚与专利刑罚的制度背后，存在行政权与司法权的关系处理以及法政策的考量，专利刑罚的适用也随之引出公安机关这一公权力的介入。这些问题均涉及本书对专利行政处罚权边界问题的进一步具体研究。

2.2.2.4 与专利行政裁决的比较

从传统上看，对平等民事主体之间的纠纷进行裁决属于司法权的管辖范围。但由于社会管理的需要，行政法需要行政机关具备一些立法职能和司法职能。[173]通说认为，行政裁决是指行政机关依据法律授权，对平等主体之间产生的、与行政管理活动相关的、特定的民事纠纷进行审查，并作出裁决的具体行政行为[174]。在我国，行政裁决是随着市场经济的建立而逐步发展起来的一项重要制度，涉及行政管理的诸多方面。归纳起来，主要有以下四点特征：裁决主体为法律授权的特定行政机关；裁决对象为法律规定的与行政管理有关的民事类纠纷；行政裁判权的行使具有法律权威；是一种特殊的行政行为。纵然，我国的行政裁决制度存在法律称谓不统一、缺乏程序要求、[175]地方政府的制度推力[176]等诸多问题，行政裁决作为司法审判的有益补充仍将发挥其替代性纠纷解决机制（ADR）的重要作用。[177]

在我国的专利行政执法实践中，专利行政裁决是管理专利工作的部门处理专利侵权纠纷、专利权属纠纷等纠纷形式的主要方式之一。具体是指管理专利工作的部门依照有关法律规定，对专利侵权纠纷作出具有法律效力的行政决定的处理方式，认定侵权成立的，责令停止侵权；如果侵权不成立，当事人应当将案件撤回或者行政部门将其请求予以驳回。行政部门处理专利侵权纠纷，本质上是一种"准司法"性质的救济。[178]从制度上看，它反映了行政权和司法权的融合，是应对日益复杂的行政管理活动需求的产物。[179]在我国刚建立专利制度时，考虑到当时知识产权司法审判力量比较薄弱，专利侵权案件全部由法院处理尚有一定困难。同时，处理专利侵权案件需要审案人员具有一定专业技术背景，由管理专利工作的部门处理比较合适，而且行政处理可以迅速解决一些简单的专利侵权案件，使当事人免于诉累。[180] 因此，1984 年制定的《专利法》第六十条规定了行政救济制度。即管理专利工作的部门应当事人请求处理专利侵权纠纷时，有权责令侵权人停止侵权行为，并赔偿损失。1992 年第一次修法时对该条款未做调整。在《专利法》实施 20 多年后，随着我国市场经济制度的完善和司法审判力量的加强，专利行政保护的"去留问题"成为争议焦点。故在 2000 年再次修法时对管理专利工作的部门处理侵权纠纷的职能作出调整：管理专利工作的部门可以对专利侵权行为作出责令停止侵权的处理，但对赔偿数额只能进行调解。这意味着，管理专利工作的部门处理专利侵权纠纷的性质已经改变，不是为了解决民事纠纷，而是因为侵权人的侵权行为同时违反了公共利益，需要行政机关予以纠正。[181] 2008 年修法时保留这一基本框架，直到《专利法》第四次修订时，加强专利行政执法进而扩张行政权得以体现。《专利法修订草案（送审稿）》第六十条赋予管理专利工作的部门对"涉嫌群体侵权、重复侵权等扰乱市场秩序的故意侵犯专利权的行为"有权查处，并有权"没收、销毁侵权产品或侵权设备以及罚款"。

　　由此可见，专利行政裁决是我国专利保护制度中的特色，历经多次修改仍争议颇多。究其本质，乃在于涉及"公权力对私权利的介入所产生的矛盾"。[182] 两相对比，专利行政处罚与其有不同的性质：专利行政处罚是对损害公众利益的违法行为的行政执法行为，管理专利工作的部门可以依当事人的请求启动查处程序，也可以根据自己掌握的有关信息依职权主动启动查处程序；而专利行政裁决是对民事纠纷进行处理，管理专利工作的部门需经专利权人或者利害关系人请求才能启动处理程序。尽管如此，专利行政处罚与专利行政裁决之间仍存在共性问题需要重点说明，即对于"责令立即停止侵权行为"的法律定性。有学者认为，"责令立即停止侵权行为"类似于《行政诉讼法》第十二条和《行政复议法》第六条中规定的"责令停产停业",从而属于行政处罚之列。[183]但与一般的行政处罚由行政机关主动查处并且由行政机关享有《行政处罚法》规定的调查取证权力不同,本条对规定的"责令立即停止侵权行为"的决定只能在权利人请求处理并认定侵权行为成立的前提下做出,而且管理专利工作的部门不具有主动调查取证的职权,这是将其定性为行政裁决的理由。这其中的纠结之处在于:"一方面,责令立即停止侵权行为"属于行政处罚的措施,但其调查程序的启动又与《行政处罚法》的规定相悖;另一方面,将其视为行政裁决制度在专利法领域的特殊形态,但《专利法》第四次修订中对"涉嫌群体侵权、重复侵权等扰乱市场秩序的故意侵犯专利权的行为"实施行政裁决时所规定的没收、罚款等手段又明显具有行政处罚的属性。这一定性的混淆是由法律规定本身所造成的,体现了立法者的局限性。受此影响,本书无意于从性质上明确清晰地划定专利行政处罚与专利行政裁决的界限。为克服法治的机械性,采用法律解释的目的方法能在一定程度上缓解法律文本与法律价值的紧张关系。[184]遵循法律的目的解释,以是否维护社会公共利益作为判定专利行政处罚与专利行政裁决的标准。即符合维护社会公共利益之目的解释的行政行为属于专利行政处罚范畴,反之或主要目的不是维护社会公共利益的行政行为则不视为专利行政处罚行为。在下文对专利行政处罚权边界问题的进一步探讨中,还会面临对专利行政处罚进行扩张解释的情况,这也再一次印证了专利行政处罚权的边界有构造之空间。

2.2.3 专利行政处罚的国际协定与域外考察

2.2.3.1 涉及专利行政处罚的国际协定:以 TRIPs 为中心

TRIPs 在国际知识产权保护中具有里程碑式的意义,也是继《伯尔尼公约》和《巴黎公约》之后知识产权国际保护的重要进步。[185]在 WTO 框架下,TRIPs 要求成员运用相关政策为知识产权提供保护,从而达到其设定的最低保护标准[186]。作为该协定最突出的特点之一，有占 30% 的条款（共计 73 条）涉及了知识产权执法的内容，这在所有知识产权国际公约中是仅有的。[187]其中，第三部分（执法条款）、第四部分（知识产权的取得与维持及相关程序）和第五部分（纠纷的防范与解决）一起构成了全面的知识产权执法体系[188]。从法律意义上讲，执法主要包括司法和行政执法两个方面[189]。世界各国的知识产权法治水平并不相同，有些国家以司法为知识产权保护的核心手段；有些国家则由于为历史原因等客观条件所限，使行政保护成为一种非常重要的手段。面对这种差异的执法现状，TRIPs 在第三部分中同时规定了司法保护中的刑事程序和民事程序以及行政程序❶。并且，在协定第四十一条中规定了五条成员应该遵守的基本义务：一是保证在通过有效执法制止侵权行为的同时，避免造成合法贸易的障碍；二是执法程序应公平合理，不得过于复杂或花费过高，也不得包含不合理的时效或无保障的拖延；三是判决公正透明，最好采书面形式，判决应仅仅根据证据且为当事各方提供陈述机会；四是诉讼当事人有权请求司法机关对行政的终局决定提起复审，即司法终局原则；五是尊重各国对执法资源的配置，各成员仅在本国国内的执法资源和执法体系的基础上，从司法和行政两个方面加强知识产权的实施。[190]不难看出，TRIPs 基于强调知识产权执法效果的理念、[191]为了更富效率的知识产权执法体系[192]以及实用主义的价值倾向，[193]保留并规定了知识产权行政保护这一少数国家形成的特色制度。

　　全面梳理 TRIPs 中与专利行政处罚有关的规定条款，具体从以下五个方面作进一步阐述。第一，行政程序与民事程序适用相同原则。协定第四十九条专门对行政程序作出规定，以行政程序确认案件是非并责令采取任何民事救济时，该行政程序应符合与本节规定基本相同的原则。虽然仅有一个条款，但明确表达了协定对知识产权行政保护的态度，即成员可以采取行政手段裁决案件是非，也可

---

❶　参见：TRIPs 第四十一条至第六十一条之相关规定。

通过行政程序作出民事救济的命令，前提是适用与民事程序相同的原则。这是协定为行政程序设定的限制条件，目的是尽可能地弥补行政保护程序方面的缺陷。[194]以一个客观中立的行政程序来整合社会中的各种关系，这对于行政机关来说，它可以提高其行政行为的社会可接受性程度，并保留其随时反思行使行政权是否合法、合理的机会。[195]为专利行政处罚权设置一套科学的法律程序，正是为了促使行政机关公正、合理行使行政处罚权，也符合 TRIPs 之要求。第二，行政决定的司法终审原则。协定第四十一条第四款规定，对于行政终局决定，当事人应有机会提交司法机关复审。知识产权行政保护虽然有效率高、成本低等优势，但行政权固有的本质特性使得行政保护的公正性受到质疑，司法终局正是为有效控制行政权而设计的。由一个异质的机关来控制行政机关行使行政处罚权，其实效远胜于行政机关系统内的自我监督机制。[196]行政相对人对管理专利工作的部门作出的专利行政处罚决定不服的，可以向人民法院提起行政诉讼，我国的行政立法是符合 TRIPs 的。第三，透明度的规定。TRIPs 第六十三条规定，对与知识产权保护具有普遍适用性的行政决定，成员应以本国语言公开，或以其他方式使公众能够获知。通过行政机关的行政公开，行政相对人可以在了解相关事项的基础上有效地参与行政程序，以维护自己的合法权益；公众可以有效地监督行政机关依法行使行政权。[197]事实上，只有保证透明度，才能实现知识产权执法的公平公正。知识产权行政处罚案件信息公开制度现已实施，这是继法院公开知识产权案件审判文书之后，对透明度原则的进一步执行。专利行政处罚案件信息公开有助于维护市场的公平竞争秩序，影响到行政处罚相对人的知情权、参与权等合法权益，也是对管理专利工作部门的执法公信力的拷问和监督。第四，救济适度的规定。在 TRIPs 第四十六条关于其他救济的规定中，司法当局应有权将侵权商品排除出商业渠道，排除程度以避免对权利人造成任何损害为限，或者销毁该商品；司法当局有权责令将用于制作侵权商品的原料与工具排除出商业渠道，排除程度以尽可能减少进一步侵权的危险为限；同时，应顾及第三方利益，并顾及侵权的严重程度和所下令使用的救济之间相协调之需要。在现有的知识产权法律体系中，很难找到这种要求救济适度的具体规定或原则性规定，恰恰相反，知识产权行政查处权已超过了这一规定❶。在《专利法》第四次修订草案"送审稿"中，专利行政执法权扩张的同时，仍需要考虑救济适度的问题，以避免行政处罚对权利人或第三方利益造成不必要的损害。第五，知识产权保护的棘轮效应。在法律领域，往往用棘轮效应来分析和解释法律规则的发展规律。"不得减损现有的知识产权保护水平"是 TRIPs 的一条重要原则，体现在协定第二条第二款对其他公约现有义务的承担、第二十四条第三款对地理标志保护的要求以及第六十五条第五款对过渡期的相关规定等。[198]在知识产权保护棘轮效应的驱使下[199]，专利行政处罚权的扩张抑或限制有了另一个层面的注解。虽然专利行政处罚权的配置主要受一国立法权和行政权的统摄，但知识产权国际保护趋势及基本的国际法规则仍会对其产生不小的影响，需要我们审慎地对待专利行政处罚权的扩张。

在 TRIPs 的基本框架下，美欧等发达国家和地区为了进一步提高知识产权执法标准，相继推出了 ACTA、TPP 等具有 TRIPs‑plus 特征的知识产权协定。这些要求更强知识产权保护的国家和地区极力呼吁在诸如知识产权执法的一些领域制定新的全球标准。[200]其中，ACTA 涉及大量有关知识产权执法的条款规定，特别是在民事执法、边境措施以及刑事执法方面规定有超 TRIPs 的内容。[201]在第3 章执法实践部分要求各国鼓励知识产权信息建设，推动执法机构的合作和联合执法行动，并建立可获取意见的正式或非正式机构，这与本书探讨的专利行政处罚问题有所关联。其他知识产权国际协定的内容与专利行政处罚的关系不大，本书不再讨论。

---

❶ 参见：现行《商标法》第六十二条；现行《专利法》第六十三条、第六十四条。

2.2.3.2　主要国家的专利行政处罚制度与实践

知识产权行政保护制度并非我国所独有，[202]对这一观点已没有多少争议。❶ 差异之处主要在于，国内外对知识产权实施行政保护的行政部门不同，以及知识产权行政主管部门的执法职能不同。下文主要选取美国、英国、墨西哥以及其他一些国家的专利行政保护制度进行研究：在对这些国家的专利行政保护制度进行概述的基础上，重点介绍与专利行政处罚有关的内容。

美国是世界上知识产权制度最完备的国家之一，美国专利商标局（USPTO）负责对专利申请的审查、授权等管理事务，只能处理一些专利授权前所引起的争议，而专利侵权纠纷则统一由司法机关处理。❷ 换句话说，美国专利商标局的行政保护职能更多地表现为行政管理和行政服务，并没有类似于我国地方知识产权局系统实施的行政查处和行政裁决职能。同时，联邦贸易委员会（FTC）、国际贸易委员会（ITC）以及美国贸易代表办公室（USTR）负责处理发生在美国境内外与贸易有关的知识产权争端，[203]而这也是美国专利行政保护制度的特色。FTC 的主要职责是处理反不正当竞争行为，具体行政职权有调查权、执行权和提出诉讼权等三个方面，[204]其查处的不正当竞争行为会与专利权有关；ITC 在贸易事项上有广泛的调查和裁决的职权，主要处理的是进口贸易中外国产品对美国本土知识产权的侵权行为，相关职权规定在《关税法》"337 条款"中❸；USTR 负责处理的是美国以外的国家或地区对美国本土知识产权权利人的侵权事宜，主要表现为其对"特别 301 条款"的运用❹。与我国的专利行政处罚权作对比，ITC 对知识产权违法行为实施的行政职权在内容上较为相近，尤其是对任何违反《美国法

---

❶　学者邓建志在其博士论文《WTO 框架下中国知识产权行政保护问题研究》中详细研究了美国、英国、墨西哥、匈牙利以及其他国家的知识产权行政保护制度。

❷　Patent Law（as amended in 2011），35 U. S. C. 145

❸　19U. S. C. 1337

❹　19U. S. C. 2242

典》第 1337 条而进口的货物发布扣押（seize）和没收（forfeit）的命令❶。可见，美国对知识产权实施行政保护主要体现在非知识产权行政主管部门的相关职能上，包括行政裁决❷、行政处罚❸、行政强制❹等内容，且呈现出明显的与（国际）贸易有关的倾向，以最大可能地维护美国知识产权主体的权益。

英国是现代意义上最早制定专利法的国家，1977 年制定的《专利法》（2004 年修订）规定英国知识产权局对专利争议享有较广泛的管辖权，其不仅可以处理专利申请案审查过程中的相关争议，而且在授予专利权后也有权处理几乎所有的专利冲突诉讼和无效诉讼，特别是对于专利侵权诉讼也有一定的行政执法权。[205] 这构成了英国专利行政保护的特色内容。以英国知识产权局处理专利侵权纠纷为例，具有以下特点：一是英国实行行政和司法并行处理专利侵权纠纷的模式❺，这种模式在其他国家中极为罕见；二是向英国知识产权局请求处理专利侵权纠纷的前提条件是当事人之间达成了相关协议❻；三是英国知识产权局与法院在受理专利侵权纠纷时并无明确的权限区分，即受理专利侵权纠纷的范围基本相同且有良好的衔接机制❼；四是英国知识产权局处理专利侵权纠纷的行政权力有较多限制，与法院相比，并不能对专利侵权行为下达任何禁令，或扣押、销毁侵权物品的权力❽。考察英国专利行政保护制度的立法理由，主要是基于降低诉讼费用的目的，[206] 这也解释了为什么英国知识产权局对专利侵权纠纷的处理享有如此广泛的与法院类

---

❶　19U. S. C. 1337（i）（1）

❷　19U. S. C. 1337（c）

❸　19U. S. C. 1337（i）

❹　19U. S. C. 1337（d），（e）

❺　The Patents Act 1977（as amended in 2004），s61.

❻　The Patents Act 1977（as amended in 2004），s61.（3）.

❼　The Patents Act 1977（as amended in 2004），s61.（6）. "as if the reference were proceedings brought in the court".

❽　The Patents Act 1977（as amended in 2004），s61.（1）.（3）.

似的职权。就这一制度与我国相比，英国知识产权局拥有更大的处理权限（应当事人的请求，英国知识产权局长可以就侵权行为作出损害赔偿的决定；如果知识产权局局长看来向他提出的问询更适合由法院裁定，他可以拒绝受理）；从专利法修订来看，也无弱化行政部门处理纯民事专利侵权纠纷的趋势，2004 年 7 月 22 日修订英国专利法时，基本保留了 1977 年专利法有关专利行政保护制度的规定。尽管如此，英国的专利行政保护制度中并没有类似于我国的专利行政处罚及其相关规定，鲜见行政部门主动地对专利违法行为实施处罚类措施。即使是针对专利侵权行为的处理，英国知识产权局的职权也止于侵权赔偿额的裁定。此外，英国知识产权局比较重视调解在化解专利纠纷中的作用。设于英国知识产权局内的调解委员会认为，"调解建立在更广泛的讨论基础之上，能够提出兼具建设性和灵活性的解决方案，从而保留更多的商业合作机会，也节省了时间和花费，这对商业活动的开展十分有利"。[207]

墨西哥与我国同属发展中国家中的大国，两国在专利行政执法方面颇具相似性，均实行行政保护与司法保护"双轨制"模式。就行政保护内容而言，墨西哥法律也明确规定了对专利纠纷的行政处理和对专利违法行为的行政查处这两方面❶。从结构上看，《墨西哥工业产权法》共七编，除了四编是分类规定各种工业产权以外，第一编（总则）、第六编（行政程序）、第七编（检查、行政侵权❷

---

❶ 该法于 1997 年、1999 年、2006 年及 2012 年分别进行了修订。本书参考的《墨西哥工业产权法》中文译本来源于：中国人民大学知识产权教学与研究中心，中国人民大学知识产权学院、十二国专利法［M/OL］.清华大学出版社 2013 年. http：//www. wipo. int/wipolex/zh/text. jsp？file－id＝264465.

❷ 此处的"行政侵权"与我国法律语境下的行政侵权概念不同。我国的"行政侵权"是指，行政主体通过公务员实施了违法或不当的行政职权行为，造成了行政相对方权益的损害，其结果是国家通过行政侵权主体给予受害的行政相对方一定的法律救济。依据《墨西哥工业产权法》第七编第二章第 213 条所列的 30 种侵权行为，其"行政侵权"指违反本法但不构成犯罪的行为，包括我国法律语境下的行政侵权行为。由于两国法律体系及其概念表述存在较大差异，在此不做详细区分，但对本书所研究的主题影响不大。

和处罚以及犯罪）基本上都是关于行政保护的专门规定，这在其他国家的相关法律中非常少见，表明行政保护制度在墨西哥的工业产权保护体系中具有十分重要的地位。本书仅分析对工业产权违法行为的行政查处有关的内容，以与我国的专利行政处罚制度作比较。《墨西哥工业产权法》总则规定的行政查处权包括：对受指控的行政侵权进行调查、安排和进行检查，要求提供信息和细节，命令并实施预防措施以防止或制止侵犯工业产权；听取被控侵权一方的辩护，并在工业产权的事项中责以适当的行政处罚。主管局有关行使的行政处罚和行政制裁措施主要有以下四种：第一，没收。如果在检查过程中就从事或发生第二百一十三条和第二百二十三条规定的任何行为或情况提供无可辩驳的证据，检查人应采取预防措施，没收推定与侵权或犯罪行为有关的产品。第二，罚款。罚款额最高为墨西哥城 20000 个工作日应付的一般最低工资；侵权持续的每一天，最高为墨西哥城 500 个工作日应付的一般最低工资的另加罚金；如果二度或后续侵犯，先前处以的罚金应加倍，但数额不超过前款设定的最高额的 3 倍。第三，关闭。临时关闭的时间最高可达 90 天，可与罚款并处，也可单独适用。若一机构在两年内被临时关闭两次，且在此期间重复发生侵权行为则可以永久关闭。第四，行政拘留。行政拘留的最长时间为 36 小时。另外，主管局在对行政违法行为进行调查的过程中，如果发现违法行为已经构成犯罪，则应在其作出的裁定中说明这一情况。综观《墨西哥工业产权法》对专利行政执法的规定，可以发现以下三个特点：第一，专利行政执法的力度大。主管局有权要求当事人提供报告和情况，也有权进行现场检查，并且在检查过程中还有权采取"没收"等临时措施。对于行政违法行为，主管局除了有权采用罚款、临时关闭和永久关闭等制裁措施外，还有权决定行政拘留这种限制人身自由的制裁措施。第二，行政执法程序的规定非常详细。《墨西哥工业产权法》专设第六编对行政程序作了详细规定，且在赋予主管局查处权时，对行使这些权力的具体程序作了特别规定，以尽可能防止滥用行政权。第三，行政执法与法院诉讼的衔接密切。技术裁决可以作为后续提起的相关民事诉讼或刑事诉讼中的必要证据。规定行政侵权行为被首次执行行政处罚后，再次作出相同的侵权行为应构成犯罪。墨西哥专利行政执法制度的上述特点对完善我国的专利行政处罚的程序规则具有较好的借鉴意义。

　　除了以上三国外，其他一些国家也存在对专利实施行政保护的制度。例如，德国、法国和日本虽然没有规定专门的行政部门处理专利侵权或专利违法行为，但均规定有针对专利侵权的刑事责任。即权利人可以请求警察这一行政主体实施刑事救济，由于其刑事救济的标准较低，实际上也包括了我国知识产权局系统实施的行政处罚。[208]从这些国家的专利行政保护情况来看，它们基本上在专利行政保护制度方面形成了自己的特殊模式。也正是由于这种特殊性，国外的专利行政保护制度对研究我国专利行政处罚问题的参考价值有限。

　　基于此，本书不再过多介绍外国的专利行政保护制度及其实践情况。但通过对上述国家专利行政保护制度的考察，仍然可以得出一些启示。首先，我国专利行政处罚制度的发展与完善应该基于我国的具体国情和实践需求来决定。换句话说，依据本国的法治进程、历史传统以及创新政策的需求等因素决定专利行政处罚的具体内容及边界构造问题。在进行制度构建时，需要有一定的理论自信和制度自信，不能盲目地认为外国有的制度才具有正当性、合理性。[209]其次，知识产权（专利）局系统仅是知识产权行政保护体系的组成部分之一，除此之外，仍有大量的行政部门承担着保护知识产权的行政职能。知识产权行政主管部门与其他部门相互协调、配合，共同构成全方位的专利行政保护体系。如何处理这些部门之间的权限划分及权限冲突问题，就涉及专利行政处罚权的边界构造，对这一问题的研究在下文会详细展开。再者，无论是扩张抑或限制专利行政处罚权，均需要加强行政处罚程序的规定。在行政处罚程序法律关系中，拥有行政处罚权的行政机关并没有获得多大的优势地位，处于劣势的当事人拥有足以抗衡不法侵害的程序权利资源。如果有详细的程序性规定来规范专利行政处罚权的运行，其本身就确保了正当性基础，也提高了行政处罚制度的效益。

2.3 专利行政处罚权边界研究的基本框架及分析工具

前文从一般意义上阐述了行政权边界构造的理论框架，也具体从行政处罚法和专利法的角度介绍了专利行政处罚制度的基本情况。在此基础上，兼具理论的特殊性和一般性原理，本书试图构建专利行政处罚权的边界体系。在边界研究的过程中，立足于专利制度的工具属性和社会公共利益最大化之目的，一方面，选取公共政策的效果评价作为构造专利行政处罚权边界的评估准则，即应然层面的价值预设；另一方面，在具体的制度分析时始终遵循行政合法性和行政合理性的行政法基本原则，这是从实然层面上对边界构造的基本要求。

2.3.1 专利行政处罚权边界研究的基本框架

当今的法学研究，总要以制度构建或规则阐释、适用为论述中心，方能显示这是属于法学而非其他的领域。[210] 如果以此为写作标准和论述规范，那么专利行政处罚权的边界研究势必完成对分析基本框架的论述。理论分析框架的构建，需要基于某种思考单元，并将讨论的对象放置其中，分析所形成的各种关系和某种目标的实现过程。根据行政权边界构造的理论，考虑到专利行政处罚权影响的相关利益主体，本书选取"公权力"和"私权利"作为思考单元，形成公、私之间的多层相互联动。

2.3.1.1 内部边界：专利行政处罚权与公权力的边界构造

在公权力内部，行政处罚权与立法权、司法权及其他行政权共同构成了相互交织、相互影响的公权力体系。作为一种较为特殊的行政处罚权类型，专利行政处罚权的边界构造可以首先从公权力内部入手，对与其他公权力之间的关系进行界分。之所以谓之内部边界，还有另一层含义，即专利行政处罚权与其他公权力均维护的是最大范围的社会公共利益，具备公权力的基本属性。传统的"三权分立"只是一个静态的结构，尚未形成动态的、与事实、生活现实互动的理论脉络。专利行政处罚权与立法权的边界本没有过多争论的余地，但随着行政立法作为行政权扩张的产物而成为当今世界一种普遍的法律现象，[211]专利行政处罚权可能扩张至逾越立法权对其设定的原有边界，进而使得处罚权本身丧失合法性基础。专利法的公共政策属性又从另一个维度平添了几分专利立法的政策性意味，从国家知识产权保护的战略高度到社会普遍的知识产权维权热潮，无不在催生专利行政执法主体的扩权意识，这就需要从边界构造的角度重新认识自主创新能力建设背景下的行政立法问题。

内部边界的第二个层面是专利行政处罚权与司法权的关系。由于我国实施特色的专利行政保护与司法保护的双轨制模式，行政权与司法权的关系在专利法领域引申出了新的制度创新的空间。专利行政部门在实施行政处罚时应否对专利权效力进行判定？因行政处罚所引发的专利行政诉讼与专利侵权诉讼如何衔接等问题，亟待在进一步厘清专利行政处罚权与司法权的边界后得到解答。

内部边界的最后一个层面是如何协调专利行政处罚权与其他行政执法权的关系，这是我国普遍存在的行政权限冲突问题的缩影。我国知识产权行政执法"部门林立"的体制弊端，[212]又进一步加剧了专利执法领域的行政权限冲突问题。海关、公安、工商行政部门等都部分地拥有对专利违法行为实施处罚的职权，建立行政协助制度、开展专利联合执法、探索构建综合执法体制以及跨区域、跨部门的联合执法是否能有效解决行政权限冲突的问题，有待于权力边界问题的研究。

2.3.1.2 外部边界：专利行政处罚权与私权利的边界构造

将技术创新作为专利事务对待并处置，这涉及两种利益，即社会公共福利与个人利益。主体的多元呼应了现实法律制度的特性，纯粹公共的和纯粹私有的制度极少存在。在现实场景中，公共的和私有的制度经常是相互咬合且相互依存的，而不是存在于相互隔绝的世界中。[213]专利行政处罚制度之根本目的是谋求社会公共利益，但其实现过程中伴随着对私人利益的限制，权衡两者就是利益平衡的过程。行政处罚参与主体（行政相对人、行政相关人）是行政处罚行为影响其权益的个人、组织，在行政法律关系中享有参与权、知情权、正当程序权、申请复议权、提起行政诉讼权等行政参与权，通过参与与配合、监督与制约、抗辩与申诉的作用机制制约行政处罚权。这就构成了专利行政处罚权与私权之间的现有边界。行政权与私权之间并不仅仅存在冲突或对抗关系。专利制度作为"技术公共事物的治理之道"，[214]本身就蕴含着公众参与的制度安排。专利行政处罚权与私权之间的边界构造需要突破传统法学理论的"公私二元对立"，在"活私开公—公私共创"❶的公共哲学引导下实现专利制度的公共价值诉求。现代行政法律制度重构了行政主体与当事人的关系，两者都以一种较为积极的态度发挥各自的优势，行政权与私权是一种平衡互动、相互作用的依存关系。[215]可见，厘清现有边界之冲突或矛盾只是边界构造的一个方面，而另一个方面则是探讨私主体如何参与行政处罚，以及如何影响法院对已作出的行政处理决定之效力的裁定。后者的动态互动与保守的法学理念难以兼容，却可以得到公共政策的合理解读。如此，在本书的论证中便引出了公共政策这一分析工具。

2.3.2 专利行政处罚边界研究的分析工具

本书采用的分析工具主要有两种，一是公共政策的效果评价，

---

❶ 这里引用金泰昌有关公共哲学的探索理论，只有活化"私"，才能打开"共"，进而实现"公私"共创的公共目标。引自：佐佐木毅，金泰昌. 公共哲学 [M]. 卞崇道，王青，刁榴，译. 北京：人民出版社，2009.

二是行政处罚基本原则的适用。前者借助于"成本—收益"激励理论和利益平衡论，用来评价专利行政处罚权的外部边界和内部边界之构造；后者以处罚法定、处罚公正、处罚公开、处罚与教育相结合以及程序权利保障这五项基本原则为判断标准，作为专利行政处罚权边界构造的根本遵循。这两种分析工具在本节中仅作概括性说明，在本书后续章节的具体论述中会详细提及。

2.3.2.1　边界研究的公共政策评价

公共政策是现代社会法律的依据和基础。从实质上讲，法律规定本身是以在先的公共政策决定和研究为前提的。借助于一系列的公共政策，政府实现了对社会、经济诸领域的发展引导及公共事务的管理，从而塑造了良好的政治、经济秩序[216]。探讨知识产权法律问题，不能脱离政府的知识产权公共政策而孤立求解[217]。将专利行政保护制度剖析开来，仍可发现有着自己的政策目标与利益结构。

1. 专利法的公共政策之维

国内有不少学者对知识产权的公共政策属性进行了研究。❶ 同时，有关专利的公共政策研究也比较深入、具体。❷ 政策维度可以使我们跳出"权利义务"框架来讨论法律问题，专利权在这一点上

---

❶ 参见：吴汉东．利弊之间：知识产权制度的政策科学分析［J］法商研究，2006（5）：6－15；刘华，孟奇勋．知识产权公共政策的模式选择与体系构建［J］．中国软科学，2009（7）：10－18；刘华，孟奇勋．公共政策视阈下的知识产权利益集团运作机制研究［J］．法商研究，2009（4）：121－130；王太平．论知识产权的公共政策性［J］．湘潭大学学报（哲学社会科学版），2009（1）：35－40；彭茂祥．我国知识产权公共政策体系的构建［J］．知识产权，2006（5）：32－38；王珍愚，单晓光．日本的知识产权公共政策及对中国的启示［J］．财贸研究，2008（6）：120－125.

❷ 国外研究参见：Michael R. Taylor and Jerry Cayford, American Patent Policy, Biotechnology, and African Agriculture: The Case for Policy Change, Spring, 2004, 17 Harv. J. Law & Tec 321. Dan L. Burk and Mark A. Lemley, Policy Levers in Patent Law, 89 Virginia Law Review 1575 (2003). 国内研究参见：康添雄．专利法的公共政策研究［D］．重庆：西南政法大学，2011. 及其后续发表的系列论文；肖志远．知识产权权利属性研究：一个政策维度的分析［M］．北京：北京大学出版社，2009.

已经完成了自我认知的突破。相应地，政策的灵活性与时效性也为专利法的变迁提供了一种比较合理的解释。[218]技术自产生时起，作为知识就有了公共属性，这与财产权理论中的"独自"占有、使用、收益、处分之权能相矛盾。无论是洛克的劳动学说、黑格尔的知识财产说、马克思的劳动价值说，还是从法律本身推演的"自然权利说"以及"合理激励说"，均存在缺陷而难以获得理论上的自洽性。[219]作为另一种进路，将技术视为公共事务对待，继而展开动态和过程性的分析就具有了可能性和可行性。[220]应该看到，专利法学在一定程度上已成为一种具有公共政策目标的"对策"之学，专利行政执法的手段成为许多国家所重视的工具性政策措施。以美国为首的发达国家灵活地顾及产业差异对专利制度进行调整，将正确的模型对应于正确的产业，从而有助于就特定产业的专利实施作出正确的预测，也有助于为该产业量身定做最适合的专利政策。[221]像生物工程、计算机程序等产业政策可以规制的领域，知识在时刻更新、汇集，需要行政去干预并对其产生影响。[222]我国自 2008 年颁布《国家知识产权战略纲要》以来，专利法修改时充分考虑到其对目标的设计，通过具体的权利保障措施得以体现，《专利法》第六章规定的专利实施的强制许可制度即为例证。TRIPs 开宗明义地表明知识产权为私权，我国知识产权民事立法体系的完成也不断强化着知识产权法的私法定位，但知识产权制度实际上仍是制造者、传播者与使用者之间的利益平衡之结果。基于此，专利权的公共政策属性具有更强的现实意义。

2　公共政策的效果评价

有论者言，如果以经济学家的观念考察专利制度，那么往往会是效率优先，容易产生所谓的"创新激励"评价标准；以律师或法学家的视角观察，则可能产生"利益平衡"的评估准则。[223]这两种理论基本上概括了目前对专利制度评价的主要进路，前者是"激励论"，后者是"利益平衡论"。激励论作为专利制度绩效的评价理论一直得到众多经济学者的支持，也构成知识产权法学者的主要认知模式。以李斯特为代表的倡导者遵循"利益刺激进步"的论证思路,强调建立有效的市场机制来促进创新活动,那么,与市场的结合程度就成了对专利制度进行公共政策评价的重要指标。[224]"成本—收益"的分析模型是其评判的主要方法,决策主体在既有的约束条件下,选择结果是权衡自身成本收益之后的产物。当约束条件发生变化时,决策过程的激励机制也随之而变。激励论是一种经济性表述,对理性人的博弈选择有较大影响。与此不同,从立法者、执法者和司法者角度,更倾向于追求专利制度的衡平机制。所谓"利益平衡"是指,在一定的利益格局或体系下出现的相对和平、相对均势的状态。[225]知识产权法律制度是一种分配围绕知识产权所产生的各方权益的平衡机制,而知识产权权利人的垄断利益与社会公众利益之间的平衡是知识产权利益平衡的立足点。知识产权利益平衡机制主要涉及这几方利益,即知识产权权利人、知识产权使用者、知识产权行政管理部门和社会公众的利益。在对知识产权进行行政法保护时,要充分考虑上述利益关系,尤其是要正确处理政府与知识产权产业链上各个主体的关系。[226]各国的知识产权立法都普遍地体现了私法的衡平性,从而使这个机制持续为人类创造文学艺术和科学技术的繁荣。[227]利益平衡原则作为民事法律规范的基本原则,有一定的普适性。从法经济学的角度,在知识产权制度中引入利益平衡原则,围绕权利义务关系的相关主体进行利益选择和利益衡量,从而实现知识产权法调整的利益趋于最大化。利益平衡不仅仅是一种理念或价值判断,其广泛地存在于知识产权法律制度的诸多方面,也当然延及专利法及相关制度设计上。

回到本书所研究的专利行政处罚权边界问题上来,"激励论"与"利益平衡说"这两种评价专利制度的公共政策进路,恰好与外部边界和内部边界构造的价值标准相对应。在专利行政处罚权与私权的边界构建时,我们倡导一种有别于传统"公私"二元对立的新的"公私"关系,形成"活私开公—公私共创"的公共哲学范式,这就需要从制度层面上有效激励私主体积极参与行政活动。通过激励机制的发挥，降低了行政主体的执法成本，从而更好地维护社会公共利益。权力的本质就是利益，权力之间的冲突与矛盾也是利益分配所导致的。专利行政处罚权与立法权、司法权及其他行政权的关系在本质上属于公权力体系内部的利益划分问题，用利益平衡论来分析这一问题显得较为合适。如此，通过公共政策对专利制度的改造，最终是为了实现"增进最大多数人的最大幸福"这一立法目的，[228]即功利主义在专利法上的体现。

2.3.2.2　边界研究的行政处罚基本原则之适用

如果说，公共政策为专利制度注入了"幸福"❶ 这一伦理学价值，那么"公正"作为另一个基本价值，需要被同等提及❷。因为，没有公正，幸福也难以达至。法律制度对公正的体现首先内含于法律原则中，行政法基本原则的适用是分析任何行政法学问题的必备要素。同样地，行政处罚基本原则应贯穿于专利行政处罚权边界构造之始终。

在我国的行政法学界，关于行政法基本原则的确立，至今尚未达成共识。"行政合法性原则"和"行政合理性原则"是所谓的主流观点，❸ 但仍有不少学者对这一"主流观点"进行质疑，同时提

---

❶　边沁将利益等同于幸福，如果利益是有关共同体的，那就是共同体的幸福，关于个人的就是个人的幸福；穆勒将幸福注入功利主义理论，把"功利"或"最大幸福原理"视为道德基准。参见：边沁. 道德与立法原理导论 [M]. 时殷弘，译. 北京：商务印书馆，2000：58；休谟. 人性论 [M]. 关文运，译. 北京：商务印书馆，1980：662.

❷　幸福和公正是关于生活的两条不可商量的先验原理，是全部生活的两个基本价值，其他所有的价值都无非是幸福和公正的具体表现或者是派生的需要，因此它们是伦理学的两个基本问题。引自：赵汀阳. 论可能生活 [M]. 北京：中国人民大学出版社，2010：122.

❸　行政合法性原则和行政合理性原则是罗豪才教授在其主编的《行政法学》（中国政法大学出版社1989年版）教材中首次提出，之后，国内大多数行政法教材和论著都引用了这一说法。

出了自己有关构建行政法基本原则的新思路。❶ 体系上讲，行政法基本原则适用于行政处罚这一子领域。笔者无意于争论行政法基本原则该如何构建，在全然尊重既有研究成果的基础上，重点阐述具有相对特殊性的行政处罚基本原则，并将其适用于本书的边界研究中。法理学上一般认为，法律的基本原则"体现法的本质和根本价值，是整个法律活动的指导思想和出发点，构成一个法律体系的灵魂，决定法的统一性和稳定性"。[229] 据此，行政处罚的基本原则可以界定为由法律规定或认可的、贯穿于行政处罚活动的始终，对行政处罚的设定与实施具有普遍指导作用的基本准则。之所以称行政处罚的基本原则是根本法律准则，其理由就在于基本原则效力的贯穿始终性及其内容的根本性。[230]

按此标准，本书引述应松年教授对行政处罚基本原则的概括，❷ 即行政处罚基本原则包括行政处罚法定原则、行政处罚公正原则、行政处罚公开原则、行政处罚与教育相结合原则及权利保障原则这五项内容。具体来讲，其一，"处罚法定"是行政合法性原则在行政处罚领域的具体表现，是指行政处罚的设定和实施应当符合法律规定，不得与法律规定相抵触。行政处罚法定原则要求，行政处罚设定法定、行政处罚依据法定、行政处罚主体法定以及行政处罚程序法定。其二，根据《行政处罚法》第四条之规定，行政处罚要遵循公正原则。设定和实施行政处罚必须以事实为依据，与违法行为的事实、性质、情节以及社会危害程度相当。从逻辑上讲，行政处

---

❶ 例如：姜明安教授在《行政法域行政诉讼法》一书中，将行政法基本原则分为实体性基本原则和程序性基本原则，前者包括依法行政原则、尊重和保障人权原则、越权无效原则、信赖利益保护原则和比例原则，后者包括正当法律程序原则、行政公开原则、行政公正原则和行政公平原则；周佑勇教授在《行政法基本原则研究》一书中，将行政法基本原则总结为行政法定原则、行政均衡原则和行政正当原则。

❷ 与行政法基本原则争论不止、观点纷呈不同，有关行政处罚基本原则的论述并不多。笔者能查到的论文文献中专门研究行政处罚基本原则的文章不多且都发表于2000年以前。涉及的学术专著除了应松年教授的《行政处罚法教程》外，关保英教授的《行政处罚法新论》中也有关于基本原则的阐述。

罚公正原则是行政处罚法定原则的重要补充，也是对行政合理性原则的回应。结合行政法的一般原理，行政处罚公正原则的基本要求是过罚相当和裁量正当两个方面。其三，"阳光是最好的防腐剂"，行政公开是现代行政法上一项重要的法律原则和制度。处罚公开是处罚公正的前提和保障，因为"暗箱操作"往往是导致处罚不公的直接原因。行政处罚公开原则要求处罚的依据公开、处罚的过程公开以及处罚的结果公开。其中，行政处罚的结果公开与公共政策的联系密切，是否公开正是基于当下社会治理的考虑。其四，行政处罚与教育相结合原则是指设定和实施行政处罚既要体现对违法行为人的制裁，又要贯彻教育违法行为人自觉守法的精神，实现制裁与教育的双重功能。这可能与我国的国情有密切的关系，行政处罚以教育为主，处罚为辅。其五，权利保障原则。现代行政程序法的根本旨趣就在于确认、尊重并保障行政相对人所享有的程序性权利，进而促成其实体性权利的最终实现[231]。就行政处罚中的权利保障原则而言，所保障的主要是行政处罚过程中当事人享有的各种程序性权利。结合《行政处罚法》相关条文之规定，主要有获得通知权、陈述权、申辩权、申请权、委托代理权、拒绝权以及行政救济权等。

通过对以上行政处罚基本原则的梳理，进一步明晰了本书在专利行政处罚权边界研究中所遵循的基本准则。处罚法定、处罚公正、处罚公开、处罚与教育相结合以及程序权利保障这五项基本原则，同样贯穿于本书研究内容始终且是其根本性判断标准。

第3章　专利行政处罚权与公权力的边界

由孟德斯鸠阐述的三权分立与制衡理论一直都是西方政治学和法哲学的理论基石。[232] 尽管欧美诸国具体的宪法体制各具特色，但在很大程度上依然是建立在分权与制衡的理论之上。我国的现代化法制理论设计虽然不照搬西方式的三权分立与制衡体制，但普遍认为，我国的国家权力同样划分为立法、行政和司法三类，权力之间形成相互制约。总的来说，学者们在研究相关问题的时候，总是自觉或不自觉地以"三权"及其"分立"作为自己的理论预设。[233] 立法权是公权力中最重要的权力，司法权是公民权利、自由的保障，行政权是公民最经常、最直接接触的公权力。专利行政处罚权与公权力的边界属于公权力的内部边界构造问题。作为行政权之具体表现形态之一，专利行政处罚权与立法权、司法权以及其他相关行政权的边界一同构成本书研究的专利行政处罚权边界体系。

3.1　专利行政处罚权与立法权的边界

如前所述，专利行政处罚权的设定涉及立法权问题。换言之，专利行政处罚权与立法权的边界是从更加系统的角度探讨专利行政处罚权的设定问题。依据法律保留原则，专利行政处罚权的设定由立法权决定，两者的边界本无多少值得研究的必要。然而，随着行政立法成为行政机关开展行政管理活动的一种重要形式而广泛出现，行政权力的扩张可能突破立法机关赋予其原有的立法权限。回溯专利行政处罚制度的立法沿革，仍不难发现这一超越权限的具体表现，需要对其进行立法规制。专利行政处罚权与立法权的边界原本是清楚的，此处研究的目的是将已经或者可能超越立法权限的专利行政处罚权相关规定重新纳入立法权设定的框架下，以确保行政部门行使专利行政处罚权的合法性基础。

3.1.1　行政权扩张下的行政立法

3.1.1.1　立法权及立法体制

按照现代社会世界各国的法制实践，立法是指有法的创制权的国家机关或经授权的国家机关在法律规定的职权范围内，依照法定程序，制定、补充、修改和废止法律及其他规范性法律文件以及认可、解释法律的一项专门性活动。[234]对照这一概念，立法具有如下一些特点：第一，立法既是国家的一项专有活动，也是国家履行职能的主要方式之一；第二，立法既包括有制定权的国家机关进行的法的制定活动，也包括经授权的国家机关进行的法的制定活动；第三，立法既包括法的制定，也包括法的修改、补充、废止以及认可、解释等；第四，现代社会的立法活动是严格依照法定程序进行的。相应地，对立法权的定义有广义和狭义之说。❶ 广义的立法权是指一切立法主体依法行使制定、认可、修改、废止法，以调整相应社会关系的综合性权力体系；狭义的立法权仅指立法机关行使的制定、认可、修改、废止法律规范的权力体系。[235]这种最常见的分

---

❶ 在三权分立确立以前，立法权问题就已经进入学者的研究视野。以国外学者的典型学说为例，洛克认为"立法权是指享有权利指导如何运用国家的力量以保障这个社会及其成员的权力"；黑格尔在《法哲学原理》一书中对立法权阐述为，"立法权所涉及的是法律本身，以及那些按其内容来说完全具有普遍性的国内事务"；美国在制定宪法时，如何用其他权力牵制立法权成为立法者首要的考虑内容。"立法部门的法定权力比较广泛，同时又不易受到明确的限制，因此立法部门更容易用复杂而间接的措施掩盖它对同等部门的侵犯"。参见：洛克. 政府论（下篇）[M]. 叶启芳，瞿菊农，译. 北京：商务印书馆，1964：89；黑格尔. 法哲学原理 [M]. 范扬，张企泰，译. 北京：商务印书馆，1961：315；汉密尔顿，等. 联邦党人文集 [M]. 程逢如，等译. 北京：商务印书馆，1997：253。国内的工具书中将立法权表述为："国家制定、修改或废止法律的权力"。引自：张友渔. 法学辞典（增订本）[M]. 上海：上海辞书出版社，1984：218。

类方式深化了分权理论，有助于明确行使国家立法权的主体及其之间的关系。从广义立法权的角度，立法机关的立法活动由于其烦琐的程序往往不能适应适时变化的社会需求，人们对公正的期待促使授权立法（行政机关的委任立法）与法官造法（司法立法权）活动的兴起，行政法规、规章和法院的判例已经成为法律的重要组成部分。与之相反，将立法权的主体限定于立法机关符合立法权概念的本质属性，因为立法机关的立法权是其他一切立法权的源泉。既称为"授权"，则行政机关的该立法权仍来源于立法机关，而司法机关的判例亦来自立法机关的同意或默许。这便是狭义立法权概念的合理性所在。基于此，本书是从广义上界定立法权的概念，从而重点分析行政立法问题。

由于行政立法与一国的立法体制密不可分，仍有必要介绍我国现行的立法体制。既不同于联邦制国家结构的二元或多元的立法体制，也不同于一般的单一制国家所采用的纯粹的一元立法体制，我国集中了两种立法体制的一些特点，独创了一种"一元、两级、多层次"的立法体制。❶ 在此体制下，争议最多的是授权立法，即全国人民代表大会及其常委会将宪法和法律赋予的立法权授予具有一定立法能力且承担责任的受权主体，依照法定程序制定规范性法律文件的过程。[236] 授权立法兴起的原因在于近代行政权力的扩张，政府推行积极行政，立法机关无力满足社会发展对规则的需求而不得不交由行政机关制定部分规则。作为立法权的一种下级权力，授权立法应当按照上级权力的设计运行，并接受上级权力的监督和制约。

---

❶ "一元"是指我国的立法体制是统一的、一体化的，全国范围内只存在一个统一的立法体系，不存在两个或两个以上的立法体系；"两级"是指我国立法体制分为中央立法和地方立法两个立法权等级；"多层次"是指中央级立法和地方级立法都可以各自分成若干个层次和类别。参见：周旺生. 立法学 [M]. 2版. 北京：法律出版社，2009：282-283.

3.1.1.2　行政立法的内涵及表现形式

作为授权立法的下位概念，行政立法专指行政机关依据法律授权，就同类事项或一般行政事项所制定的、对外具有法律拘束力的规范性文件。行政立法以立法机关的法律授权为前提，以授予的权限内容与范围为界限。我国《立法法》对行政立法权主体作了明确规定，国务院，国务院各部委及直属机构，省（自治区、直辖市）政府，省、自治区人民政府所在地市的人民政府，经国务院批准的较大的市人民政府，以及经济特区的人民政府享有行政立法权。2015 年新修订的《立法法》第七十二条增加"设区的市"可以对城乡建设与管理、环境保护、历史文化保护等方面的事项制定地方性法规。我国广泛存在行政立法，这与我国的政治制度及行政权传统有关。特殊国情使得行政立法权的扩张有了历史的必然性和现实的合理性。实践中，我国出台行政立法所需的时间少、周期短，但并不意味着行政立法就是有效率的，仍然存在诸如过分强调本地方、本部门利益的一些问题。[237]在确保行政效率的同时，如何保证行政立法具有内容的正当性，才是行政立法制度的核心。

行政立法作为行政权扩张的产物，如今已成为一种普遍的法律现象。在英国，与行政立法对应的概念是"委任立法"（delegated legislation）[238]；在美国，与其对应的是"规章制定"（rule - making）[239]；而在法国是"规则行为"，它是由行政机关创设、变更或取消普遍的和客观的法律地位的行为。[240]我国台湾地区沿袭德国法传统，将行政立法活动称为"法规命令"。[241]称谓本身就指代了特定的行政法渊源，我国的行政立法形式主要有行政法规和行政规章这两种类型，两者的表述最早都出现于我国 1982 年的宪法。2000年颁布的《立法法》不仅为行政法规单设一章，并且对其范围、立法事项及程序等作了较为详细的规定。从制定主体上看，行政法规的制定权专属于国务院，其他任何行政机关均无权制定行政法规。2001 年出台的《行政法规制定程序条例》规范了之前名称繁多的现象，该条例第四条规定："行政法规的名称一般称'条例'，也可称'规定''办法'等"。法律的广泛授权使行政规章成为一种重要的行政立法形式,并在行政管理中发挥着补充法律、细化规定的作用。对此,许多持批判态度的学者提出要"终止行政国家并复兴不授权原则",但授权已经成为现代生活的事实。[242]为防止授权立法可能带来行政权滥用的弊端,应对行政规章严格规范,我国主要表现为对制定主体和制定内容的限定。❶

3.1.1.3 限制原则:法律优位与法律保留

按照依法行政原则的要求,行政权的存在和运行都必须有法律上的依据或授权,不能与法律发生抵触和冲突。此处的法律是狭义上的法律,即指由全国人大及其常委会制定的、对外发生效力的抽象性规范文件。可见,行政立法与法律之间的关系是研究行政立法问题的前提条件。对此关系的阐述唯德国的行政合法结构产生的影响至深,❷ 本书引述法律优位与法律保留两个原则以限制行政立法。

在法理上,法律优位是指正式的法律渊源要优于从属的法律渊源,也就是法律比所有的从属立法的效力都高。该原则适用于所有的行政领域。法律具有优越性,这与社会发展、立宪国家体制以及法律的性质有密切关系。[243]就行政立法而言,法律优位的着眼点为法律的效力位阶。也就是说,虽然行政立法可以成为行政机关依法行政的依据和法院据以判断行政行为是否合法的准绳,但由于立法主体的地位不同,行政立法的效力低于全国人大及其常委会制定的法律的效力。所以,具有行政立法权的行政机关在行使立法权时,必须严格依照法律授权,在上位法规范的限度内制定细化的规范性文件。如果行政立法的内容与法律规定相冲突,将使得相关行政立法的条款无效甚至是整体无效。在我国的合法行政要求中,第一个

---

❶ 参见:《立法法》(2015 年修订)第八十条、第八十二条之规定。

❷ 德国行政法学鼻祖奥托·麦耶在其 1895 年出版的《行政法》一书中指出,就行政及法律的关系应包括三个方面:法律的规范创造力原则;法律优位原则;法律保留原则。这一理论发展至今成为德国行政法上的依法行政原则,对我国及其他大陆法系国家影响至深。参见:陈新民.行政法学总论 [M].台北:三民书局,1997:51.

就是要求"行政机关实施行政管理，应当依照法律、法规、规章的规定进行"，也就是要求行政必须服从法律。这是对我国已有的许多法律中同样要求的高度概括与总结。❶ 而且，法律、法规、规章的排列顺序也表达了彼此法律位阶的关系，建立以法律为优位的内在和谐的法律规范体系[244]。

行政权力的来源理论在近代后期出现的权威性论述是法律保留原则。[245]法律保留是指只有在法律明确授权的情况下才可以实施某种行政行为。法律保留原则之于行政法，如同罪刑法定主义之于刑法。[246]它比法律优位原则更为严格，是积极意义上的依法行政原则。该原则产生的社会背景是 18 世纪末的自由主义宪政运动，意在通过分权来限制主权的垄断权力，以保障公民的个人权利。只有公民代表组成的议事机关在其立法中明确同意的情况下，行政机关才可以对个人权利领域进行限制。[247]随之而来，对于该原则必须解决在什么问题上留给立法机关来决定这一问题，形成了侵害保留、全部保留和重要事项等不同的学说看法。[248]我国兼采重要事项说和侵害保留说。前者如《立法法》第八条、第九条、第五十六条之相关规定，后者体现在国务院颁布的《全面推进依法行政实施纲要》中关于合法行政之表述，"没有法律、法规、规章的规定，行政机关不得作出影响公民、法人和其他组织合法权益或者增加公民、法人和其他组织义务的决定"。结合以上两种依法行政的限制原则以及相关法理和法律规定，对专利领域的行政立法权如何配置已经比较明确。鉴于前文专利行政处罚权的设定部分已作出列举，此处不再赘述。

---

❶ 比如：《行政处罚法》第三条规定，"公民、法人或者其他组织违反行政管理秩序的行为，应当给予行政处罚的，依照本法由法律、法规或者规章规定，并由行政机关依照本法规定的程序实施。没有法定依据或者不遵守法定程序的，行政处罚无效。"

3.1.2 专利行政处罚制度的立法沿革及其评价

3.1.2.1 专利行政处罚制度的《专利法》沿革

专利行政处罚制度的变迁伴随着《专利法》的历史沿革。在1984 年制定的《专利法》中，规定了对假冒他人专利行为的行政查处。❶ 严格讲，这一规定并不属于规范意义上的行政处罚制度，因其将具有一般情节的假冒他人专利行为定性为民事侵权行为，只需承担停止假冒行为、赔偿损失的民事责任，而对情节严重的则"比照"刑法追究刑事责任。仍将此规定视为我国专利行政处罚制度之肇始，乃归因于专利行政部门对假冒他人专利行为的行政查处是专利行政处罚制度的重要内容，在其后的《专利法》修订中均对此有所涉及。1992 年首次修改《专利法》时，考虑到专利领域中欺骗公众的虚假行为并非仅仅限于假冒他人专利的行为，还包括无中生有的冒充专利行为，故在原第六十三条的基础上增加了对冒充专利行为的行政查处，❷ 这是第一次较为完整地体现行政处罚制度。据此，专利管理机关有权责令停止冒充行为，公开更正并处以罚款（未规定数额）。尽管这进一步完善了对专利违法行为的制裁，但将假冒他人专利行为与专利侵权行为混为一谈是不合理的，且对规定假冒他人专利行为只承担民事责任和刑事责任缺少一个中间层次（行政处罚责任）作为过渡，这两个问题在 2000 年第二次修法时予以解决。2000 年修改《专利法》时将之前的第六十三条分为第五十八条和第五十九条，前者针对假冒他人专利行为，后者是冒充专利行为。对于假冒他人专利行为，管理专利工作的部门有权责令改正并予公告、没收违法所得、并处违法所得 3 倍以下罚款或 5 万元以下的罚款；对于冒充专利行为，管理专利工作的部门可责令改正并予公告，可处 5 万元以下罚款。为了便于管理专利工作的部门实

---

❶ 参见：《专利法》（1984 年）第六十三条。
❷ 参见：《专利法》（1992 年）第六十三条第二款。

施行政处罚，2001 年修改的《专利法实施细则》第八十四条和第八十五条分别对假冒他人专利行为和冒充专利行为作了定义。由于两种行为有共同点且不易区分，2008 年第三次修法时将其合并称为假冒专利行为，不再予以区分。同时，进一步加大对假冒专利行为的行政处罚力度。新增第六十三条规定，在没收违法所得时可以并处违法所得 4 倍以下的罚款；没有违法所得，可处以 20 万元以下罚款。时至今日，《专利法》第四次修订"送审稿"正在审议中，涉及专利行政处罚权扩张的条款是此次修法的重点。具体表现为，新增对涉嫌群体侵权、重复侵权等扰乱市场秩序的故意侵权行为的行政查处，管理专利工作的部门不仅可以责令停止侵权，还可没收、销毁侵权产品或用于实施侵权行为的专用设备，且将罚款数额（包括对假冒专利的罚款）提高到 5 万元以上或非法经营额 1 倍以上 5 倍以下等。❶

由此可见，《专利法》及其实施细则对专利行政处罚的规定很有限，暂且不论"送审稿"中对故意侵权行为的行政处罚，现行《专利法》赋予管理专利工作的部门实施专利行政处罚的对象只有假冒专利行为。从行政处罚的种类上看，也主要有责令改正、罚款、没收违法所得三种。如前所述，也可将"责令立即停止侵权行为"比照"责令停产停业"解释为行政处罚，从而扩张专利行政处罚的对象和内容。

3.1.2.2　专利行政处罚制度的行政立法概况

《专利法》作为专利行政立法的上位法，为专利行政处罚制度确立了基本框架。除了国务院颁布的《专利法实施细则》涉及专利行政处罚制度的行政立法形式，还有地方性专利法规、国家知识产权局等相关部门制定的部门规章以及地方政府制定的专利规章等。

---

❶　参见：《专利法》第三次修订草案"送审稿"第六十条、第六十三条之规定。

现行《专利法实施细则》仅在第八十四条末款中涉及行政处罚内容，❶ 地方政府制定的专利规章数量庞杂且受地方性专利法规的影响较大，本书不再介绍这两类行政立法文件。故主要针对地方性专利法规和《专利行政执法办法》这两类文件中涉及的专利行政处罚条款进行阐述。

依据《专利法实施细则》第七十九条之规定，只有省、自治区、直辖市人民政府以及专利管理工作量大又有实际处理能力的设区的市人民政府的管理专利工作的部门享有专利行政执法权，国家知识产权局以及县级以下的专利行政部门不享有执法权。这凸显了地方性专利法规的重要性。截至目前，通过网络检索到生效的与专利保护直接相关的地方性专利法规如表3.1所示。

表 3.1　地方专利保护和促进条例一览表

序号	名称	颁布时间	修订时间
1	安徽省专利保护和促进条例	1998 年 6 月 20 日	2005 年 10 月 21 日
2	北京市专利保护和促进条例	2005 年 5 月 20 日	—
3	重庆市专利促进与保护条例	2007 年 7 月 27 日	—
4	福建省专利保护条例	2004 年 6 月 4 日	—
5	甘肃省专利保护条例	2003 年 9 月 29 日	—
6	广东省专利条例	2010 年 9 月 29 日	—
7	广西壮族自治区专利保护条例	1999 年 7 月 30 日	2002 年 1 月第一次；2004 年 6 月第二次
8	贵州省专利保护条例	2003 年 7 月 26 日	2004 年 5 月 28 日
9	河北省专利保护条例	1997 年 10 月 25 日	2003 年 11 月 29 日
10	河南省专利保护条例	2000 年 11 月 25 日	2005 年 12 月 2 日
11	黑龙江省专利保护条例	2003 年 12 月 13 日	—

❶ "销售不知道是假冒专利的产品，并且能够证明该产品合法来源的，由管理专利工作的部门责令停止销售，但免除罚款的处罚。"

续表

序号	名称	颁布时间	修订时间
12	湖北省专利保护条例	1998 年 4 月 2 日	2001 年 5 月 31 日
13	湖南省专利保护条例	2001 年 7 月 30 日	—
14	江苏省专利促进条例	2009 年 5 月 20 日	—
15	江西省专利促进条例	2009 年 11 月 27 日	—
16	辽宁省专利保护条例	1998 年 9 月 25 日	2002 年 3 月 28 日
17	宁夏回族自治区专利保护条例	2002 年 11 月 7 日	—
18	青海省专利促进与保护条例	2009 年 11 月 30 日	—
19	山东省专利保护条例	2002 年 5 月 16 日	—
20	山西省专利实施和保护条例	2001 年 11 月 25 日	—
21	陕西省专利保护条例	2003 年 9 月 28 日	—
22	上海市专利保护条例	2001 年 12 月 28 日	—
23	四川省专利保护条例	1997 年 6 月 16 日	2001 年 9 月 22 日
24	天津市专利促进与保护条例	2011 年 1 月 6 日	—
25	新疆维吾尔自治区专利保护条例	2004 年 7 月 23 日	—
26	云南省专利保护条例	2003 年 11 月 28 日	—
27	浙江省专利保护条例	1998 年 12 月 15 日	2005 年 9 月 30 日
28	厦门市专利保护规定	2003 年 7 月 15 日	—
29	武汉市专利管理条例	2001 年 2 月 11 日	—
30	广州市专利管理条例	2001 年 7 月 27 日	—
31	洛阳市专利保护管理条例	2003 年 12 月 8 日	—
32	宁波市专利管理条例	2003 年 11 月 24 日	—
33	长春市专利管理条例	2004 年 10 月 1 日	—
34	青岛市专利保护规定	2004 年 11 月 25 日	—
35	杭州市专利管理条例	2005 年 11 月 25 日	—
36	淄博市专利管理条例	2006 年 8 月 4 日	—

序号	名称	颁布时间	修订时间
37	成都市专利保护和促进条例	2006 年 12 月 11 日	—
38	汕头市专利保护和促进条例	2007 年 2 月 1 日	—
39	深圳经济特区加强知识产权保护工作若干规定	2008 年 4 月 1 日	—
40	南昌市专利促进和保护办法	2008 年 7 月 14 日	—
41	福州市专利保护与促进若干规定	2008 年 12 月 2 日	—
42	包头市专利促进与保护条例	2009 年 5 月 22 日	—
43	郑州市专利促进和保护条例	2009 年 9 月 1 日	—
44	沈阳市专利促进条例	2010 年 1 月 9 日	—
45	苏州市专利促进条例	2010 年 11 月 19 日	—

从表 3.1 可知，全国大部分省级人大和部分较大城市的市级人大都制定了专利保护的地方性法规，名称也基本相近，多取"保护条例"或"促进条例"。从时效性来讲，绝大部分条例都颁布于 10 年前甚至更早，有一些随后作了修订。颁布时间较近的是《苏州市专利促进条例》（2010 年）和《天津市专利促进与保护条例》（2011 年）。结合条例的名称和颁布时间，可大致判断其内容的侧重点。2000 年第二次修改《专利法》以前，地方性专利法规的主要目的是规定行政保护措施以保护专利权，故多称为"专利保护条例"。随着我国专利工作的不断发展，特别是《国家知识产权战略纲要》颁布实施后，仅仅提供行政保护措施的地方性专利法规已不能满足"促进自主创新能力建设"的制度需求。为了兼顾促进专利的创造、运用、保护、管理之立法目标，地方性专利法规中更多地纳入了激励专利申请、鼓励专利实施等相关内容。条例名称也随之调整为"专利促进条例"或直接采"专利条例"之名。共同的是，上述地方性专利法规均规定有涉及专利行政处罚的条款，主要是对假冒专利行为及其他侵权行为的行政处罚措施，对其具体分析在下文展开。

除了地方性专利法规，我国专利行政执法实践中另一重要的行政立法文件是国家知识产权局于 2010 年出台的《专利行政执法办法》。作为管理专利工作的部门和实施专利行政执法的业务指导部门，国家知识产权局颁布的该办法对专利行政执法工作起着较强的规范和引导作用。总体上分为总则和专利侵权纠纷的处理、专利纠纷的调解、假冒专利纠纷的查处等五个章节。与本书研究内容密切相关的是第六章法律责任部分，特别是第四十一条和第四十三条规定了管理专利工作的部门所采取的行政处罚措施。

3.1.2.3　专利行政处罚制度的行政立法缺陷

　　结合行政立法的基本理论重新审视这两类文件，发现均存在立法缺陷，即不同程度地违法设定行政处罚。第一，地方性专利法规普遍存在违法设定行政处罚的情况。《行政处罚法》第十一条明确规定，地方性法规可以设定除限制人身自由、吊销企业营业执照以外的行政处罚。区别于中央立法（法律和行政法规）的设定权，地方性法规的设定权较为有限。但需要特别说明的是，这里有关地方性法规设定权之规定其实隐含了一个基本前提，即只有尚未制定法律和行政法规，而且属于地方性事务的，地方性法规才有权依据《行政处罚法》第十一条的授权在法定权限范围内设定行政处罚。而对于已经制定法律，但是法律并未设定行政处罚的，地方性法规当然无权设定行政处罚。因为根据法律保留原则的基本要求，有法律但是却没有设定行政处罚的，显然意味着法律已经对行政处罚的设定问题作出了否定的判断，没有法律的明确授权，地方性法规当然没有立法权。[249] 以《广东省专利条例》为例，第五十四条规定，"认定专利侵权的行政处理决定、民事判决或者仲裁裁决生效后，侵权人再次侵犯同一专利权、扰乱市场秩序的，由专利行政部门按照本条例第三十七条第一款的规定处理，没收违法所得，并可处违法所得 1 倍以上 5 倍以下的罚款；没有违法所得的，可处 1 万元以上 10 万元以下的罚款；情节严重的，可处 5 万元以上 10 万元以下的罚款"。即管理专利工作的部门对重复侵犯专利权、扰乱市场秩序的行为实施行政处罚，处罚种类有没收违法所得和罚款。比照现行《专利法》及其实施细则，并未赋予管理专利工作的部门对重复侵权行为实施行政处罚之职权，管理专利工作的部门仅有权责令停止侵权。退一步讲，将责令停止侵权视为行政处罚，管理专利工作的部门也无权对侵权行为实施罚款或没收违法所得，暂且不论罚款和违法所得的数额有何依据。可见，《广东省专利条例》在现有《专利法》及其实施细则未授权管理专利工作的部门对重复侵权行为设定行政处罚的前提下，超越权限设定了行政处罚，这违背了法律保留原则。还比如《重庆市专利促进与保护条例》第二十七条规定"专利管理部门对情节严重的专利侵权行为可以没收侵权产品"，《福建省专利保护条例》第二十二条规定"管理专利工作的部门对为假冒他人专利提供便利条件的处以没收违法所得及罚款"，《江苏省专利促进条例》第三十四条规定"专利行政管理部门认定侵权行为成立的可责令侵权人销毁或者拆解侵权产品"，其他地方性专利法规中也普遍存在越权设定行政处罚的相关规定。

　　第二，《专利行政执法办法》也存在违法设定行政处罚的问题。《行政处罚法》第十二条对部门规章设定行政处罚的性质、权限及效力作了明确规定。[1] 部门规章能够设定行政处罚的种类非常有限，仅限于警告和罚款两种。鉴于警告本身不存在幅度的问题，但是罚款本身又必然涉及具体的上限和下限，因此，部门规章的罚款限额由国务院规定以进一步限缩规章的处罚设定权。可见，部门规章新设定行政处罚的具体权限，一方面要受到种类的限制，另一方面要受到罚款具体幅度的限制。当然，这里所讲的规章设定权显然是发生在上位法（法律和行政法规）尚未设定行政处罚的情况之下。如果上位法已经对行政处罚的行为、种类和幅度作出具体规定的，此时规章无权新设定行政处罚，而只能在上位法设定的行政处罚的种

---

　　[1] 《行政处罚法》第十二条规定："国务院部、委员会制定的规章可以在法律、行政法规规定的给予行政处罚的行为、种类和幅度的范围内作出具体规定。尚未制定法律、行政法规的，前款规定的国务院部、委员会制定的规章对违反行政管理秩序的行为，可以设定警告或者一定数量罚款的行政处罚。罚款的限额由国务院规定……"

类、幅度和范围内作出细化规定。否则，部门规章越权设定行政处罚的，将导致无效或者失效的法律后果。此外，现行《专利法》及其实施细则与《行政处罚法》一并构成《专利行政执法办法》的上位法。重新检视《专利行政执法办法》这一专利行政执法的主要依据，发现第四十一条对制止侵权行为措施的规定和第四十三条对假冒专利行为人采取措施的规定属于越权设定行政处罚。具体来讲，这两个条款中关于责令专利侵权人、假冒专利行为人销毁特定产品的制止侵权措施和责令改正措施，种类上虽不属于《行政处罚法》第八条中列明的六种行政处罚，但其对侵权人、假冒行为人的惩罚程度却不低于本条第三款规定的没收违法所得。故只能将其归入第八条中的兜底条款，即"法律、行政法规规定的其他行政处罚"。然而，如前所述，现行《专利法》及其实施细则中并未授权管理专利工作的部门对专利侵权行为实施行政处罚；即便是对假冒专利行为人设定没收违法所得及罚款的行政处罚，也未设定销毁特定产品这一行政处罚类型。由此可见，《专利行政执法办法》在上位法未设定行政处罚的情况下，突破自身的设定权限（仅限于警告和罚款），违法设定了新的行政处罚，属于超越法定种类的越权行为。由于上位法设定在先，规章设定在后，规章的越权规定即为无效。

　　总之，我国现行的两类主要的专利行政立法文件（地方性专利法规和专利行政执法办法），均不同程度存在越权设定行政处罚的缺陷。究其原因，地方性专利法规的立法缺陷可能归于两点，一是行政立法过分强调本地方的利益，[250]立足于局部管理之需而仓促制定，缺乏合法性考量；二是未能对其及时修订、废止，造成大量的立法闲置或"废法"。《专利行政执法办法》存在缺陷主要还是部门利益的驱动及其难以遏制的行政权扩张本能所致。地方专利行政部门的执法"疲软"与当前加强知识产权保护、维护市场公平竞争秩序的政策需求极不协调，故为了加大专利行政执法的强制力，通过部门规章设定行政处罚及相关措施不失为一种便利，这就难免出现越权立法现象。

3.1.3 专利行政处罚权的立法规制

立法所体现的意志背后乃是各种利益，法律就是社会共同的、由一定物质生产方式所产生的利益和需要的表现。[251] 在立法问题上，利益法学派主张，利益是法律的原因，法律规范中包含着立法者为解决种种利益冲突而遵循的各种原理，法律是冲突的人类利益合成和融合的产物。地方性专利法规、部门专利规章与上位法之间的关系，实质上就是通过行政立法机制来平衡整体利益与局部利益，从而实现国家整体利益与地方或部门局部利益很好地相互协调。在此过程中，需要摒弃地方保护主义和部门保护主义的狭隘观念。与此同时，在具体的行政立法过程中，特别是设定行政处罚这种较为严厉的制裁行为时，立法者应严格恪守行政合法性原则（处罚法定原则），即"法无授权不得为"。基于上文所述的专利行政立法概况及其缺陷，本书认为有必要从以下两个方面对专利行政处罚权进行立法规制。

一方面，新设专利行政处罚的种类、幅度必须先在《专利法》或其实施细则的修订中予以规定。《专利法》第四次修订草案"送审稿"对现行《专利法》第六十条作了三点重要修改：一是赋予管理专利工作的部门对故意侵权行为主动查处的职能；二是恢复国务院专利部门查处侵权行为的职能；三是对扰乱市场秩序的故意侵权行为设定行政处罚，新增没收、销毁侵权产品或用于实施侵权行为的专用设备以及罚款三种处罚种类。同时，在《专利法》第六十三条中加重对假冒专利的罚款额度。暂且不讨论这些修订条款确当与否，因为这还牵涉诸如专利权效力判定等更为重要的因素，下文部分再对其详细论证。就此处的专利行政处罚权设定而言，"送审稿"所作的修改为专利行政立法奠定了合法性基础。当然，从法律的稳定性考虑，《专利法》本身不能做大幅度的修改，这可以在其实施细则中予以细化。一言以蔽之，专利行政处罚权的扩张抑或限缩应当首先反映在《专利法》及其实施细则的规定中，这是专利行政立法的前提。另一方面，趁新一轮《专利法》修改，地方立法机关应及时修订、废止时效过长的专利法规，删除越权设定行政处罚的相关内容；国家知识产权局也要启动对《专利行政执法办法》的修订工作，具体条款的增减应在《专利法》及其实施细则设定专利行政处罚的种类和幅度内。值得一提的是，有学者认为"我国管理专利工作的部门缺乏必要的行政执法手段、执法效力缺乏强制性"，[252]通过笔者的分析，似乎得出了与此有些相悖的结论。既然存在大量的越权设定专利行政处罚的地方性专利法规，本该是强化专利行政执法的，为何出现了"执法不力"的实际情况。唯一的解释只能是，地方性专利法规根本就没有成为地方专利执法部门的执法依据，《专利行政执法办法》由于效力层级太低也影响了其自身的规范价值，从而造成了专利行政执法能力薄弱和行政立法越权设定专利行政处罚的尴尬局面。归根结底，还是需要从效力层级较高的法律、行政法规层面设定专利行政处罚权的边界。专利行政处罚权与立法权的边界不需要"重构"，只需要"回归"即可。

3.2　专利行政处罚权与司法权的边界

我国宪法和法律文本中没有使用"司法权"这一术语，这给理论界留下了较大的解释空间。法学界对司法权的理解主要有广义说、狭义说和最狭义说三种。[253]广义司法权说认为，司法权是指由公安、检察和审判机关等司法组织在办理诉讼案件和非诉讼案件过程中所享有的权力；狭义说把法院的审判权和检察院的检察权合称为司法权；最狭义说认为司法权仅指审判权或裁判权。本书采最狭义说，即从法院的审判权层面阐述与专利行政处罚权的边界。行政权与司法权的关系历经斗争与互动，逐渐形成了目前"司法权监督行政权""司法与行政良性互动"的局面。[254]延伸到专利行政执法领域，行政权与司法权这一对抗性最强的权力关系范畴又产生了新的博弈模式。概观之，专利行政处罚权的行使既受到司法权的限制，又会对司法权的运行产生影响。研究权力之间的冲突、制衡并不是权力边界构造的最终目的，在现有边界下如何构建专利行政处罚权与司法权之间的衔接机制才是本书研究的主要目标。

3.2.1 行政权与司法权的边界

3.2.1.1 行政权与司法权

现代行政改革的目标是限制行政权的范围，规范行政权力的运行，逐步实现行政权与立法权、司法权的平衡[255]。相对于立法权，行政权与司法权都是执行权，在宪法地位上皆居于立法权之下。从历史上看，两者起初是合一的。比如在中国古代，国家的审判职能并不独立，而是依附于行政权，由皇权统一控制下的行政官员行使。[256]随着分权理论与分权实践的发展，不论是在反对司法权过度干预行政权的国家（如法国），还是担心行政权滥用，故以司法权制衡行政权的国家（如英国），行政权与司法权以其职能活动本身目的为标准区分开来。[257]发展至今，这一权力格局已基本定型，即在保持两者彼此独立、各司其职的情况下，保留司法权对行政权的有效监督。总体上讲，行政权与司法权的关系表现为两方面，一是司法权监督行政权，即法院对行政行为的司法审查；二是随着行政权的不断扩张，其对司法领域及法院审判会产生影响。

与此同时，行政权与司法权的界分也非常明显。第一，行政权的运行主动性强，而司法权则比较被动。行政权总是积极主动地干预人们的社会活动和个人生活，行政主体可以依法或根据公共利益的需要积极行为，在面临各种社会矛盾时也往往具有鲜明的倾向性；司法权则是中立的、被动的，以"不告不理"为原则，在诉讼进程中也是居于中立而不受任何非法律因素的干预。第二，相对于司法权，行政权有较大的灵活性。基于社会事务的复杂性和紧急情况的常发，行政权必须具有必要的应变能力，也因而行政主体更关心自己的行政目标和效率；而司法权的本质决定了它必须保持相对稳定的司法政策、司法态度、司法标准、司法体制等，遵循先定的法律原则和规则使其不受社会具体生活的影响。第三，行政权效力具有公定力，司法权效力具有终局性。行政行为虽然具有效力上的先定性，但它是否合法、合理，不能由行政主体自己进行判断，需要由行使裁判权的司法机关进行审查，即一般意义上的"司法最终解决原则"。除此以外，司法权的运行强调程序正义，行政权为了追求效率而更关注实质结果；行政权追求效率优先，而司法权更侧重于公平价值等。可见，行政权与司法权相互制约、相互联系，各自发挥其调解社会矛盾的公共职能。行政权向司法权过度扩张或者司法过度干预行政都是不可取的，应当兼顾司法审查权的可行性和行政权行使的有效性。[258]

3.2.1.2 行政权的司法制约

为了有效控制行政裁量权，使行政权的运用符合立法目的，人们一直在寻找有效的手段。立法机关的性质决定了其无法胜任有效控制行政裁量权的重任，行政机关的自律机制也无法达到彻底、完全地克服权力滥用的作用，这一重任便由司法机关承担。[259]在大陆法系国家中，法国在行政系统内部设立了专门的行政法院，由其行使对行政机关的司法审查权。[260]我国也建立了法院对行政权力的监督制度，《宪法》第四十一条即为法院对行政行为进行司法审查的宪法依据，《行政诉讼法》则是其直接法律依据。法院审查行政行为需要把握好"度"，审查过"度"会违背法律授权的初衷，导致司法权侵犯或取代行政权的现象；审查的程度不够，则不能达到有效控制超越或滥用行政权之目的。如何把握"度"的问题，亦即司法权可以在多大的边界内、多强的程度上对行政行为予以司法控制。在事实与法律之间作出划分是必要的，正如美国行政法学家伯纳德·施瓦茨所言："以法律与事实间的区分为依据的司法复审理论建立在法官与行政官员分工的基础之上，这一分工可以充分地发挥各自的专业职能"。[261]

基于行政诉讼制度的特定内涵以及现代行政法的任务，有必要确立行政权的司法审查有限原则。[262]从这一角度考虑，司法权对行政权的制约不能脱离行政权效率论和分权与制约论这两个立论基础。第一，司法制约制度的确立、运转多少会减损行政权的效率，但如果没有这种制度，行政机关滥用行政权的行为也会损害到行政效率。对此两难局面，美国《联邦行政程序法》第七百零一条规定，"法律授权机关自行决定的机关行为不受司法审查"，以保证行政权运行的效率。但是该法第七百零六条又规定，"独断专行、滥用自由裁量权或者其他不合法行为，法院有权宣布其为非法并予以撤销"。这两个看似矛盾的条款就蕴含着效率与公平的关系。我国《行政诉讼法》第七十条规定，法院有权撤销行政机关违法的行政行为，并有权要求行政机关重新作出行政行为，但行政机关如何重新作出行政行为就不由法院决定了，这实质上体现了对行政权效率的保障。第二，行政权与司法权之间应当分立并相互制约，这是现代政治与法律科学中的一条基本规律。司法权对行政权的制约不是以司法权代替行政权来实现的，司法审查制度所蕴含的法律精神也不表明法官在对事实和法律的辨认能力上比行政机关的公务员要高明多少，法官在司法审查时要恪守有限理性。实际上，对一些专业性内容较强的行政行为，法官也往往难以胜任。这表明，司法权对行政权的制约只能适用于有限的范围。

3.2.1.3 行政与司法的衔接机制

如果说行政权的司法制约是传统权力分立制衡的准则，那么以协调为特征的行政与司法的衔接机制则是这一模式的有益补充。谓之衔接，意在使法院与行政部门建立沟通协调机制，以提高行政主体作出具体行政行为的合法性和合理性，使司法审判更好地达到实现个人利益保护与维持社会公共秩序的良好效果。[263] 行政权与司法权虽然分工不同，但权力运行的最终目的与价值追求的一致性为两者的衔接奠定了合理性基础，即都是在保证个体权益的基础上推动社会的整体发展，进而实现民主、公平、效率、秩序等价值诉求。以此为基础拓展权力关系，也使得对于司法权与行政权之间的关系认识更为合理。在"新宪政理论"[264] 的影响下，20世纪以来，西方国家的政治体制已不再单纯强调权力制约，不同权力之间的协调成为发挥权力功能、达至权力目的的重要方式之一。从我国现有的权力架构中，也不难找到司法权与行政权协作、衔接的法律基础和政治要求，这在我国的《宪法》《国务院组织法》《法院组织法》《行政诉讼法》等法律法规中均有所体现。以《行政诉讼法》为例，第一条开宗明义道，"为保证人民法院公正、及时审理行政案件，解决行政争议，保护公民、法人和其他组织的合法权益，监督行政机关依法行使职权"，这反映了平衡论思想下"要保权也要控权"的行政法基本理念。

在我国法学界和司法界，对于行政与司法衔接制度的研究勃兴于 2007 年 3 月召开的第五次全国行政审判工作会议，建立行政与司法的良性互动便是其中的一项重要内容。此后，围绕这一司法政策，学者们从不同视角论证行政与司法衔接的必要性和可行性。有从反垄断领域探讨民事诉讼与行政执法之衔接与协调的；[265] 有对"大调解"衔接机制进行理论建构与实证探究的；[266] 有研究行政处罚与刑事制裁衔接机制的；[267] 也有专门探讨知识产权行政保护与司法保护之冲突与协调的。[268] 回到本书研究的主题，在我国实行知识产权司法保护与行政保护"双轨制"模式的制度背景下，探讨行政与司法的衔接制度显得尤为必要。

我国《专利法》历次修改中涉及专利行政执法权与司法权的关系有个不断调整的过程。2000 年修法以前，专利复审委员会对于涉及专利授权及专利权效力的纠纷的处理有终局权，与司法权相并行。2000 年和 2008 年两次修改不仅取消了行政机关对专利纠纷的终局裁决，其相应的执法权限也逐步弱化。而《专利法》第四次修订的一项重要内容就是强化专利行政执法权，在"征求意见稿"里尤其赋予管理专利工作的部门主动查处专利侵权纠纷及裁定赔偿数额的职能（后在"送审稿"中予以删除）。从性质上讲，由专利行政执法部门处理专利侵权纠纷属于"准司法"行为，这是引起专利行政处罚权与司法权之间相互矛盾、冲突的根本原因。2014 年 7 月，最高人民法院有关领导在全国法院知识产权审判工作座谈会上强调，"要积极发挥司法保护知识产权的主导作用，强化司法审查在知识产

权授权确权中的主导作用，充分发挥对知识产权行政执法行为的司法
监督职能"。❶ 结合我国专利保护的实际情况和发展趋势，司法权仍
将强化其主导地位，通过司法审查以对专利行政执法权予以限制。
另外，专利行政执法职能的充分发挥也会对司法保护产生影响，通
过自身制度的不断完善以形成与司法保护知识产权的协同机制。

3.2.2 司法权对专利行政处罚权的限制

3.2.2.1 专利权效力判定的去行政化

专利权是专利局授予的一种推定有效的权利，权利是否持续有
效，还应当接受社会公众的挑战。作为一种禁止权，专利权主要表
现为专利权人依法阻止其他任何人实施其取得专利的发明创造。专
利侵权判定是一项复杂的工作，处理专利侵权纠纷时，需首先依据
专利权人的权利要求，比对被控侵权产品或方法，若适用等同认定
或被控侵权人提出"现有技术抗辩"则更加复杂。近年来，等同原
则在专利侵权案件中发挥越来越大的作用，虽然《最高人民法院关
于审理专利纠纷案件适用法律问题的若干规定》第十七条及《最高
人民法院关于审理侵犯专利权纠纷案件应用法律若干问题的解释》
第七条均规定了等同的适用，但等同认定仍需要具体案件具体分
析，需要考虑各种限制条件（如现有技术抗辩、禁止反悔原则）来
平衡社会公众和专利权人之间的利益。在查处专利侵权纠纷过程
中，执法人员不可避免地首先要对专利权的效力状态作出判断。由
于执法程序受限，执法人员难以在执法过程中容许被查处人援引现
有技术甚或专利无效抗辩。若专利行政执法相对人不服行政处理决
定而诉诸司法途径，这反而会加重当事人的负担而难以实现快速维
权的目的。另外，专利权的效力状态是不稳定的，未经实质审查的

---

❶ 最高人民法院. 强化司法审查在知识产权授权确权中主导作用 [EB/OL].
[2015 - 03 - 05]. http：//www. legaldaily. com. cn/index_ article/content/2014 - 07/03/con-
tent_ 5647917. htm? node = 5955.

实用新型和外观设计专利尤其如此。据估计，经过实质审查的发明专利，在实践中被宣告无效的有30%左右；至于没有经过实质审查的实用新型专利和外观设计专利，其无效率高达50%～60%。^[269]可见，管理专利工作的部门对专利权的效力判定面临诸多不确定性。

对于侵犯专利权的假冒专利行为，现行《专利法》第六十三条的规定中已暗含了一个前提，就是管理专利工作的部门在作出具体行政处罚行为时已对涉案专利的效力作出了判定。根据已有数据分析，管理专利工作的部门对假冒专利的效力认定并没有引起什么争议。❶专利权效力认定的困境因《专利法》第四次修订中对故意侵权行为的行政处罚条款而逐步显现。"征求意见稿"和"送审稿"中均赋予了管理专利工作的部门对扰乱市场秩序的故意侵权行为给予行政处罚的职能，这其中必然牵涉到对专利权效力的认定。与此次修订专利法"加大行政执法力度"的政策相呼应，新增的"没收、销毁侵权产品或用于实施侵权行为的专用设备"这一行政处罚手段的惩罚性较重，严重影响行政处罚相对人的切身利益。如果因专利权效力认定的失误而致使行政处罚相对人造成难以挽回的损失，则根本违背了专利行政保护制度的初衷和行政效益之目的。前已述及，专利权的效力状态不适合由管理专利工作的部门进行判定，在《专利法》修订的背景下，将这一环节留给司法机关裁定仍是相对合理的制度选择。

3.2.2.2　专利侵权纠纷处理的弱行政化

我国专利权保护制度的建立花了10年时间走完了西方发达国家几十年走完的路，但是我们国家的专利权保护水平和西方国家相比仍然有巨大的差距。为了弥补这一缺陷，除了在确立司法保护的同时，专利权的行政保护制度构成了我国知识产权保护体系的一大特色。建

---

❶ 笔者通过国家知识产权局官方网站公开的统计数据获悉，自2010年2月开始有统计数据的19934件假冒专利案例中，没有一起案件的行政处罚相对人向法院提起过行政诉讼。

立专利制度时，一方面由于知识产权司法审判力量比较薄弱，另一方面考虑到处理专利侵权案件需要审案人员具备一定的专业技术背景，故由管理专利工作的部门负责处理一些简单的侵权案件比较合适。在当前的制度背景下，重新审视这一制度创立之初的立法动因，对于管理专利工作的部门处理专利侵权纠纷的职能仍有待斟酌。

首先，通过一组对比数据直观地反映我国法院受理专利民事案件与行政机关受理专利侵权纠纷案件的格局变化（见图 3.1）。❶ 从 2001～2013 年法院和管理专利工作的部门受理专利纠纷案件总量上看，前者为 60897 件（占比 74%），后者为 21431 件（占比 26%）。根据图 3.1 可知，2001～2013 年法院受理专利民事案件的增长速度与行政机关受理专利纠纷的增速基本一致。除了 2002 年，法院受理专利民事纠纷案件始终保持增长态势，2002～2013 年年均增长率达到 17.8%。这表明我国司法保护工作的发展速度基本与专利经济的活跃程度相适应，能够不断满足社会专利存量增长对制度保障产生的需求。与此相对应，行政机关受理专利纠纷的案件量呈年度波动趋势。可见，司法救济是我国专利纠纷解决的主要途径，随着知识产权法院的探索与构建，这一主导地位会日益凸显。[270] 其次，我国专利行政执法主体的地位尴尬，执法资源的配备不足。地方知识产权局是专利行政执法的主体，但地方知识产权局不包括县一级的专利行政管理部

---

❶ 本书采用的数据主要来源于国家知识产权局执法管理处公布的执法统计数据，以及知识产权出版社出版的历年《中国知识产权年鉴》和《中国知识产权状况保护白皮书》等。因为 2007 年以前的专利执法统计数据无法在国家知识产权局官方网站公开的信息中获得，所以本书仅统计 2008～2013 年有关专利执法的详细数据。但对于 2007 年以前专利执法案件年度数量，可以通过《中国知识产权年鉴》等资料获得。

需要说明的是，我国行政处理专利纠纷与法院处理专利纠纷除了执法途径不同外，在案件性质上具有相似性。行政处理专利侵权纠纷与行政调解专利权属纠纷、其他专利纠纷可以与法院受理的专利侵权案件和专利权属、其他专利纠纷案件相对应。假冒他人专利行为案件在实践中主要依靠行政执法途径查处，法院较少受理此类案件。因此，专利行政机关受理的专利纠纷案件和法院受理专利民事案件数量具有可比性，可以用来反映实践中行政与司法两种专利保护途径的实施状况。

门，难以形成系统、有效的专利权行政保护体系。更何况，许多地方知识产权局属于事业单位，相关法律法规又未赋予其强制执行权，往往需要其他部门（如公安、海关）的配合才能顺利开展执法活动。再次，专利行政执法部门的执法能力地区差异较大、执法标准不统一等，均会直接影响专利行政执法案件的处理水平。最后，面对目前推行的专利行政处罚案件信息公开工作，管理专利工作的部门的执法能力会受到挑战。专利行政处罚案件信息公开且与征信体系"捆绑"，会导致被处罚人频繁发起行政诉讼以维护自身的信用利益，这对专利行政主体的办案质量形成极大的监督和制约。

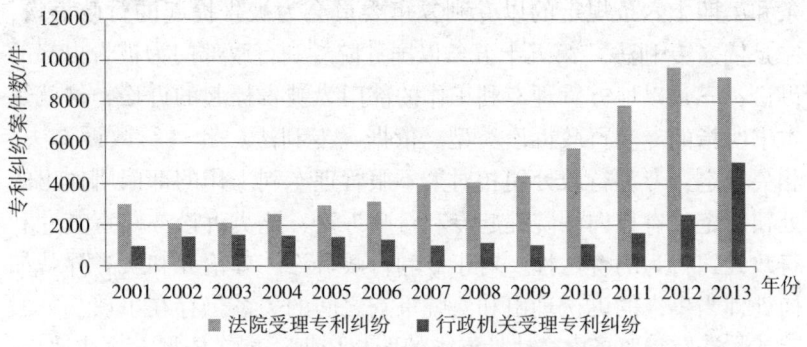

图 3.1　2001 ~ 2013 年法院和专利行政部门受理专利纠纷案件比较

据此分析，对于专利侵权纠纷的行政救济应该逐步弱化甚至取消。然而，《专利法》第四次修订草案"送审稿"恢复了管理专利工作的部门主动处理专利侵权纠纷的行政裁决权，并赋予其对故意侵权行为实施行政处罚的权力。专利行政裁决权与专利行政处罚权的强化是此次专利法修改中行政权扩张的两个最重要的具体表现。单独探讨专利行政裁决权的确当性已属不易，将其与专利行政处罚权结合会放大这一制度可能引发的弊端。毋庸置疑，专利行政保护制度在我国知识产权保护体系中的地位不可或缺，但无论从知识产权制度层面还是从司法政策层面，弱化专利侵权纠纷的行政处理仍然是未来的发展趋势。

3.2.2.3　专利行政处罚的司法监督

司法机关对行政机关的监督，主要表现为通过行政诉讼的审判活动，对行政机关的法律适用过程进行监督。行政诉讼法的任务之一就在于，法院通过审理行政案件，对行政机关的行政行为是否合法进行审查，旨在维护和监督行政机关依法行政，维护公众的合法权利。根据《行政诉讼法》第六条之规定，"人民法院审理行政案件，对行政行为是否合法进行审查"。可见，行政诉讼制度是法院通过对行政行为的合法性审查，得以实现司法对行政的监督与制约。我国的专利行政诉讼主要有三类，一是由《专利法》第四十一条和第四十六条规定的以专利复审委员会为被告提起的行政诉讼；二是依《专利法》第五十五条以国务院专利行政部门为被告提起的诉讼；三是以地方管理专利工作的部门为被告提起的诉讼，这就是本书所指的专利行政诉讼类型。依据《专利法》和《行政诉讼法》相关规定，专利行政处罚相对人不服管理专利工作的部门所作出的处罚决定，有权向法院提起专利行政诉讼，此类诉讼亦是审查专利行政处罚行为的合法性。对于专利行政诉讼，理论界和实务界就如何处理当事人的诉讼理由和法院审查之间的关系仍存在争议。一般而言，法官需要考虑合法性审查的职权依据、事实依据、法律适用、法律程序及执法目的这五个方面。[271] 根据案卷排他原则，因专利处罚决定提起的行政诉讼之审查范围不应大于被诉行政处罚决定的事实认定和法律适用的范围，但应大于当事人诉讼理由之范围，此间距较为合理地确定了专利行政诉讼的合法性审查范围。

基于前文论及的司法审查有限原则，对专利行政处罚的司法监督也要在分权与制衡的前提下保证行政权运行的效率。结合我国目前的专利行政立法概况和执法实践，有必要从司法监督的角度探讨这两个问题，一是法院可否建立对专利行政立法这一抽象行政行为的司法审查制度。囿于法学理论本身的论证已难以得出结论，但从专利法的公共政策维度则可作出肯定性评价。《专利法》的修法成本较高，地方性专利法规和专利部门规章中又普遍存在立法缺陷，反复侵权、群体侵权等故意侵权行为频发已极大地挫伤了专利权人对专利制度的信心。从实现社会公共利益最大化的目标考量，对专利类抽象行政行为予以司法审查有利于削减专利保护的制度成本，在激励创新的同时平衡不同主体之利益。二是对专利行政处罚程序的监督机制。通过健全规范行政处罚权的法律程序，在行政处罚权行使的始初、过程中控制并不断地修正其偏差，从而使其行为结构更趋公正合理，这是一种比较有效的法律控制手段。后文会详细阐述专利行政处罚程序，此处论及的司法监督机制，属于专利行政诉讼的合法性审查范围。加强知识产权行政执法的司法监督职能已成为一项重要的司法政策，如何完善对专利行政处罚的司法监督制度有待进一步研究。

3.2.3 专利行政处罚权对司法权的影响

3.2.3.1 专利行政处罚证据的效用

行政处罚程序与行政诉讼程序都以调取、收集和运用证据为关键环节，是作出行政处罚决定、完成行政裁判之前提。从法律的角度界定，行政处罚证据和行政诉讼证据都是证明有关事实存在与否的根据。[272] 两者存在的密切关系具体表现为三点。其一，行政处罚证据是行政诉讼证据的重要组成部分。行政诉讼中，除了法院根据需要主动调查取得的证据以及要求当事人补证之外，大部分证据都由行政处罚证据构成，行政证据也被称为"潜在的行政诉讼证据"。其二，行政诉讼程序中的证据要求为行政处罚证据规则的设计和运行提供了依据。与行政处罚证据相比，行政诉讼证据的立法规范较早、理论研究也较深入。即便有反对者，[273] 事实上，许多行政执法部门依然需要结合已有的行政诉讼规则，以建立和实施具体的行政处罚证据制度。其三，行政处罚证据与行政诉讼证据在具体的调查、收集、运用等方面有相似性。所谓"相似"主要是指体系组成部分趋于一致，例如行政处罚程序中质证制度的准司法化等。行政处罚证据与行政诉讼证据的紧密联系为行政处罚程序与行政诉讼程序的衔接提供了切入点，依此逻辑，专利行政处罚证据在相关的专利行政诉讼中亦将发挥重要效用。

从证据的角度来说，就证据或由证据而来的推论作出判断的问题是事实问题，而对这种判断结果的运用即赋予其一定的法律意义则属法律问题。在多数情况下，行政机关所实施的行为混合了二者的决定。专利行政处罚所认定的事实是管理专利工作的部门在对证据的收集、审查、判断、采纳的基础上，依据相应的证明标准通过内心确认所形成的，这种事实认定具有形成性、羁束性和专业性。对此，法院在专利行政诉讼中应当尊重管理专利工作的部门享有的权威性判断权力，区分且适度地审查法律问题和事实问题，以发挥行政程序在保证事实认定正确性上的作用。根据《专利法》第六十四条，管理专利工作的部门对涉嫌假冒专利行为（修订草案"送审稿"中增加"涉嫌侵犯专利权行为"）进行查处时，可以询问当事人、对当事人涉嫌违法行为的场所实施现场检查、查阅复制有关资料、查封或扣押有证据证明是假冒专利的产品（"送审稿"中增加"扰乱市场秩序的故意侵犯专利权的产品"）等。与此同时，当事人应当予以协助、配合，不得拒绝、阻挠。依此职权，管理专利工作的部门在实施行政查处时、作出处罚决定前，已调查、收集了专利侵权或专利违法行为的有关证据资料，并据以作出了事实认定。鉴于专利侵权隐蔽性强、侵权举证难的现实境况[274]，管理专利工作的部门通过便捷的取证程序和手段，及时形成对涉嫌侵权违法的证据资料的事实认定，在后续的专利行政诉讼中，法院应当对该处罚证据的效用认真审核或者采纳。

3.2.3.2 专利行政处罚决定的效力

从行政行为的法律行为属性出发，专利行政处罚决定的效力包括公定力、确定力和执行力三个方面。❶专利行政处罚决定的公定

---

❶ 在国内，一般认为，行政行为的效力内容包括公定力、确定力、执行力三个方面。但是，随着行政行为效力研究的不断深入，也出现了行政行为的构成要件效力、拘束力效力等观点。

力是指管理专利工作的部门一经作出处罚决定，不论其实质上是否合法，都具有被推定为合法而要求所有机关、组织或个人予以尊重的一种法律效力；所谓专利行政处罚决定的确定力，是指已生效专利行政处罚决定对管理专利工作的部门和专利行政处罚相对人所具有的不受任意改变的法律效力；专利行政处罚决定的执行力是指已生效的专利行政处罚决定要求管理专利工作的部门和专利行政处罚相对人对其内容予以实现的法律效力。这三种效力是根据行政行为的一般效力论所做的理论推演，在专利行政执法实践中具有多方面意义，除了管理专利工作的部门和行政处罚相对人，其对法院司法权的运行亦会产生影响。

　　公定力要求法院尊重已生效的专利行政处罚决定，非经法定程序使之失效前，不得任意予以否定。换言之，公定力表现为一种尊重的义务，是出于对行政主体地位与作用的信任进而稳定法的安定性的考虑。专利行政处罚决定的公定力本身就值得法院予以尊重，法官在审理专利侵权纠纷时忽视与此相关的专利行政处罚决定便是降低诉讼活动的效率。当然，公定力的适用范围也是有一定限制的，若处罚决定具有重大、明显瑕疵，法院可以依照法定程序对其进行合法性审查并作出相应裁判。确定力在专利行政处罚制度中主要表现为形式确定力上，[1] 虽然是对行政处罚相对人而言的，但涉及法院是否受理或何时受理相对人请求改变已生效的行政处罚决定，故对行政诉讼的发起产生影响。与《行政诉讼法》的规定相异，[2]《专利法》第六十条对行政诉讼的诉讼时效作出特殊规定，限定当事人在"收到处理通知之日起的 15 日内向法院起诉"，这即是对诉讼时限的形式确定力。考虑到本条明确规定当事人在 15 日

---

　　[1]　行政行为的确定力包括形式确定力与实质确定力两个方面，前者是对行政相对人而言的，后者是对行政主体而言。参见：朱新力. 行政法基本原理 [M]. 杭州：浙江大学出版社，1995：244。

　　[2]　按照《行政诉讼法》第四十六条之规定，"公民、法人或其他组织直接向人民法院提起诉讼的，应当自知道或者应当知道作出行政行为之日起 6 个月内提出……"

内不起诉的，权利人可以依法申请法院强制执行，以实现专利行政处罚决定的执行力效力。通过以上分析，与其说专利行政处罚决定的效力对司法权产生影响，不如说是限制司法权的运行，包括对行政处罚行为合法性审查范围的限制、诉讼时限的要求等。本质上讲，是为了确保行政权的效率，从而形成行政权与司法权的彼此制衡。

3.2.3.3 专利行政处罚与刑事司法的衔接

在我国全面推进依法治国的大背景下，在专利行政执法领域，通过进一步深化行政执法体制改革，促进专利行政保护与司法保护的有机衔接具有非常重要的现实意义。[275] 承担行政责任的专利违法行为并没有当然的成就要件可"升格"为负刑事责任的专利犯罪行为，刑法的谦抑性也要求法官尽可能地慎用刑罚。本质上，专利行政处罚与刑事司法由于执法标准的差异性而各自发挥其制度功能。衔接机制可以有效地制约行政权天然的扩张性，防止专利行政部门"以罚代刑"的情况发生，通过行政权与刑罚权的无缝衔接，构筑起防范专利违法犯罪的严密网络。为了更好地优化执法资源、提升执法效率，专利行政处罚与刑事司法制度之间的衔接包括实体性衔接和程序性衔接两个方面。

首先，实体性衔接主要涉及案件的移送标准、侵权物品的案值等。《刑法》第二百一十六条虽然规定了对假冒专利行为的刑罚规制，但实践中司法部门对入罪标准难以把握，这也使得专利行政执法部门对有些疑难案件的移送难以决断而造成拖延[276]。对于移送标准的认定，现行《专利法》规定的是"违法所得"标准，这与"两高"颁布的有关知识产权刑事案件的司法解释中的规定不相符，为案件的移送设置了障碍。❶ 值得一提的是，《专利法修订草案（送审稿）》第六十一条对故意侵权行为的罚款数额以及第六十三

---

❶ 2004年"两高"颁布的《关于办理侵犯知识产权刑事案件具体应用法律若干问题的解释》中规定，"违法所得"10万元以上，"非法经营额"20万元以上的，属"情节严重"，可能构成侵犯专利罪。可见，"非法经营额"与"违法所得"之间的比例是2:1，对于"违法所得"超过10万元的，管理专利工作的部门依然可以不移送。

条对假冒专利行为的罚款数额均改为"非法经营额"标准，这有助于统一案件移送的标准。

再者，专利行政处罚与刑事司法之间的程序性衔接主要涉及证据的收集与转化。行政执法机关对证据材料的要求一般低于刑事诉讼证据的要求，[277]但管理专利工作的部门在专利行政执法过程中对证据资料的收集仍然有一定的便利性。现行《专利法》第六十四条规定，管理专利工作的部门对涉嫌假冒专利行为查处时有权调查涉嫌违法行为的情况、对现场实施检查、对有证据证明是假冒专利的产品予以查封或扣押。同时，《专利行政执法办法》第五章规定了管理专利工作的部门在处理专利侵权纠纷和查处假冒专利行为时调查取证的具体规定，包括调查取证的方式、对证据的登记保存等内容。为了进一步提高专利行政执法的强制力，《专利法修订草案（送审稿）》在第六十条及第六十四条中赋予管理专利工作的部门对涉嫌侵犯专利权行为的查处职能，并可采取没收、销毁侵权产品或专用设备以及罚款的强制措施；若当事人拒绝、阻挠管理专利工作的部门行使上述职权，则面临行政责任甚至是刑事责任。在此基础上，若能比照《刑事诉讼法》，以司法解释或行政法规的形式将专利行政执法案件的证据与刑事案件证据的要求相统一，则能更好地发掘专利行政部门收集证据的优势。至于证据的转化，专利行政处罚决定本身就是证明力较强的书证类型，对行政案件客观事实的认定有较高的证明力，连同执法过程中收集的其他证据可直接转化为刑事证据的依据。群体侵权、重复侵权、大规模侵权等严重的故意侵权行为始终是司法实务中的难点，也一直困扰着专利权人，影响着权利人对专利制度的信心。在专利行政执法过程中，管理专利工作的部门通过快速搜集涉嫌侵权违法的产品及相关资料，保存可能灭失或者以后难以取得的证据，有助于缓解法院取证的压力。因此，行政部门与法院很有必要加强衔接与沟通，通过统一侵权事实的认定标准和证据认定标准，实现法律的公平与正义。

从行政权与司法权的一般关系，具体论及专利行政处罚权与司法审判权之间的互动博弈过程，得出边界构造的基本模式：司法权限制为专利行政处罚制度的变革及《专利法》修订确定了界限，专利行政处罚权运行的法律效果亦需要法院尊重。专利行政保护与司法保护的共通性为两者的衔接奠定了基础，从逻辑上讲，即为边界构造之可能空间。

3.3　专利行政处罚权与相关行政权的边界

尽管本书的立论前提是狭义上的专利行政处罚权范畴，即仅指管理专利工作的部门对专利违法行为及专利侵权行为所实施的行政处罚。但从广义上讲，与专利行政执法密切相关的行政执法部门还有海关、对外经贸主管部门以及工商行政管理部门等，这些部门在其职权范围内也涉及对专利违法行为或侵权行为的行政处罚。研究广义上的专利行政处罚体系，就是在总体上构建专利行政处罚权与相关行政权的边界。换句话说，对管理专利工作的部门与其他涉及专利执法的行政部门之间的关系进行分析，便是梳理狭义上的专利行政处罚权与相关行政权的现有边界。针对相同的执法对象，行政部门的执法权限产生冲突是难以避免的。这种现象在专利执法领域也不例外，尤其是在我国知识产权行政执法部门林立的具体国情下愈发显得突出。基于行政执法权限冲突理论，全面分析专利行政处罚权限冲突的表现形态及其原因所在。在此基础上，评价现有权限冲突之规制路径，并结合当前相关政策文本以分析未来之更优路径。权限冲突即为专利行政处罚权与相关行政权的边界冲突，相应的规制路径可谓之边界重构的可能模式。

3.3.1　广义上的专利行政处罚体系

3.3.1.1　广义上的专利行政处罚设定

对于侵犯商标、专利、著作权等行为，有权机关可以责令侵权人停止侵权、没收违法所得或侵权产品及物品、罚款，在必要时还可以收缴用于侵权的工具、设备等。通过行政处罚制止和惩戒侵权人的侵权行为，已经成为知识产权行政保护中最常见的方式。我国几乎所有的知识产权法律、法规都有行政处罚的相关规定。[278]具体到涉及专利行政处罚设定的相关法律法规，除了前已述及的《行政处罚法》《专利法》及其实施细则、地方性专利法规、国家知识产权局出台的部门规章等，广义上的针对侵犯专利权行为设定行政处罚的法律法规还包括但不限于：《海关法》《知识产权海关保护条例》及其实施办法、《对外贸易法》《技术进出口管理条例》《反垄断法》等（见表 3.2）。

表 3.2 专利类法律文件❶以外的涉及专利行政处罚设定的法律法规

名称	层级	颁布日期	修订日期	与专利行政处罚相关的主要条款
海关法	法律	1987 年	2000 年 第 一次；2013 年 第二次	第四十四条："海关依照法律、行政法规的规定，对与进出境货物有关的知识产权实施保护。需要向海关申报知识产权状况的，进出口货物收发货人及其代理人应当按照国家规定向海关如实申报有关知识产权情况，并提交合法使用有关知识产权的证明文件。" 第九十一条："违反本法规定进出口侵犯中华人民共和国法律、行政法规保护的知识产权货物的，由海关依法没收侵权货物，并处以罚款；构成犯罪的，依法追究刑事责任。"

---

❶ 为便于区分，此处的"专利类法律文件"指《专利法》及其实施细则、地方性专利法规、专利部门规章等狭义上的专利行政处罚设定。

名称	层级	颁布日期	修订日期	与专利行政处罚相关的主要条款
知识产权海关保护条例	行政法规	2003 年	2010 年	第十二条："知识产权权利人发现侵权嫌疑货物即将进出口的，可以向货物进出境地海关提出扣留侵权嫌疑货物的申请。" 第二十七条："被扣留的侵权嫌疑货物，经海关调查后认定侵犯知识产权的，由海关予以没收。"
知识产权海关保护条例实施办法	部门规章	2009 年		第三十二条："进出口货物或者进出境物品经海关调查认定侵犯知识产权，根据《条例》第二十七条和第二十八条的规定应当由海关予以没收，但当事人无法查清的，自海关制发有关公告之日起满 3 个月后可由海关予以收缴。" 第三十三条之（二）、（三）："对没收的侵权货物，海关可以拍卖或者销毁。"
对外贸易法	法律	1994 年	2004 年	国家基于本法第十六条、第十七条所列原因，"可以限制或者禁止有关货物、技术的进口或者出口"。 第二十九条："进口货物侵犯知识产权，并危害对外贸易秩序的，国务院对外贸易主管部门可以采取在一定期限内禁止侵权人生产、销售的有关货物进口等措施。"

续表

名称	层级	颁布日期	修订日期	与专利行政处罚相关的主要条款
技术进出口管理条例	行政法规	2001 年		第四十六条："进口或者出口属于禁止进出口的技术的，或者未经许可擅自进口或者出口属于限制进出口的技术的，尚不够刑事处罚的，区别不同情况，依照海关法的有关规定处罚或者由国务院外经贸主管部门给予警告，没收违法所得，处违法所得 1 倍以上 5 倍以下的罚款；国务院外经贸主管部门并可以撤销其对外贸易经营许可。" 第四十七条："擅自超出许可的范围进口或者出口属于限制进出口的技术的，尚不够刑事处罚的，区别不同情况，依照海关法的有关规定处罚或者由国务院外经贸主管部门给予警告，没收违法所得，处违法所得 1 倍以上 3 倍以下的罚款；国务院外经贸主管部门并可以暂停直至撤销其对外贸易经营许可。"
反垄断法	法律	2007 年		本法第二章、第三章规定的经营者实施滥用知识产权排除、限制竞争的垄断行为。 第四十七条："经营者违反本法规定，滥用市场支配地位的，由反垄断执法机构责令停止违法行为，没收违法所得，并处上一年度销售额百分之一以上百分之十以下的罚款。"

表 3.2 中列明的法律法规及相关条款是行政部门对涉及专利侵权或违法行为实施行政处罚的执法依据，从法律层级上看，基本覆

盖了法律、行政法规和部门规章这三类法律文件。按照行政处罚的
种类，上述法律法规涉及的行政处罚主要有六种（见表3.3）。

表3.3 行政处罚种类列表

种类	依据	内容
责令停止侵权	《对外贸易法》第二十九条	国务院对外贸易主管部门禁止侵权人生产、销售有关进口货物
	《反垄断法》第四十七条	反垄断执法机构责令滥用市场支配地位的经营者停止违法行为
没收	《海关法》第九十一条	海关没收违法进口的知识产权货物
	《知识产权海关保护条例》第二十七条	海关对认定侵犯知识产权的被扣留货物予以没收
	《知识产权海关保护条例实施办法》第三十二条	对当事人无法查清的侵犯知识产权货物予以收缴
	《技术进出口管理条例》第四十六条、第四十七条	国务院外经贸主管部门对尚未构成刑事处罚的违反技术进出口管理规定的处以没收违法所得
	《反垄断法》第四十七条	反垄断执法机构对滥用市场支配地位的经营者责令没收违法所得
罚款	《海关法》第九十一条	海关对侵权人处以罚款
	《技术进出口管理条例》第四十六条、第四十七条	国务院外经贸主管部门对尚未构成刑事处罚的违反技术进出口管理规定的处以违法所得1倍至5倍的罚款
	《反垄断法》第四十七条	反垄断执法机构对滥用市场支配地位的经营者处以一年度销售额百分之一以上百分之十以下的罚款
警告	《技术进出口管理条例》第四十六条、第四十七条	国务院外经贸主管部门对尚未构成刑事处罚的违反技术进出口管理规定的给予警告

种类	依据	内容
销毁	《知识产权海关保护条例实施办法》第三十三条	海关对没收的侵权货物进行销毁
暂停或撤销对外贸易经营许可	《技术进出口管理条例》第四十六条、第四十七条	国务院外经贸主管部门对尚未构成刑事处罚的违反技术进出口管理规定的可以暂停直至撤销其对外贸易经营许可

结合表3.2和表3.3可见，在管理专利工作的部门对专利侵权和违法行为实施行政处罚之外，海关等行政部门均依法有权在其职责范围内，对专利违法或侵权行为给予行政处罚，处罚的种类也比较多。这些规定与专利类法律文件共同构成了广义上的专利行政处罚设定之依据，基本涵盖了广义上的专利行政处罚权内容。

3.3.1.2 广义上的专利行政处罚主体

行政处罚主体一般分为法定行政处罚主体、授权行政处罚主体和委托行政处罚主体。长期以来，行政处罚实施权的授权、委托比较混乱，许多行政机关、事业单位、企业、社会团体甚至个人都不同程度存在乱处罚、滥处罚等现象。[279] 加之广义上的专利行政处罚主体涉及面较广，故本书所研究的专利行政处罚主体仅限于法定主体，暂不考虑授权主体和委托主体。《行政处罚法》第十五条有关行政处罚应当由具有行政处罚权的行政机关实施的规定，属于对行政处罚主体资格条件的一个基本性法定要求，但非普遍性直接授予行政处罚权的规定。至于某个行政机关是否符合该项资格条件，则要依据其所负责执行和实施的相关专业法律制度规定来判定。因此，广义上的专利行政处罚主体由涉及专利行政处罚的相关法律法规予以判定。

海关系统是知识产权局系统以外最为重要的具体涉及专利行政

执法的部门。海关在保护知识产权方面的职能设置采取三级管理体制。[280] 根据《海关法》第三条的规定，国务院设立海关总署，统一管理全国海关。国家在对外开放的口岸和海关监管业务集中的地点设立海关。具体而言，海关总署政策法规司全面管理、指导和监督全国海关的知识产权边境保护工作，并具体办理知识产权海关保护备案。全国各直属海关都设立了法规处或法规室，具体负责本关区的知识产权边境保护工作。[281] 此外，国家商务部和工商行政管理机关也是广义上的专利行政执法部门。目前，《对外贸易法》中的"国务院对外贸易主管部门"和《技术进出口管理条例》中的"国务院外经贸主管部门"均隶属于商务部，承担执法职能的内设机构主要有贸易救济调查局、产业安全与进出口管制局以及市场秩序司等。❶ 我国的反垄断执法机构包括国家工商行政管理总局、国家发展和改革委员会和商务部，专门负责对滥用市场支配地位、限制竞争行为进行反垄断执法的部门是工商行政管理机关。考虑到实践中存在的涉嫌滥用知识产权排除、限制竞争行为需要规制，2014 年 6 月，国家工商行政管理总局发布了《工商行政管理机关禁止滥用知识产权排除、限制竞争行为的规定（征求意见稿)》，❷ 其中就规定了专利联营、标准制定和实施中的行使专利权行为等可能构成垄断协议和滥用市场支配地位的反垄断规制。

除了上述部门外，由国务院办公厅成立的全国打击侵犯知识产权和制售假冒伪劣商品专项行动领导小组也涉及专利事务的管理，不属于法定的专利行政执法部门，主要是负责协调打击专利侵权的专项行动，承担领导小组日常工作的办公室由商务部主要领导兼任。❸ 值得一提的是，2014 年 2 月，国务院批转的《关于依法公开

---

❶ 参见：国家商务部官方网站中内设机构的主要职责说明 [EB/OL]. [2015 – 03 – 06]. http://www.mofcom.gov.cn/.

❷ 参见：[EB/OL]. [2015 – 03 –06]. http://gzhd.saic.gov.cn/gszj/zqyj/listZqyj1.jsp.

❸ 参见：[EB/OL]. [2015 – 03 – 06]. http://djqqjmb.mofcom.gov.cn/article/gy-wm/201309/20130900315076.shtm.

制售假冒伪劣产品和侵犯知识产权行政处罚案件信息的意见（试行）》就是由这一机构负责的。

3.3.1.3　广义上的专利行政处罚管辖

行政管辖权作为行政程序法的一个重要法律制度，是确保行政权有效行使的重要前提。《行政处罚法》第二十条和第二十一条对行政处罚案件管辖规则及管辖争议的解决有原则性规定。行政处罚管辖是指依法具有行政处罚权的行政机关、授权组织对行政处罚案件的最初查处时的权限分工。[282]行政处罚管辖的权限分工受制于多种因素影响，涉及职能管辖、地域管辖、层级管辖以及移送管辖等。具体到专利的行政处罚管辖，也存在以上管辖问题。鉴于本书研究主旨是专利行政处罚权的边界，而边界构造的本意主要侧重于不同行政权限之间的分工与协调，这与职能管辖的制度内涵比较契合，即按照行政处罚案件中违法行为所违反的行政法律规范和所要给予行政处罚的专业性质及其部门属性在各职能机关之间的权限分工，故本书此处只论及专利行政处罚的职能管辖。职能管辖不仅反映了各职能机关之间在行政处罚案件查处上的分工，更重要的是，体现了各职能机关之间基于专业化的不同在行政处罚案件查处上的法定管理权限。面对广义上的专利行政处罚案件查处权限与分工问题，以单行专业法律法规为依据、以行政机关组织法和行政管理体制为基础，我国行政机关实施专利行政处罚的职能管辖划分如表3.4所示。

表 3.4　我国行政机关实施专利行政处罚的职能管辖

行政部门名称	职能管辖范围
地方知识产权局	一般性专利侵权、专利违法行为
海关	与进出口货物有关的专利侵权行为
商务部	与贸易有关的专利侵权行为
工商行政管理部门	滥用知识产权排除、限制竞争行为
公安部门	涉嫌刑事犯罪的专利违法行为

按照我国的行政执法体制，公安机关是最具有行政强制力的主体。公安机关介入专利执法的依据是专利违法行为情节严重，涉嫌刑事犯罪。从学理上讲，公安机关并不属于法定的专利行政处罚主体，之所以将其与其他行政执法主体一并讨论是基于两点：一是由于其本身属于行政部门，在执法过程中采取的手段、措施也是行政权运行的结果；二是其广泛参与其他行政部门涉及专利的行政执法工作，比如，管理专利工作的部门在执法过程中缺乏强制力保障，就需要公安机关的协助配合才能顺利开展执法活动。值得注意的是，为了加强管理专利工作的部门查处涉嫌侵犯专利权或者假冒专利行为的强制力，《专利法修订草案（送审稿）》第六十四条增加了"当事人拒绝、阻扰管理专利工作的部门行使职权的，由管理专利工作的部门予以警告；构成违反治安管理行为的，由公安机关依法给予治安管理处罚"的规定。可见，立法者意图通过扩大公安机关权力的方式加强专利行政执法权。当然，有管辖权就存在管辖权冲突，包括积极的管辖权冲突和消极的管辖权冲突，本质上触及行政主体的利益分配。但是，有关行政管辖权冲突及其解决的理论研究相当欠缺，相比之下，笔者认为与其相近的"行政权限冲突"这一学理概念更适于分析本书所述的权力边界命题。除了更为便利的汲取理论涵养，下文的行政权限冲突理论更侧重于从权力的实体性方面立论。从广义上的专利行政处罚设定，到专利行政处罚的法定主体和职能管辖，至此已全面阐述了广义上的专利行政处罚权体系。

3.3.2 专利行政处罚的权限冲突及其原因

3.3.2.1 行政执法权限冲突理论

行政执法权之间的边界由法律法规予以界定，不同的行政执法部门在其授权范围内行使职权。依行政合法性原则，行政权的行使超出边界则构成越权行为而无效。理想状态下，各行政机关的行政权限应当互不重叠、矛盾。[283]所谓行政权限是指，行政部门在行使法律赋予的职权时不得超越一定的界限，或是赋予行政部门行使职权时在地域、层级或事务上的界限。[284]然而，由于法律规定的局限性、公共事务的复杂性和部门利益考虑，实践中行政权的运行不可避免会产生权限冲突。学理上，行政执法权限冲突是指面对特定的公共问题，两个或两个以上的行政执法主体均认为各自有或者没有管辖权，彼此产生冲突和分歧，继而导致行政越权、失职等不当行政行为。[285]具体分为两种情况：一是两个以上的行政执法主体均认为有权对特定的公共问题作出处理；二是公共问题出现在行政职权边界之间的真空地带，相关行政部门均没有强制性义务去处理该问题。前者易导致重复执法，后者往往引发部门间的推诿、扯皮现象。

对行政执法权限冲突的类型可以按照行政主体或行为方式为标准进行划分。以行政主体为标准，行政权限冲突可以分为纵向冲突和横向冲突。纵向冲突是指有行政隶属关系的上下级之间的权限争议，包括中央与地方的冲突、同一地方上级部门与下级部门的冲突；横向冲突是指无隶属关系的行政部门之间的权限争议，比如同一地方的平级部门之间的冲突、不同地方的平级部门之间的冲突等。以行为方式为标准，行政权限冲突分为积极冲突和消极冲突。积极冲突是指两个以上的行政主体都主张自己对某一事务享有行政管辖权，从而出现管理"重叠"；相反，当两个以上的行政主体都主张自己对某一事务不享有管辖权从而拒绝管理，出现管理"真空"，这类冲突为消极冲突。总体上讲，我国行政执法权限冲突是普遍存在的问题，表现的方式也多种多样，尴尬的是权限冲突的各方往往有依法行政的正当性，而行政部门的利益驱动又加剧了这一问题的严重性。[286]归根结底，行政权限冲突属于整个行政体系内部的权力划分问题，目前常见的解决方式有行政协助、联合执法和综合执法等。

可见，基于西方社会冲突和政治冲突的行政权限冲突理论，天然地适于分析行政权边界问题，因其本身就是权力分立的产物。专利行政执法部门林立、多头执法的特色使行政权限冲突理论的引证获得了必要性基础。通过对专利行政处罚权现有边界的研究发现，边界存在的主要问题可概括为行政权限的冲突。因此，在行政权限理论的框架下，进行专利行政处罚权限冲突的具体问题及其规制路径的研究。

3.3.2.2 专利行政处罚权限冲突的表现形态

专利行政处罚权限冲突是我国普遍存在的行政权限冲突问题的缩影。管理专利工作的部门在行使专利行政处罚权时，不可避免地与相关部门的执法权存在权限冲突的问题。可能是积极的权限冲突，比如，工商行政管理部门与管理专利工作的部门均有权对假冒专利的伪劣商品进行查处；也可能是消极的权限冲突，常见的是，对于影响恶劣的专利侵权行为，公安机关没有侦查之责，管理专利工作的部门也没有强制性义务进行查处，这与我国目前专利侵权中的群体侵权、重复侵权现象泛滥有一定关联。与一般意义上的行政权限冲突相比，专利行政处罚权限冲突有三个特点：一是行政部门在实施行政处罚之前先由自己或委托有权机关对涉案产品是否侵犯专利权作出认定，由于专利权效力状态及其判定的特殊性，这一认定存在很大的不确定性；二是产生权限冲突的行政部门之间的行政层级缺乏对等性，我国地方管理专利工作的部门设置一直存在行政级别不同和性质不同的尴尬处境，❶ 而海关等行政执法部门的级别比较统一；三是管理专利工作的部门缺乏必要的行政执法手段，与发生权限冲突的其他行政部门相比，更缺少保障其顺利开展执法活动的行政强制措施。

鉴于海关在知识产权行政保护中的重要地位及其与管理专利工作的部门之间的职能交叉与互补，本书重点阐述海关部门与管理专

---

❶ 据学者统计：在我国省级知识产权局中，政府直属正厅级单位8个（2个事业）；政府直属副厅级单位2个（事业）；科技厅加挂知识产权局牌子3个；科技厅下属副厅级二级局13个（7个事业）；科技厅内设副厅级机构2个；科技厅下属正处级机构4个（1个事业）。引自：肖尤丹. 我国专利行政执法发展路径的制度思考［J］. 中国科学院院刊，2014（6）：667.

利工作的部门在涉及专利行政处罚事务中的权限边界。我国海关部门对知识产权给予行政保护最早是以政策文本的形式出现的，❶ 其后，国务院于 1995 年颁布《知识产权海关保护条例》（以下简称"条例"）并于 2003 年和 2010 年分两次对其予以修订。与此同时，《海关法》在 2000 年修订时也规定了海关部门对"与进出境货物有关的知识产权实施保护"，包括赋予海关部门对侵权货物的行政处罚职权。回溯知识产权海关保护制度的立法沿革，海关对专利侵权实施行政处罚的相关规定经历了较大修订，这也涉及与管理专利工作的部门之间的权限划分。1997 年 3 月，中国专利局（现国家知识产权局）与海关总署联合制定了《关于实施专利权海关保护若干问题的规定》，规定"专利管理机关可以对海关扣押的侵权嫌疑货物进行调查并可作出构成侵权或排除侵权嫌疑的行政处罚制度；专利管理机关协助海关对侵权嫌疑货物的侵权状况进行技术判定的协助判定制度等"。依据这一规定，彼时的海关部门在实施专利行政处罚时较多地依赖于专利管理机关的协助执法。相应地，在 1995 年的条例中，海关部门的地位也相对超脱，一旦侵权争议被法院或知识产权主管部门受理，海关调查则中止，等待法院或知识产权主管部门的最后决定。2003 年条例修订后，海关的知识产权执法职权享有充分的独立性，不再受法院或是知识产权主管部门的限制。现行条例明确赋予海关主动保护模式下对专利侵权与否的调查、认定权，只是规定了与知识产权主管部门在侵权认定时彼此协助的义务。❷ 因此，如果进出境地海关与其所在地管理专利工作的部门对专利侵权争议都有管辖权，则难免造成行政处罚的权限冲突。可以是积极的权限冲突，管理专利工作的部门和海关部门各自对专利侵权或违法行为进行认定并作出行政处罚决定，使行政相对人因同一

---

❶ 为了与国际接轨，1994 年 7 月，国务院出台《关于进一步加强知识产权保护工作的决定》指出"要强化海关在保护知识产权方面的职能"，根据该指示，国家海关总署于同年 9 月发出公告"宣布侵犯知识产权的货物禁止出入境"。

❷ 参见：《知识产权海关保护条例》第二十条、第二十一条之规定。

侵权行为受到两次行政处罚；也可以是消极的权限冲突，对于涉案专利产品侵权与否难以判定的，为了避免引起可能的行政诉讼及相关的行政责任，海关部门可以作出"不能认定"的结论，管理专利工作的部门也可作出不予处罚的决定。尤其是当前知识产权行政处罚案件信息公开制度推行之后，越发加重了行政部门的压力。可以预见，随着信息公开制度的不断普及和完善，包括管理专利工作的部门在内的相关专利行政执法主体，都会不同程度地消减对专利侵权或专利违法行为实施行政处罚，以消极冲突为主的专利行政处罚权限冲突便会日渐增多。

3.3.2.3 专利行政处罚权限冲突的原因分析

专利行政处罚权限冲突的原因是多样的、复杂的，归纳起来，主要有四个方面的原因。首先，是专利事务的复杂性。专利是一种私权，但也是公共政策的产物。专利法在一定程度上已成为一种具有公共政策目标的"对策"，专利行政执法的手段成为许多国家所重视的工具性政策措施。[287] 在私权保护的同时，政府将专利作为一种公共事务进行管理的职能是相互交织在一起的。《国家知识产权战略纲要》构建了我国知识产权政策体系的基本框架，为了响应这一重大战略举措，不同政府部门竞相将知识产权事务纳入自己的管辖范围，这使得专利事务愈发复杂，日渐体系化的专利事务管辖分工亦造成了权限冲突。其次，是法律规定的局限性。法的局限性表现为法律对社会关系调整的不周延、法的滞后性以及法律语言的不确定等。[288] 人类的社会关系是纷繁复杂的，但立法者的认识能力是有限的，法律的制定、变革必然受到立法者自身阅历、知识等因素的制约。这些缺陷使得法律在界定部门权限范围时形成一定的盲区。况且，我国的知识产权立法起步比较晚，立法体例和立法技术都亟待完善，以至于适合我国国情的知识产权政策体系仍在探索过程中，以本书涉及的观点为例，是否扩张专利行政执法权便仍有颇多争议。专利保护制度本身的局限性使得客观上对行政处罚权限的划分存在不合理。再次，是部门利益的驱动。趋利避害是人的本性,行政执法主体也一样,在发生权限冲突时,也总是在寻求最小成本和最大收益之间进行权衡。部门利益与公共利益本质上应该是一致的,但政府的官僚制模式使得行政主体优先考虑部门利益就不足为怪了。[289]与专利事务的复杂性相对,我国专利行政保护"部门林立"的现状是部门立法的集中表现。这一特色在前述广义上的专利行政处罚管辖部分已予以说明。换言之,行政主体主观上对专利行政处罚权限的态度是导致行政权限争议的原因,如果行使职权为利益所驱动,行政权限冲突便不可避免。最后,是缺少专门协调权限争议的行政机关。中国目前还没有一个专门的法律或法规对行政机关之间的权限争议作出规范,但根据我国的体制和实践中的做法,对纵向权限争议,按下级服从上级原则处理;对横向权限争议,先由争议的双方协商解决,协商不成的,报由其共同的上级行政机关处理。地方管理专利工作的部门存在行政级别不同和性质不同的障碍,使得上述解决方式并不能直接适用于专利行政处罚权限冲突的处理中,在现有的法律体系和行政体制下难以找到合理的上级部门协调权限争议。综合考虑,专利事务的复杂性、专利立法的局限性、行政部门的利益驱动以及协调机构的缺失,共同造成了现今专利行政处罚权限冲突的局面。

3.3.3 专利行政处罚权限冲突之规制路径

3.3.3.1 现有规制路径及其评价

行政权限争议在所难免,但追求行政主体之间权限上的合法合理的划分,并尽可能减少行政权限争议,而且主动积极地解决行政争议,此亦为行政法的任务之一。[290]围绕专利行政保护机制的完善,我国从法律法规的制定以及行政执法机制的协调方面做了许多制度安排。其一,建立专利执法的行政协助机制。行政协助是指行政主体基于无隶属关系的其他行政主体的请求,依法为请求方执行行政任务提供帮助的行为。[291]《知识产权海关保护条例》第二十一条规定,"海关对被扣留的侵权嫌疑货物进行调查,请求知识产权主管部门提供协助的，有关知识产权主管部门应当予以协助。知识产权主管部门处理涉及进出口货物的侵权案件请求海关提供协助的，海关应当予以协助。"这反映了海关部门与管理专利工作的部门之间有行政协助的义务。另者，《专利行政执法办法》第三十九条规定，"管理专利工作的部门需要委托其他管理专利工作的部门协助调查收集证据的，接受委托的部门应当及时、认真地协助调查收集证据。"行政协助制度充分利用了部门之间的行政资源，提高了执法效率，但规定过于笼统、缺乏协助程序的缺陷使得专利执法的行政协助机制较难起到缓解权限冲突的作用。其二，积极开展专利联合执法行动。联合执法是相对于单独执法而言的，即两个或两个以上的行政执法部门根据履行职责的需要，共同派人进行执法，但根据各自的职责权限分别作出处理决定的非常态的行政执法方式。知识产权部门联合执法具有力量集中、查处迅捷等优势，国外许多国家亦建立了高级别的知识产权联合执法协调机构[292]。多年来，知识产权局系统每年在全国及地方各省市大力开展"雷雨""天网"知识产权执法专项行动，选择案件多发地区及重点领域有针对性地打击恶意、反复、群体侵权以及严重的假冒专利行为。联合专利执法有效地解决了执法过程中的推诿现象和地方保护主义倾向，形成了协作执法的良好局面。但联合执法的"运动式执法"色彩较浓，各部门的权责划分不清，尤其是对于由谁牵头的问题仍存在争议。其三，探索构建综合执法体制。顺应大部制改革的理念，综合执法是政府部门依法设立一个独立的机构享有原来两个或两个以上部门的执法权限，从而对特定执法活动进行统一管理和执行，综合执法的典型是城管执法。[293]我国一些地方政府正在探索实施涉及专利行政执法的综合执法体制，诸如，深圳市由市质量管理局和市知识产权局牵头成立了市场和监督管理委员会，包括市食品药品监督管理局、市场稽查局等，其主要职能之一即是对知识产权提供预警、维权援助等执法保护。上海市于2014年11月6日成立了国内首家集专利、商标、版权事务管理和综合行政执法职能于一体的浦东新区知识产权局，探索完善知识产权综合执法体制改革。综合执法的效果显而易见，但牵涉的部门利益繁杂，且立法和机构改革的成本过高，尤其对于我国知识产权行政保护部门林立的国情，试点、推行的范围有限。上述三种规制路径尽管存在缺陷，仍对消减专利行政执法权限冲突发挥了重要作用。为了进一步提高行政执法效率、维护公平竞争的市场正常秩序，需要探索建立更加完善的执法协作机制。

3.3.3.2 发展趋势：跨部门协作执法

2014年6月颁布的《国务院关于促进市场公平竞争维护市场正常秩序的若干意见》中指出，"规范和完善监管执法协作配合机制，建立健全跨部门、跨区域执法协作联动机制。制定部门间监管执法信息共享标准，实现信息资源开放共享、互联互通"。这为整合优化专利执法资源、提高执法协作效率进而不断消减专利执法过程中的权限冲突指明了新的方向。跨部门协作执法作为新的公共管理模式日渐成为政府机构改革的趋势之一。[294]实践中，专利执法的跨部门协作执法机制在部分地区已取得初步成效。❶本书对我国2008～2013年度专利行政执法协作情况进行了调研（见图3.2）。

调研发现，2008～2013年在全国专利行政执法中共出动人次10.9万人，检查商场4.3万余次，对于971万件商品进行检查，跨部门的有关执法协作进行了2400多次，跨区域的有关协作也有2600多次。从图3.2可以看出，我国专利行政执法的跨部门和跨区域协作机制已初现成效。然而，知识产权系统对于其他一些部门移交案件的数量或者向公安等有关部门移交的案件数量相对来说是非常少的。反映出管理专利工作的部门与公安机关和司法机关之间的

---

❶ 江苏省泰州市成立了公安局驻知识产权局办公室、知识产权保护检察工作站、专利行政执法支队，制定了涉嫌专利犯罪案件移送办法、专利行政执法联合执法办法和知识产权联动保护机制暂行办法等；安徽省出台了《安徽省专利行政执法办案细则》，加入了"省际间专利行政执法协助机制"，与公安、工商、质监等部门建立了联合执法制度，组织开展跨地区、跨部门联合执法。

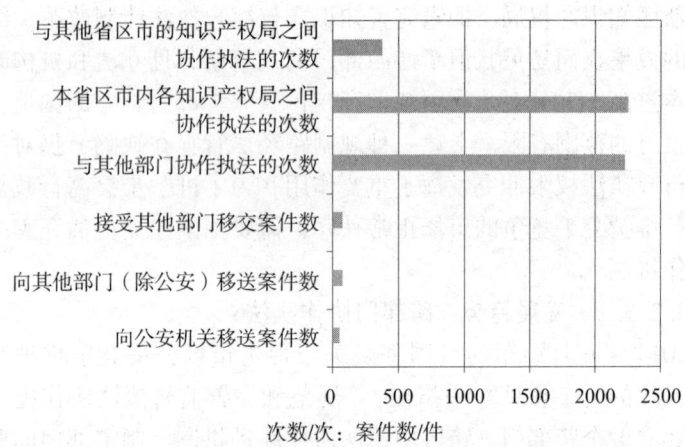

次数/次：案件数/件

图 3.2　2008～2013 年度专利行政执法协作情况

案件移送机制不够顺畅，执法信息共享和报送制度有待完善，专利行政执法的跨部门协作机制仍有很大的制度运作空间。实际上，依据《行政处罚法》第十六条之规定，行政综合执法与相对集中行政处罚权应当是一种法律行为，起初是在法律范畴内进行研究的。[295]然而，法律的稳定性难以适应我国日益加快的行政执法体制改革进度，原则上已不再另设独立的行政执法主体。具体到专利执法领域，现有的部门格局已基本固化，试图调整现有格局甚至是建立新的行政执法主体不具有现实操作性。从这个角度看，集中专利行政处罚权更多地属于行政管理的问题，在政策语境下，探索构建专利行政处罚的跨部门协作机制是规制行政权限冲突的总体趋势。至此，通过对广义上的专利行政处罚权体系、专利行政处罚权限冲突及其规制路径的研究，已基本阐述了专利行政处罚权与相关行政权的现有边界及边界重构之可能路径。边界构造的直接动因是消减行政权限冲突，但其根本目的是提高行政执法效率，维护公平竞争的市场秩序，从而促进专利保护制度之政策效益。

综上，本章以法律法规赋予管理专利工作的部门的专利行政处罚权为轴，系统构建了其与立法权、司法权以及相关行政权的边界体系，并主要对边界构造中涉及的行政立法越权问题、行政处罚与司法保护的制约问题以及行政执法权限冲突等问题展开讨论。在此基础上，认为专利行政处罚权的设定应严格依循行政立法的基本范式；专利行政保护与司法保护的有效衔接蕴含着权力边界的构造空间；以跨部门协作为主的行政协作机制是提高专利行政处罚效率的发展路径。归纳起来，即为论证专利行政处罚权与公权力的边界。

第 4 章　专利行政处罚权与私权利的边界

　　公权与私权的关系是法哲学层次的基本问题。传统宪政观认为，民主宪政秩序的基本价值目标是"制约权力、保障权利"。但如果进一步深入思考，认识到权利的享有或保障本质上是能动性的而不是消极性的，是法律制度建构的能动性的结果而不是静态性的状态设定，就应该承认民主宪政秩序的基本价值目标，首先是让权利有效制约权力，以实现权利与权力之间关系的真正平衡[296]。权力与权利的关系纵然复杂，仍可初步界定为：在特定的社会历史条件下，权利关系的产生依赖于权力关系的塑造，又引导权力关系发生转化。[297]围绕共生、共治、共和为中心的现代宪政价值体系之重构，对于公权力，应从传统的有限政府扩展到对有为政府与有效政府的追求；对于私权利，亦从对抗公权力的非法干涉到对积极参与公共事务的保障。[298]这便是在宪政与法哲学视角下对公权力与私权利之关系问题的简要概括。具体到本书的研究范畴，如前所述，专利制度鲜明的公共政策属性，使得专利行政处罚权与私权之间的边界探讨需要跳出原有的"公私二元"模式，营造"活私开公—公私共创"的公共哲学范式。在此引导下，本书从行政参与主体论的角度重新解构专利行政处罚权与私权的边界体系，继而分别从行政相对人和行政相关人两个方面构造与行政处罚权的边界。

4.1　公共政策视域下的专利行政处罚参与主体论

　　行政法律关系主体是行政法律关系的首要构成要素。要解决任何行政法问题，首先要弄清其所涉及的行政法律关系主体。在行政处罚所形成的行政法律关系当中，行政主体与行政相对人是其基本的主体要素。行政相对人既是行政主体行政管理的对象，也是行政管理的参与人。行政管理参与人的法律地位界定，体现了参与式行政的现代法制模式。[299]在专利法的公共政策视域下，专利行政执法主体与执法程序参与人的关系存在更多的互动性，两者已不再是简单的"公私二元对立"。因此，本书以行政参与理论为切入点，通过研究参与主体的法律地位及权利体系，形塑公共哲学统摄下的专利行政处罚主体论。

4.1.1 专利行政处罚的公共政策解读

4.1.1.1 专利行政处罚的"公共哲学"统摄

对于知识产权制度的哲学思考，很多学者都作出过努力。无论是借鉴现有的有形财产理论，还是从宪政基础、伦理基础等资源中寻找理论支撑，总体上都是在探求知识产权制度之正当性的理论解读。❶ 但是，从认识论的角度，对专利制度更深刻的认识应在于"做什么"，而不在于"是什么"。正如一位哲学家所言，"真理是处处可见的，说出一条真理并不难，难的是使真理生效，让各种真理发挥恰当的作用"。[300]

知识产权起源于封建社会的"特权"，而并非起源于任何一种民事权利或任何一种财产权。然而，正是在这种完全不符合私权原则的环境下逐渐演变为今天绝大多数国家普遍认可的一种私权。这

---

❶ 国外学者 Peter Drahos 为知识产权的哲学基础作出了较大贡献。在洛克、黑格尔、马克思等先哲理论中寻找对知识产权制度的合理性论证，并得出"支持工具论、反对独占论"的结论。参见：彼得·德霍斯. 知识财产法哲学 [M]. 周林，译. 北京：商务印书馆，2008. 国内学者关于知识产权制度的哲学思考参见：刘春田. 知识财产权评析 [J]. 中国社会科学，2003 (4)：109-113；吴汉东. 财产的非物质化革命与革命的非物质化财产法 [J]. 中国社会科学，2003 (4)：122-136；冯晓青. 知识产权哲学 [M]. 北京：中国人民公安大学出版社，2003；胡朝阳. 知识产权的正当性分析：法理和人权法的视角 [M]. 北京：人民出版社，2007；胡波. 专利法的伦理基础 [D]. 重庆：西南政法大学，2009；康添雄. 专利法的公共政策研究 [D]：重庆：西南政法大学，2011.

可以从本源上证明知识产权的私权属性,[301]但也引出了知识产权制度的公共性问题。与本书主旨相契合,公共性正是我们从认识论角度探讨专利制度的论述中心。公共性的思考,即视之为"公共哲学"。遵循本源性之追问,如果认定"哲学"是"爱智"的原始本义,那么"公共哲学"就应当首先限定在人类对公共生活智慧追求的范围内[302]。现代公共哲学的主题是,"反思并探求全球化视野下社会共同体生活的公共理性基础和价值规范"。[303]公共哲学对专利制度的统摄,实际上回应了制度的立法目的:让人们探索如何在技术领域实现公共幸福。技术本来就是为人类谋求幸福的途径,但对其权利化后,随之产生利益分配不均的紧张矛盾。技术与人类相连,但权利却有意隔绝。公共政策属性和公共哲学理论的倡导正好可以与技术共享相呼应。

一方面,专利行政处罚是专利保护体系的重要组成部分,是实现专利法之立法目的不可缺少的途径,逻辑上也是具有公共性的。从专利行政保护所调整的利益关系来看,主要是针对侵害社会公共利益的专利侵权或违法行为,一般的民事侵权行为并不属于专利行政处罚的规制对象。行政处罚是国家行政机关对违反行政管理秩序的人所作的处罚,是以牺牲少部分人利益换取更大多数人的公共利益。另一方面,公共性是行政的首要特征,行政共同体通过对公共事务的管理,向社会成员提供公共服务和公共产品以满足其生活的需要。[304]对于行政共同体来说,提供每一个个体最低限度的生存水准所需要的公共服务就成为其首要职责。为此,它必须不断地了解和掌握大多数国民的意向,制定出始终一贯的政策,为实现该政策而充分发挥领导和指导作用,并准确而迅速地付诸于实施[305]。质言之,专利行政处罚制度亦是行政公共性特征的真实写照。可见,在"公共哲学"的统摄下,专利制度及其行政保护制度具备了公共性的基本特征,对相关问题的讨论即可引申至公共政策的规范场域中,从而获得更为真实、更为合理的解释。

4.1.1.2 公共政策下的专利行政处罚主体与客体

这里借用东亚公共哲学的代表性人物金泰昌等对"活私开公"

的理论探索。[306] "私"是一种自我的表征,"开公"是把"我"放在与他者的关系中打开民的公共性。只有活化"私",才能打开"公"。"活私"一方面指肯定具有实在人格的个体存在,同时,尊重和理解作为自我个体存在的"私";[307]另一方面摒弃将"私"视为"公"的对立面。简言之,"活私开公"主要是一种以激活每一位个体,并使其公共性张大的哲学理念。由此,由公民个体开出的公共性和由"公"主体所承载的公共性不是简单的相互排斥关系,而是相互链接的协作关系,由"公""共""私"构成了多元主体,从而共同构筑了充满活力的公共性体系。[308]这一公共哲学理念为传统法学理论上的"公私二元"论提供了新的发展路径。

传统行政理论认为国家或政府主导着行政法律关系的形成、变更与消灭,行政行为就是行政权运行的结果,全然漠视个体本身的能动作用,甚至视个人为客体。专利行政保护制度作为公共政策进行制定或实施时,国家、社会及个人之间存在互动的关系。将"活私开公"立为专利行政执法之目的,以"公"作为存在的专利行政执法主体与以"私"的行政相对人所结成的法律关系便具有了可供改造的可能和必要。行政处罚相对人及相关利害关系主体不再是行政处罚权规制的对象或客体,而是需要行政主体予以尊重和理解的实在人格体。通过充分地调动"私"主体参与行政处罚程序的积极性,才能在提高行政执法效益的同时真正实现社会公共利益之维护。

当然,讨论主体必然要言及客体。将专利技术作为公共事务对待,就包含了两种利益,即私人利益与社会公共利益。现实场景中,纯粹私的和纯粹公的制度是极少存在的,两种制度往往是相互啮合的,这与多元化价值取向的专利制度相呼应。面对私人利益和公共利益的交织及暗合,专利行政保护制度的正当性、合理性仍在饱受质疑,专利行政处罚权的扩张抑或收缩乃根源于两种利益的优先抉择及保护强度的问题。倾向于公共利益,必然要限制私人利益,但维护公共利益的最终目的还是促进每一个个体的私人利益。

从这个角度讲，专利行政保护制度始于"公"，终于"私"。明确了这一前提，至于究竟是侧重于公的维护还是私的保护都只是途径的选择而已。殊途同归，活化"私"仍旧是为了最大限度地张大"公"。

4.1.1.3 公共政策下的专利行政处罚效果评价

从公共政策的角度分析专利行政保护制度，需要依循公共政策学的规则。公共政策的效果评价，就是根据一定的标准去判定政策的社会效用度。[309]威廉·邓恩把公共政策的评价标准分为六类：效率（efficiency）、效益（effectiveness）、充足性（adequacy）、公平性（equity）、适宜性（appropriateness）和回应性（responsive-ness）。[310]需要指出的是，本书并无意于构建一套可量化、可测算的政策评估指标体系，而仅试图提供另一种可能的评判标准。❶ 公共政策的效果是复杂的，考虑到公共政策与法律实效❷的贯通，这里着重于对效益的评价。效益是经济学上的术语，在法理学上通常在两个意义上使用：其一指将法律效益与法律效果等同。在此意义上，法律效益指法律在实施过程中是否给人们和社会带来有效的效果和好处，此时侧重法律的社会效益考察；其二指从具体的法律入手，为获得适合法律目的的效果，考察法律实施过程中投入的成本和产出的比率。效益的研究就是要在资源有限的情况下，如何实现以最小的社会投入而获得最大的效果产出，法律效益和政策效益的评估思路总体上相近。

---

❶ 从公共政策学角度，对专利制度实施的评估多有建模和量化分析。参见：郭俊华. 知识产权政策评估：理论分析与实践应用 [M]. 上海：上海人民出版社，2010：124–164；张楚. 知识产权行政保护与司法保护绩效研究 [M]. 北京：中国政法大学出版社，2013.

❷ 法律实效是指社会主体实际上按照法律规定的行为模式进行行为，法律在实践中被遵守、被执行和被适用。法律实效侧重从法律运作的角度考察法律的实质有效性，有利于我们从更广阔的视角研究法律。引自：付子堂. 法理学初阶 [M]. 北京：法律出版社，2008：221.

　　据此,"成本—收益"的分析模型可以作为专利行政处罚效果评判的主要方法。决策主体是在现有的约束条件下权衡成本和收益而作出选择的。当约束条件发生变化后,决策的激励结构亦随之变动。专利法的修订即是政策系统的改进,而改进的落脚点应该基于效益的评判。正如瞿同祖指出的,"社会现实与法律条文之间,往往存在一定差距。我们应该知道法律在社会上的实施情况,是否有效,推行程度如何,对人民生活有什么影响等"。[311]回应本书借用的有关"活私开公"的公共政策理念,专利行政处罚的效益水平不仅依赖于"公",也受到"私"的影响。专利行政处罚制度的立法目的主要是通过行政手段遏制侵权行为,维护公平竞争的市场正常秩序,尤其是对于反复侵权、群体侵权等故意侵权行为予以打击和惩治。专利行政处罚主体以外的相关人参与行政程序,除了被动的应对之外,成本—收益的权衡才是参与主体作出决策选择的根本动因。如果"私"的参与有助于自身利益的最大化或利益损失的最小化,同时有利于推进行政程序的运行,那么,激励机制的设计就显得很有必要。可以说,效益是本书评价专利行政处罚的主要标准,效益的实现有赖于行政程序参与主体的"成本—收益"权衡。从动态博弈的角度,这一系列过程只能而且应该通过参与主体来实现,即为行政参与的主体论视角。

4.1.2　专利行政处罚参与主体的法律地位及权利

4.1.2.1　行政参与的理论概述

　　在我国行政法学中,学界对于行政参与的研究主要是从三种意义上展开的。一者,从行政法的理念意义上,提出参与型行政是行政法的发展趋势。行政主体及其他组织在行使行政权,从事国家事务和社会公共管理事务的过程中,广泛地吸收私人参与行政决策、行政立法、行政决定以及行政执行的过程,尊重私人的自主性和创造性,一定程度上承认私人在行政管理活动中的主体性,共同创造互动、协调和对话行政的程序和制度。[312]二者,从基本原则的意义上，认为行政参与是行政法的一项基本原则。参与原则是指受权力运行结果影响的人有权参与行政权力的运作，并对行政决定的形成发挥有效作用。[313]参与原则作为行政法的一项基本原则已经成为许多学者的共识。❶ 行政参与被内化为高于一般原则的理念，换言之，行政程序其实就是行政相对人参与的程序。三者，从权利意义上，指出行政参与权是行政过程中当事人的一项重要权利。参与权改变了行政法律关系中主体双方的地位，重构了双方的权利义务关系，形成新型的行政法律关系，即参与式行政法律关系。[314]参与权是行政相对人其他权利的基石，只有拥有了参与权，才能进一步行使知情权、抗辩权、救济权等其他权利。

无论是把参与视为行政法的理念、基本原则还是权利，学者均把参与理解为一种行政现象或一种行政法律制度，认识逻辑大体都包含以下四个方面的要素：参与的主体、参与的客体、参与的方式以及参与的目标。[315]首先，对于参与主体，包括除行政主体以外的所有受行政权影响的利害关系人。科恩曾经论证了参与主体的资格，即凡生活受到某项决策影响的人，都应该参与决策的制定过程。[316]据此，凡是受到特定行政权的行使影响的个人或组织，都有资格参与该项行政过程。以"利害关系人"作为参与资格的认定标准，行政相对人和行政相关人就是能够参与行政过程的适格主体。其次，对于参与客体，则指向行政权的实施过程。从动态角度看，行政参与的客体就是行政行为，除了行政主体所作的私法行为，包括现代行政法学所谓的行政法律行为、行政事实行为和准法律行为等。[317]如果从行政程序的角度，行政参与应该贯穿整个行政程序的事前、事中和事后。再次，对于参与方式，应不局限于特定方式，只要是能够表达利害关系人之利益诉求的机制都是参与的可能方

---

❶ 参见：应松年. 当代中国行政法 [M]. 北京：中国方正出版社，2005；杨海坤，黄学贤. 中国行政程序法典化：从比较法角度研究 [M]. 北京：法律出版社，1999；熊文钊. 现代行政法学原理 [M]. 北京：法律出版社，2000.

式。种类上看，参与的方式趋于多样化。最后，参与的目标是尽可能地实现利害关系人对行政权的影响，以免受行政主体不公正之对待。利害关系人参与行政过程，就是想通过自己的意见表达和利益诉求的提出，促使行政主体从多个角度分析行政权运行的功能和效果。尤其是在行政主体享有较大的行政裁量权的情况下，更需要参与主体向行政主体提供必要的信息。由此，行政主体与参与主体既有利益的冲突和博弈，也有相互之间的合作与支持。综合以上四个基本要素的分析，可以对行政参与有一个较为清楚的认识：行政参与是受行政权影响的利害关系人都参与到行政过程中，通过表达利益诉求希望影响行政决定并维护自身正当利益的行政活动。参与权是利害关系人参与行政过程的基础，行政参与的权利化是达致行政参与目标实现的必由之路。[318]

　　有效保障私人参与行政的过程，表现出与传统的行政主体命令、行政相对人服从的行政模式相异的特征。参与式行政是行政主体与私主体之间的意志与力量的交互过程，而不仅是行政主体单向度的对私主体实施管理；参与式行政是平衡私人利益与公共利益、行政权与私权利的过程，而不仅是行政主体构建管理秩序的行为；参与式行政更多地依赖于公众参与实现公共利益，而不是单纯依靠行政主体的力量。交互性、衡平性和公共性是行政参与的基本特征，这便于与专利行政处罚的公共政策解读相呼应。承上启下，下文具体从参与主体的法律地位和权利体系两个方面夯实专利行政处罚的“私”主体理论。

4.1.2.2　专利行政处罚参与主体的法律地位

　　从称谓上讲，各国行政程序法对于行政参与主体有“当事人”“利害关系人”“相对人”“关系人”“程序参与人”之说。[319]虽然称谓各异，但共通之处是，对参与行政程序的私主体地位又进一步区分，明确了“行政相对人”与“第三方”均属于参与行政程序的私人主体。❶ 我国行政法学对这两类主体也做了区别对待，典型的表述是："直接相对人和间接相对人"[320]"行政行为明指的相对人和受行政行为结果影响的相对人"[321]"行政相对人和行政相关人"[322]等。在现有的法律条文中，也出现了"利害关系人"和"第三人"称谓。❷ 本书使用"行政相关人"概念表征与行政行为有利害关系的行政相对人之外的个人或组织。之所以采用这一称谓，是基于两点考虑。一是行政相关人相较于其他概念表述更具有优势：能够明确区分其与行政相对人的不同逻辑关系，准确定位与行政主体之间的法律关系，也避免与行政诉讼中的相关概念混淆；二是"相关人"概念比较适于指代参与专利行政处罚程序且有利害关系的行政处罚相对人以外的主体，可以从纯粹技术层面理顺专利行政处罚参与主体的逻辑关联性。由于行政相对人制度及相关理论研究比较丰富，这里不再对其予以赘述。

对于行政相关人的界定还有必要做些阐述。引用学者李卫华的观点，行政相关人是指参与到业已发生的行政法律关系中、与行政行为有法律上之利害关系、其正当权利或利益在客观上可能受到行政行为影响的个人或组织。[323]行政相关人与行政相对人在法律地位上的区别主要有：相对人与相关人在参与行政法律程序上有先后之分，行对人往往是法律关系的源动力；相对人、相关人与行政主体之间的利害关系有相反方向性，相应的利益诉求也有反方向性；行政行为对相对人权利、义务的处分是直接的，对相关人则是间接的。当然，相对人和相关人之间也存在相同点和相互关联性。相同之处在于，两者同为行政法律关系的私人主体，平等地享有权利和

---

❶ 比如：《意大利行政程序与公文查阅法》区分为"行政措施可能造成直接后果的行政相对人"和"行政措施可能造成损害且依法参与行政措施的第三方"；《韩国行政程序法》区分为"因行政主体之处分而直接成为相对人的当事人和参与行政程序的利害关系人"；《日本行政程序法》区分为"相对人"和"与不利益处分有利害关系的人"。

❷ 比如：《行政许可法》第三十六条中对"利害关系人"的相关规定；《行政复议法》第十条中对"利害关系人"和"第三人"的相关规定等。

负有义务，所指向的权利义务客体也是相同的。两者的关联性主要表现为彼此之间会形成民事法律关系，如专利申请人单独申请专利的行为对专利共有人的侵权，这种民事法律关系在一定程度上从属于行政法律关系。

前已论及，行政相对人与行政相关人的区分方式比较适于类型化分析专利行政处罚中不同私人主体的法律地位。将行政相对人和行政相关人的一般性结论运用于此，专利行政处罚的参与主体可以划分为行政相对人和行政相关人。前者是专利行政处罚制度规制和惩治的对象，行政处罚权对其权利产生直接的影响；后者与业已发生的专利行政处罚行为有一定的利害关系，对其影响也不是行政主体主观追求的。专利行政处罚的行政相对人一般是指被处罚人，专利行政处罚的行政相关人包括但不限于专利权人、间接侵权人等。两者的联系主要是基于彼此之间可能存在的侵权关系，即专利行政处罚的行政相对人和相关人还牵涉民事侵权争议。在行政程序之外，还可诉至法院寻求救济。本源上讲，从它们的权利、义务指向同一客体，这也是它们共处同一行政法律关系私人主体的法律基础。

4.1.2.3 专利行政处罚参与主体的权利

专利行政处罚权的主体是管理专利工作的部门，行政相对人是与之相对应的另一方当事人，即行政主体行政行为影响其权益的个人、组织。专利行政处罚的相对人在行政法律关系中主要享有以下权利：参与权、知情权、正当程序权、申请复议权、提起行政诉讼权等。具体来讲，首先，参与权是指行政相对人为维护其合法权益而参与到行政程序过程中，就相关的事实认定和法律适用阐述自己的观点，以影响行政机关作出有利于自己的行政行为的权利。[324] 参与权是一个权利体系，专利行政处罚相对人的参与权由其下位的权利构成：获得通知权、陈述申辩权、管辖请求权等。其次，除法律、法规规定应予保密的之外，行政相对人有权依法了解和获取行政主体的各种行政信息。专利行政执法相对人的知情权集中表现为听证请求权和信息公开权，其中，专利行政处罚案件信息公开制度与行政处罚相对人的利益密切相关。❶ 再次，正当程序权有其独立存在的价值，是行政相对人其他权利的保障。正当程序权散见于法律、法规中，从广义上讲，基本上所有有关专利行政执法的规定均属于规范行政权运行的程序。由于我国还未颁布行政程序法，仅在《专利行政执法办法》中对专利行政执法的程序作出了规定，比如回避、管辖、证据规则等。最后，申请复议权和提起行政诉讼权属于行政救济权，是行政相对人权利的核心。专利行政执法相对人认为自己的合法权益受到管理专利工作的部门及其工作人员的违法、不当行为侵害后，有权向上一级管理专利工作的部门提起行政复议或向法院提起行政诉讼。

行政行为不仅影响行政相对人，还可能直接影响其他个人与组织的利益。本书用行政相关人指称专利行政执法过程中除行政相对人以外的主体，包括行政执法所涉的专利权人、间接侵权人等。与行政相对人略有不同，专利行政处罚的相关人在行政法律关系中的权利主要为申请权、知情权和表达权。其中，申请权对于专利行政执法程序的启动及其运行显得尤为重要。具体表现为以下几个方面：一是根据《专利法实施细则》第八十一条规定，当事人有权向管理专利工作的部门请求处理或者调解专利侵权纠纷；二是《专利行政执法办法》第二十六条规定了管理专利工作的部门接受举报发现涉嫌假冒专利行为的应及时立案，即行政相关人举报专利违法行为的权利；三是《专利行政执法办法》第三十五条赋予当事人在专利侵权纠纷处理过程中书面请求管理专利工作的部门调查取证的权利。由此，管理专利工作的部门即负有一系列义务。当然，知情权是宪法和法律保障公民的一项基本权利，是行政相关人参与行政执

❶ 参见：国务院批转全国打击侵犯知识产权和制售假冒伪劣商品工作领导小组《关于依法公开制售假冒伪劣商品和侵犯知识产权行政处罚案件信息的意见（试行)》、国家知识产权局印发《关于公开有关专利行政执法案件信息具体事项的通知》。

法所享有其他权利的前提和基础。行政相关人也有权就专利行政执
法过程中涉及的事实和法律问题阐明自己的主张以及申请救济的权
利，例如，《专利法实施细则》第八十四条规定了假冒专利产品销
售者的免责事由等。

　　通过以上分析可见，只有关于行政法律关系发起权的享有方
面，行政相对人和行政相关人才具有一些明显的差异；而对于其他
的实体性或程序性权利，两者均同等享有，差别之处也仅是具体法
律规定下的表现形式不同而已。发起权并不属于严格的学理概念，
主要包括申请权、建议权、请求权等。作为促使法律关系发生的权
利，有学者认为，"发起权是行政相对人享有的行政参与权的一种
表现形式"。[325] 从法律关系形成的角度，发起权乃是一种由法律规
范加以规定的法律事实，专利行政处罚的相对人和相关人均得由法
律规范之规定作出一定的法律行为。在此意义上，两者的发起行为
属于同一法律逻辑范畴。因此，专利行政处罚的行政相对人和相关
人所享有的权利种类不存在本质上的差别，只是具体的权利表现形
态各异，这些差异直接影响到其与专利行政处罚权的关系，故仍有
必要分别论述行政相对人和行政相关人与专利行政处罚权的边界
体系。

4.2　专利行政处罚权与行政相对人权利的边界

　　在行政程序中，虽然行政相对人的行政程序参与权是一种程序
性权利，但行政相对人行使程序参与权，不仅是为了确保其行政法
上的实体权利，同时还具有制约行政权、形成接受不利行政行为心
理基础的功能。这种独立存在的程序参与权利是其获得法律救济的
基础。若从行政主体的角度审视边界问题，这里的边界之意就是管
理专利工作的部门行使处罚权所受到的限制和约束，包括范围止于
何处、手段有哪些、程度的裁量以及程序控制等。专利行政处罚权
与行政相对人权利天然地存在对抗与冲突，这是专利行政处罚制度

设计的必然产物，也是行政权与私权矛盾关系的具体表现。在专利行政处罚程序中，相对于私主体，行政主体不仅决定程序的启动，其享有的实体权利也处于优势地位。法律地位的不对等以及权利配置的失衡，使得私主体在行政权肆意的情况下难以保障自身的合法权益。对此，边界构造的中心思想便是通过程序机制以控制行政裁量，即引申出本书边界构造的两个面向：专利行政处罚裁量基准制度和专利行政处罚程序制度。

4.2.1 现有边界及其争议与冲突

4.2.1.1 现有边界构成

专利行政执法的直接依据主要是《专利法》《专利法实施细则》以及《专利行政执法办法》，也间接地受《行政诉讼法》《行政处罚法》《行政强制法》等相关行政法律、法规的调整。由于省（市）管理专利工作的部门享有专利行政执法权，❶ 所以省（市）地方性法规、规章也可称为专利行政执法的依据（比如《广东省专利条例》《广州市处理专利纠纷办法》）。上述规定形成了我国专利行政执法的职权体系，专利行政处罚权亦隶属于此体系，处罚权的设定、适用、程序等内容都由其决定。相应地，法律、法规课以行政处罚相对人义务或责任的同时，也积极地赋予权利，上文在参与主体论部分已对行政相对人的权利做过梳理。另外，涉及专利行政处罚裁量权的控制及相关程序性规定，也是从消极意义上保障行政处罚相对人的权益。总体上讲，对边界问题进行类型化处理，仍然可将其分为实体性边界和程序性边界。

专利行政处罚权与行政相对人权利的实体性边界围绕行政裁量权而展开。在专利行政处罚所形成的法律关系中，行政相对人享有

---

❶ 此处对管理专利工作的部门有级别限制。根据《专利法实施细则》第七十九条，管理专利工作的部门是指由省、自治区、直辖市人民政府以及专利管理工作量大又有实际处理能力的设区的市人民政府设立的管理专利工作的部门。

的权利都是程序性权利，即使赋权目的是维护相对人的实体权益。实体权配置的不对等使得行政处罚相对人处于被动的弱势地位，难以与强大的行政权相抗衡。行政管理的客观实在需要行政实体法律规范创设如此这般的行政处罚实体法律关系，让拥有行政处罚权的行政主体始终占据主动的、优势的地位，以应付日趋繁杂、变幻莫测的现代社会变迁所生需要。[326] 毫无疑问，在现有的专利行政执法体制下，行政主体在行政法律关系中享有主导性的优势地位。然而，专利行政处罚权本质上是裁量性质的，法律法规对专利行政处罚权的相关规定也是为行政裁量设置一系列统治规则。换句话说，专利行政处罚权的设定及内容就表现为对行政裁量权施加有效、适度的控制，从而确保行政权合法、合理、及时地实施规制、给付等。可见，行政相对人的权利是依托于消极的裁量权控制的方式而得以保障，其与专利行政处罚权的关系表征为专利行政处罚裁量权。

专利行政处罚权与行政相对人权利的程序性边界较为直观。管理专利工作的部门实施行政处罚的执法依据中存在大量的程序性规定，与之相对，行政相对人的参与权都是程序性权利。在专利行政处罚决定程序法律关系中，拥有行政处罚权的管理专利工作的部门并没有获得多大的优势地位，尽管它操纵着行政处罚决定程序的启动权，但一旦它让行政处罚权进入法律程序，便处于被动地位。如进行调查，就必须向受调查人表明身份；如当事人要求听证，它就必须依法进行；如要作出处罚决定，就必须说明理由等。❶ 而在行政实体法律关系中处于劣势的相对人在行政处罚决定程序法律中，却处处主动，拥有足以抗衡不法侵害的程序权利资源。如前所述，相对人有权要求行政执法人员在调查时表明身份，在作出处罚决定前要求听证、详细说理等。由此，专利行政处罚决定程序内容是行政主体的义务性规范和受处罚人权利性规范的统一。

---

❶　参见：《专利行政执法办法》第四条、第三十条、第三十三条之规定。

4.2.1.2　边界争议与冲突的具体表现

结合现有边界及专利行政执法实践来看，主要是以下三个方面存在争议与冲突。

一是行政相对人的正当程序权难以保证。现行《专利法》《专利法实施细则》和《专利行政执法办法》对专利行政处罚的适用、决定、执行等虽然有一些程序性规定，但较为零散，即没有行政处罚决定如何作出、实体上依据何种标准、程序上遵循何种规范以及如何限制的规定。《专利行政执法办法》中虽然规定了回避制度、管辖制度及处理专利侵权纠纷中的证据规则，但由于缺乏详细的规定显得很不完善，极易为执法不当埋下隐患且引发行政相对人的合理怀疑。更为严峻的是，专利行政处罚信息公开凸显了这一矛盾，地方性的专利行政立法参差不齐又间接促成了各地专利行政执法标准的不统一，这在很大程度上加重了执法人员因处罚案件信息公开所承受的压力。

二是专利行政处罚的裁量存在偏轻、偏重或畸轻、畸重的情况。从行政行为分类的角度看，行政主体实施专利行政处罚的行为属于裁量行政行为，即法律法规只对专利行政处罚的内容、方式和程序作了一定范围和幅度的规定，允许管理专利工作的部门在处理具体行政事项时，在法定的范围和幅度内，凭借自身的判断进行裁量。行政裁量偏轻、偏重或畸轻、畸重虽然不构成行政违法，但属于不当或显失公正的行政行为，不能达到预期的法律效果[327]。《专利法修订草案（送审稿）》第六十条规定对"涉嫌群体侵权、重复侵权等扰乱市场秩序的故意侵权行为"予以行政处罚，增加了行政裁量的难度。究竟"群体""重复"的具体衡量标准是多少、何谓"扰乱"市场秩序、判断"故意"是秉持客观标准还是兼及主观因素等，都涉及行政裁量的问题。此外，我国目前并未出台统一的专利行政处罚裁量基准类的法律法规文件，这都是诱发行政裁量不当或裁量不公的因素，从而更多地引发被处罚人与行政处罚主体之间的纷争。

　　三是行政相对人的行政诉权与专利行政裁决权的冲突。根据《专利法》第六十条，管理专利工作的部门依当事人请求可以对专利侵权纠纷作出行政处理决定，行政相对人不服该决定则有权向法院提起行政诉讼。由于缺乏严格的执法办案程序、地方管理专利工作的部门执法人员配备不足以及缺乏强制执行权等客观因素的限制，专利行政执法案件的办案质量很受影响。以最高人民法院发布的 2012 年知识产权典型案件为例，❶ 涉案某省知识产权局在作出被诉专利侵权纠纷处理决定过程中没有全面充分考虑本案原告提出的抗辩事由，也没有对该原告是否构成专利侵权进行综合分析判断，最高院遂维持二审判决以认定事实不清、主要证据不足及违反法定程序为由撤销该处理决定。专利行政执法的高效、便捷是把"双刃剑"，为了达到快速处理纠纷的目的，难免忽视执法程序的规范化，这是行政权本身难以克服的固有缺陷。

4.2.1.3　边界冲突的原因

　　专利行政处罚权与行政相对人权存在以上争议与冲突，根本原因可溯及行政权与私权利之间天然的对立，以及在此格局下行政主体与行政相对人之间的对抗关系。反观我国的专利行政执法体制，边界争议可以得到更为具体的解释。

　　首先，是执法程序规范的缺乏。由于我国没有统一的行政程序法，对专利行政执法权的"约束"只能通过单行法予以规制。《行政处罚法》对行政程序作了比较详细的规定，形成了较为统一和协调的行政处罚程序，但在专利行政执法过程中执法主体并不能直接援引该法确立的基本原则和制度，《专利行政执法办法》、地方性专利法规等法律文件才是执法人员办案的依据。2011 年起施行的《专利行政执法办法》中涉及专利行政处罚的程序性条款不多且过于笼统，难以适应日益复杂的专利行政执法活动。一言以蔽之，现有的专利行政执法依据仍旧亟待执法程序的完备，以规范执法人

---

❶　参见：中华人民共和国最高人民法院（2011）知行字第 99 号行政裁定书。

员作出合法、合理的执法行为。

其次，是执法主体的身份不明确。前已论及，我国地方专利行政执法部门的行政级别不同和部门性质不同，这种局面在短期内仍难以得到妥善解决。所谓"名不正则言不顺"，地方专利行政部门的执法地位不统一，严重削弱了专利行政执法的权威性和执法公信力。面对没有强制力保障的执法主体，甚至是由事业单位兼职代管的部门，行政相对人作出消极抵抗或不予配合执法的行为符合基本的生活事实。况且，国家知识产权局并不具备执法权，仅在"名义上"指导地方专利行政部门的执法行为，这种职级配置上的缺陷难以树立知识产权局系统整体上的执法权威。行政执法的实效在于行政主体作出的行政行为是否得到行政相对人的切实执行，由于执法权威性和公信力的缺失，相对人不予执行或部分执行处罚决定，也属于冲突的消极表现形态。

最后，专利行政执法的效力缺乏强制性。依据现行《专利法》及其实施细则，如果行政相对人不自动履行专利行政执法部门作出的责令停止侵权的处理决定，管理专利工作的部门并没有强制性手段来执行，只能申请人民法院强制执行。但法院也难以仅对责令停止侵权的处理决定实施强制执行，这使得管理专利工作的部门作出的责令停止侵权决定缺乏强制力和执行力。即使是在《专利法》第四次修改草案"送审稿"中增加了对故意侵权行为的行政查处内容并加大了行政处罚力度，仍未从制度层面上解决"执行难"问题。在法律未授予专利行政执法部门实施行政强制措施的前提下，没收、罚款等处罚内容的设定难以在实践中得到执行。正如学者所言，如果行政机关作出的行政处罚决定内容得不到实现，该行政处罚决定只能停留在行政机关意志的表达阶段，不能实际损及当事人的权益，也无法实现对违法当事人进行制裁的目标。[328]然而，在行政法的理论上和实践中，我国却存在重视行政处罚决定的作出，而轻视行政处罚决定内容实现的做法。[329]这导致已经作出的专利行政处罚决定因其确定的义务得不到履行而实际上被悬置，客观上纵容了当事人的违法行为，继而使得专利权人、其他利害关系人以及公共利益得不到应有的救济和保护。亦如我国行政处罚的"以申请法院强制执行为原则、以行政机关强制执行为例外"双轨制强制执行体制[330]，专利行政处罚决定由法院强制执行的模式未能突破，而强制执行对于专利行政处罚决定内容的实现又是不可或缺的，这便是专利行政执法主体最为现实的制度困境。由此可见，管理专利工作的部门据以作出的处罚决定缺乏执行效力，难以实现对违法当事人予以制裁的目标。相应地，处罚决定被虚置使得业已发生的行政法律关系陷入僵局，行政主体与被处罚人之间的矛盾只会逐步加剧甚至激化。

通过对专利行政处罚权与相对人权利之间边界现状的阐述、边界问题的归纳以及原因探究，边界构造的方向和路径似乎已然显现。但是，在现有的法律框架和行政体制下，诸如专利行政执法主体的职级不明、行政处罚的双轨制强制执行体制这样的问题仍属于难以逾越的制度存在。因此，本书的边界构造无意触及如此广泛、宏大的命题，仅在现有的约束条件下探讨可以进一步完善的制度设计，专利行政处罚裁量基准制度和专利行政处罚程序制度即为现实性的思考路径。

4.2.2 实体边界构造：专利行政处罚裁量基准制度

4.2.2.1 行政裁量基准制度的理论与实践

行政法的精髓在于裁量。美国行政法学家戴维斯将行政裁量的概念描述为，"在行政人员可能作为或不作为的过程中，他的权力存在可以作出自由的选择，而这种选择却会受到有效的限制。在这种情况下，行政人员就有裁量权"。[331]没有这个"有效的限制"，也就没有裁量权。行政裁量的前提是法律规范的存在，它"恰如面包圈中间的洞，如果没有周围一圈的限制，它本身就不会存在"。[332]如何对行政裁量权进行"有效的限制"，除了在立法层面制定完善的行政法规范、在司法层面对行政裁量进行审查以外，内生于行政系统的裁量基准制度可以作为一种补充性的实体规范。目前在理论上对裁量基准的性质定位主要有"规则化裁量基准观"与"具体化裁量基准观"两种论调，[333]前者认为裁量基准是一种具有法律效力的立法性规则，后者认为只是不具法律拘束力的判断标准。结合我国推行裁量基准制度的实践情况，将其界定为"一种行政系统内部的裁量性自制规则"更为恰当。[334]可见，裁量基准制度是行政机关对裁量权的行使予以自我约束或自我规制的制度创新。对于行政处罚裁量基准的内涵尚没有统一说法，实践中一般界定为，依据当事人违法行为的性质、事实、情节以及危害程度等因素，将法律法规所规定的处罚幅度按照合理、公正原则进行细化和分解，从而约束自由裁量的空间。[335]概言之，行政处罚裁量基准是规范和细化实践中的常见情形，将"依经验判定"转变为"依规范判定"，以形成对个案处理的一般规律。客观上，行政处罚设定的局限性使得立法与个案裁量之间存在距离。对此，裁量基准一方面因其面对执法实践而极富可操作性，另一方面因其来源于行政部门的经验而更为专业，这在相当程度上填补了法律与个案之间的断层，有效降低对于相同或相近案件作出差异性过大的裁量决定的情况，保证了行政处罚的统一性。

从行政处罚裁量基准制度的实践来看，浙江省金华市公安局是这一制度的先行者。❶发轫于基层社会治理的裁量基准运动在控制行政处罚权的滥用方面取得了初步成效，并自下而上地得到了官僚系统的认可。[336]自 2009 年以来，广州市和湖南省相继出台了市级和省级的专门规范行政裁量权的地方规章；[337]国务院于 2010 年发布的《关于加强法治政府建设的意见》中明确提出建立行政裁量权基准制度；尤为强调的是，在国务院 2014 年 6 月颁布的《关于促进市场公平竞争维护市场正常秩序的若干意见》中第十八条再次提到，要"建立行政执法自由裁量基准制度，细化、量化行政裁量

---

❶ 浙江省金华市公安局于 2004 年出台了《关于推行行政处罚自由裁量基准制度的意见》，并陆续发布了对赌博、盗窃等常见违法行为的行政处罚裁量基准规范类文件。

权,公开裁量范围、种类和幅度,严格限定和合理规范裁量权的行使"。此外,据不完全统计,国内已有二十几个省、自治区、直辖市建立了行政处罚裁量基准制度。可以说,行政裁量基准在我国的兴起是行政机关特别是基层行政执法部门的一次"集体性"自我觉醒,其间也映衬着基层执法图景和无奈的生存之道选择。[338]

4.2.2.2 基准制度在我国专利行政执法中的实施情况

时至今日,国家知识产权局并未就专利行政处罚裁量基准制定统一的规范性文件,都是省、市级行政部门结合地方特色对裁量基准作了些有益的探索。本书搜集国内部分省、市知识产权局(科技局)近些年颁布的并且是现行有效的涉及专利行政处罚裁量的政策文本(见表4.1),并对照《行政处罚法》和《专利行政执法办法》等相关规定对其进行分析。

表 4.1 涉及专利行政处罚裁量的政策文本

序号	名称	颁布机关	施行日期
1	浙江省科技行政处罚自由裁量权实施办法(试行)、浙江省科技厅行政处罚自由裁量权执行标准	浙江省科技厅	2010 年 12 月 13 日
2	福建省知识产权局行政处罚自由裁量权实施标准(试行)	福建省知识产权局	2011 年 3 月 18 日
3	贵州省专利行政处罚案件自由裁量规定	贵州省知识产权局	2012 年 1 月 1 日
4	湖南省专利行政处罚自由裁量权基准	湖南省知识产权局	2010 年
5	四川省专利行政处罚自由裁量权实施办法	四川省知识产权局	2009 年 10 月 1 日
6	云南省查处假冒专利实施行政处罚基准制度	云南省知识产权局	2010 年 6 月 1 日
7	江西省科学技术厅行政管理机关行政处罚自由裁量权适用规则、江西省科学技术厅行政管理机关行政处罚自由裁量权参照执行标准	江西省科技厅	2008 年 12 月 25 日

序号	名称	颁布机关	施行日期
8	北京市知识产权局行政处罚裁量权规定（试行）	北京市知识产权局	2011 年 12 月 1 日
9	广州市知识产权局规范行政处罚自由裁量权规定、广州市知识产权局行政处罚自由裁量适用标准	广州市知识产权局	2011 年 4 月 29 日
10	杭州市科技行政处罚自由裁量权实施办法（试行）、杭州市科技行政处罚自由裁量权执行标准	杭州市科技局	2010 年 10 月 11 日
11	长沙市专利行政处罚裁量权基准	长沙市知识产权局	2010 年 9 月 1 日
12	东莞市科学技术（知识产权）局行政处罚自由裁量标准（试行）	东莞市科技局	2011 年 8 月 1 日
13	惠州市科技局（知识产权）局专利行政处罚自由裁量基准制度实施办法、专利行政处罚自由裁量权基准制度	惠州市科技局	2012 年 6 月 19 日
14	厦门市知识产权局行政处罚自由裁量权细化执行标准	厦门市知识产权局	2012 年 5 月
15	南昌市专利行政处罚自由裁量权细化标准（试行）	南昌市科技局	2012 年 4 月 18 日
16	沈阳市知识产权局规范行政处罚自由裁量权试行规定	沈阳市知识产权局	2012 年 4 月 1 日
17	廊坊市科技局专利行政处罚自由裁量权适用规则、廊坊市科技局专利行政处罚自由裁量权基准、廊坊市科技局专利行政处罚自由裁量权基准配套制度	廊坊市科技局	2014 年 7 月 15 日

　　注：选取的上述 17 个省市既包括经济发达地区，也包括经济欠发达地区，兼顾了地区差异。此外，各地知识产权局（科学技术主管部门）颁布的行政处罚裁量的政策文本中有些是以实施办法和细化标准共同组成的，但其名称各不相同，有"实施标准""实施办法""基准（制度）""细化标准""适用标准""执行标准"等。

分析上述政策文本后发现，多数地方知识产权局（科学技术主管部门）对《专利法》第六十三条所规定的"假冒专利行为"的行政处罚分为了两档、三档、四档、五档，尤以五档划分的省市最多。另外，还有依据"是否有违法所得"，以及按照《专利法实施细则》第八十四条规定的五种具体违法行为进行划分等。具体情况如表 4.2 所示。

表 4.2　地方知识产权局行政处罚裁量政策文本的具体情况

划分依据	省市	具体规定
是否有违法所得	江西省	有违法所得，责令改正并予公告，没收违法所得；逾期不改正的，并处违法所得 2 倍以下罚款，情节严重的，并处 2 倍以上 4 倍以下罚款。没有违法所得，责令改正并予公告；逾期不改正的，并处 10 万元以下罚款，情节严重的，并处 10 万元以上 20 万元以下罚款
	四川省	有违法所得或者没有违法所得，均分别按照从轻、一般、从重三档予以处罚
	惠州市	有违法所得或者没有违法所得，均分别按照从轻、一般、较重、从重四档予以处罚
五种假冒专利违法行为	浙江省、杭州市	按照《专利法实施细则》第一、二、三款之内容，分为轻微、一般、严重、特别严重四档予以处罚；按照第四款之内容，分为轻微、一般、严重三档予以处罚
	厦门市	按照《专利法实施细则》第一、二、三、五款之内容，分为轻微、一般、较重、严重、特别严重五档予以处罚；按照第四款之内容，分为轻微、一般、严重、特别严重四档予以处罚
直接划分	贵州省、福建省、东莞市、南昌市	直接将假冒专利违法行为的违法程度分为五档：轻微、较轻、较重、严重、特别严重，并分档予以处罚
	廊坊市	直接将假冒专利违法行为的违法程度分为四档：轻微、一般、严重、特别严重，并分档予以处罚

续表

划分依据	省市	具体规定
直接划分	湖南省、长沙市、北京市、沈阳市	直接将假冒专利违法行为的违法程度分为三档：较轻、较重、严重，并分档予以处罚
	云南省	直接将假冒专利违法行为的违法程度分为两档：从轻或者减轻适用、从重或者加重适用
具体的五种假冒专利违法行为	广州市	按照五种具体的假冒专利违法行为，分别将违法程度分为较轻、较重、严重三档予以处罚

从表4.2可得，地方知识产权局系统现有的裁量基准文件对违法情节的细化和处罚幅度的格化作了较为科学、详尽的规定。但仍处于比较初级的阶段，存在一些不足，主要表现为：一是系统性不强。有关专利行政处罚裁量权的基准分散于省、市级自行规定的规范文件中，没有得到系统整合，且文件的名称各异、标准繁杂。二是细化程度不够。表中的多个文本仅对处罚幅度和处罚情节作出了规定，而对于裁量时综合考量的因素、事实认定、程序选择等方面的规范较少甚至存在空白。三是未明确是否对外公开。作为内部规范性文件，现有的裁量基准大多可以通过公开途径查到，但对于是否要求在《行政处罚决定书》中援引以及是否向行政处罚相对人出示，上述政策文本并未作出规定，这与目前推行的专利行政处罚案件信息公开制度所要求的"公开"原则不相适宜。

通过对基准制度的理论分析及对其实践的考察，本书认为，知识产权局系统在基准制度的建设上未能满足当前政府对依法行政、公正执法的要求，亦难以满足专利行政执法统一性的要求。因此，有必要构建一套科学、合理的专利行政处罚裁量基准制度，以严格限定和合理规范裁量权的行使。

4.2.2.3　专利行政处罚裁量基准制度的构想

专利行政处罚裁量基准，应该是在现有法律法规的前提下，包括《行政处罚法》《专利法》及其实施细则、《专利行政执法办法》等相关条款的设定，对涉及专利行政处罚裁量的条款加以细化，而并非设置新的规范性文件。因此，本书对专利行政处罚裁量基准的定义是指：管理专利工作的部门在依法享有的专利行政处罚权限范围内，对违法行为是否给予行政处罚、给予何种行政处罚和给予何种幅度行政处罚进行裁量的权限。其核心内容是对情节事实的"细化"和对处罚效果的"格化"。对情节事实的"细化"是指，将违法行为所产生影响的各种主观和客观事实，即违法行为的性质、事实、情节、主观过错程度以及对社会造成危害程度等一系列要素进行列举、区分和精确定位，以最大限度地量化违法行为的恶劣程度。对处罚效果的"格化"系指，在现有法律法规设定的处罚限度内，进一步将处罚种类和幅度区分为不同的裁量阶次，这种阶次内的裁量幅度较小且可控，使得每一个违法事实均能对应一个明确的处罚阶次，以形成较为严谨的行政处罚裁量机制。此外，在构建专利行政处罚裁量基准制度时还需注意两个问题，一是裁量的事实、理由和依据要明示处罚相对人并向社会公开；二是整合现有分散的地方性裁量基准文件，制定统一的专利行政处罚裁量基准。

　　明确了以上基本框架，在构建专利行政处罚裁量基准制度时还应把握以下三点。首先，裁量基准的定位。对外来讲，相对于立法和司法控制，专利行政处罚裁量基准的制定和实施更多地体现"自律"精神，即行政裁量基准是管理专利工作的部门的自我约束；对内而言，统一基准的制定者（国家知识产权局）是对基准执行者（地方专利行政执法部门及其执法人员）的"他律"控制。因此，专利行政处罚裁量基准的生成机理就融合在自律与他律之间。其次，裁量基准的作用机制。裁量是将抽象的法律条文与个案联系起来的中心环节。在裁量基准制度之下，执法人员对具体情事的裁量应该由"基准"代替，换言之，"基准"是专利行政处罚的相关规定作用于行政处罚相对人的媒介。最后，裁量基准的强制力。作为一种行政系统内部的裁量性自制规则，裁量基准并不具备对外的立法效力，但其对专利行政执法人员的内部约束效力是不可缺少的。这种严格的强制力要求执法人员必须依照裁量基准的规定进行情事认定和处罚判定，否则追究其过错责任。当然，裁量基准的执行也需设计"例外条款"以应对特殊情事的需要，从而在裁量与羁束之间寻求平衡。

专利行政处罚裁量基准是控制专利行政处罚权的实体规范，即便如此，它们仍然离不开行政程序所提供的一系列法律程序规范的辅助。这便引出下文对专利行政处罚程序制度的讨论，即为专利行政处罚权与行政相对人权利的程序边界构造。

4.2.3 程序边界构造：专利行政处罚程序制度

4.2.3.1 行政处罚的程序制度

学理上，行政处罚的程序制度分为行政处罚的决定程序和行政处罚的执行程序。决定程序是作出行政处罚决定的程序，执行程序是已经作出的行政处罚决定得以实现的程序。鉴于我国行政处罚中的"以申请法院强制执行为原则、以行政机关强制执行为例外"双轨制强制执行体制，对专利行政处罚的执行程序并没有多少可值探讨的余地，且专利行政处罚权与行政相对人权利的边界争议主要体现在决定程序中，故本书不再讨论执行程序。为了保证行政处罚决定的公正性，通过健全规范行政处罚权的法律程序，在行政处罚权行使的始初、过程中控制并不断地修正其偏差，这可能是一种比较有效的法律控制方法。[339]对于这一点，各国现行法律——无论是成文法还是判例法均已表明了不可动摇的态度。行政机关在行使行政处罚权时，不仅要拥有充分的实体法律依据，也要遵循程序法律预设的轨道。根据《行政处罚法》的规定，我国行政处罚的决定程序分为简易程序、一般程序和听证程序三种。简易程序即当场处罚程序，是行政执法人员对一些不需要立案调查且影响不大的、在其被发现后即可认定事实的行政违法行为直接给予处罚的制度规定。依据我国《行政处罚法》第三十三条，对于"违法事实确凿并有法定依据，对公民处以 50 元以下、对法人或其他组织处以 1000 元以下罚款或警告的行政处罚"适用简易程序。简易程序的设立是效率原则在行政处罚中的具体要求和直接反映。与此同时，也设置了具备自身特点的操作规程，主要有表明身份、说明理由、听取意见、制作当场处罚决定书以及备案等，力求使行政机关客观地认定事实、公正地作出决定。一般程序是行政处罚决定程序中的基本程序，其内容最完整、适用最广泛。除法律、法规有特别规定外，任何一个行政处罚决定都必须适用一般程序。相较于简易程序，一般程序更具有严谨性和公正性。一个完整的处罚决定程序一般经过立案、调查和检查、作出处理决定以及送达处罚决定书四个阶段。如果满足《行政处罚法》第四十二条对听证程序的适用要件，则有可能经过听证程序。听证程序的确立和实施，给予利害关系人参与的机会，使其不再处于国家行为"客体"地位，将他的认知、思想以及见解在行政程序参与中彻底表现出来。[340]听证要由当事人主动提出，或行政机关认为有必要举行听证的。当事人只要提出符合条件的请求，行政机关就不得拒绝。听证的范围主要限于责令停产停业、吊销许可证和执照、较大数额的罚款三种处罚行为。但是，最高法院对第四十二条"等"字的理解表明了立法对行政相对人有权要求听证的行政处罚种类的不穷尽列举，如较大数额的没收违法所得、没收非法财物也应当赋予当事人要求听证的权利，这是对实践中不断拓展听证范围的肯定。[341]正式听证程序又可进一步分为事先程序、事中程序和事后程序：事先程序涉及听证形式和内容的告知、主持人的选定以及听证委托等；事中程序包括听证调查、回避申请、申辩质证等；事后程序主要是制作听证笔录。

　　三种行政处罚决定的程序也体现在现有设定专利行政处罚的相关法律法规中，下文将分别从这三个方面系统地构建专利行政处罚决定的程序制度。

4.2.3.2　专利行政处罚决定程序的构建

　　法律程序应当体现一定的法律价值，并以此来指导法律程序的运作。[342]行政处罚决定程序是规范行政处罚权合法运作的法律程序，行政处罚权的法律价值表现为它对受损害的行政法律关系的及时矫正和修补。行政机关基于维护社会稳定的需要，运用行政处罚决定程序对有违反行政法律规范行为的公民、法人及其他组织给予行政处罚，其目的在于维护正常社会关系所构成的秩序。从行政处罚权的本质需要看，它还要求行政处罚决定程序能够体现效率、公平等法律价值。但无论效率还是公平，在与秩序相冲突时，在行政处罚决定程序中都应该让位于秩序。"秩序"是行政处罚决定程序首选的法律价值，这种权衡与选择已为越来越多的学者所认识。[343]所以，在构建专利行政处罚决定程序的过程中，秩序价值优先于其他法律价值的选择。如前所述，专利行政处罚决定程序的相关内容主要见诸于《专利行政执法办法》中，既没有像《著作权行政处罚实施办法》这样统一的规范化制度，也因其侧重于执法效率的便宜而未能满足行政程序的秩序诉求。依据《行政处罚法》中行政处罚决定程序的制度框架，本书认为专利行政处罚决定程序的制度完善可以从以下四个方面展开：简易程序、管辖制度、证据种类和证据规则以及听证制度。

具体来讲，第一，专利行政处罚决定程序有必要引入简易程序。专利行政执法的优势在于其简便、高效的快速维权机制，以降低专利权人维权的时间和经济成本，更好地维护市场竞争秩序及社会公共利益。效率是专利行政执法制度最为鲜明的特色，而简易程序的设立符合效率原则的具体要求，这与行政执法的制度机理相契合。从简易程序的适用范围看，专利行政处罚程序仍然对其有一定的制度需求。我国行政处罚简易程序仅针对违法事实确凿并有法定依据的案件适用两类行政处罚，一是对公民处以 50 元以下、对法人或其他组织处以 1000 元以下的罚款，二是警告，这对案情简单、社会危害性较小、易于处理的专利侵权或违法案件比较适合。以国家版权局于 2009 年颁布的《著作权行政处罚实施办法》为参照，可以将简易程序作为一般程序的补充情况适用于专利行政处罚程序，从而确保专利行政执法的高效率性。❶ 需要强调的是，依据简易程序当场作出处罚决定，执法人员都必须当场将行政处罚决定书交付相对人，否则，只能按照一般程序作出专利行政处罚决定。

第二，专利行政处罚决定程序的管辖制度需要完善。行政处罚管辖规定的恰当与否，不仅关系到行政处罚主体能否尽职尽责地行使权力、维护公共利益和社会秩序，而且还关系到行政处罚相对人的合法权益能否得到切实保障。在确定行政处罚管辖时应当遵循灵活运转，既要明确规定地域管辖、职能管辖、级别管辖，又要给予执法机关或组织在管辖上的机动权，做到原则性与灵活性相结合。[344]《专利行政执法办法》中对于专利行政处罚的地域管辖适用违法行为发生地规则，但是涉及级别管辖和指定管辖的管辖规则存在缺陷。国家知识产权局对专利行政处罚案件没有直接查处权，即便是针对有重大影响的专利违法案件或者是行为发生地涉及两个以上省（市）的重大案件，国家知识产权局仅可进行协调处理或者查处，这极不利于全国性、跨地区专利行政执法的有效实施。借鉴版权行政执法、商标行政执法制度中打击违法行为、维护合法权益的有益经验，有必要增加国务院专利行政管理部门对重大专利违法行为的管辖权限。另外，为了便于专利违法行为的查处，可以对指定管辖作进一步细化：当两个以上管理专利工作的部门因管辖权发生争议或管辖不明时，由先立案的部门负责查处违法行为或者由争议双方协商解决；协商不成的，再报请共同的上一级管理专利工作的部门或国家知识产权局指定管辖；上级管理专利工作的部门在必要时，可以处理下级管理专利工作的部门管辖的有重大影响的案件，也可以将自己管辖的案件交由下级管理专利工作的部门处理；下级管理专利工作的部门认为其管辖的案件案情复杂、重大，可以报请上级管理专利工作的部门处理。

---

❶　参见：《著作权行政处罚实施办法》第十条，"除行政处罚法规定适用简易程序的情况外，著作权行政处罚适用行政处罚法规定的一般程序。"

第三，专利行政处罚决定程序的证据种类和证据规则有必要细化和补充。一般而言，行政执法人员办案时收集的证据包括：书证，物证，证人证言，视听资料，当事人陈述，检查、勘验笔录，鉴定结论等。面对专利侵权判定的复杂性和专业性，法定鉴定部门或技术专家关于涉案专利的鉴定意见对专利行政执法人员有较高的参考价值，应该补充并强调这一证据种类的适用。在证据规则方面，还需要完善向有关部门移送证据的相关规定，比如将涉嫌犯罪的案件连同证据移送至公安机关，从而促进管理专利工作的部门与司法机关以及其他行政执法部门的执法衔接。

第四，听证程序的完善。《专利行政执法办法》第三十条第二款赋予当事人对于管理专利工作的部门作出较大数额罚款决定前举行听证的权利，但是，"较大数额罚款"如何确定以及当事人对于它种行政处罚有无要求听证的权利仍有待明确。执法实践中，较大数额的罚款一般是以超过法定最高罚款额的 50% 为确定标准[345]。据此，管理专利工作的部门对专利违法行为的法定最高罚款额是 20 万元，那么处以 10 万元以上的罚款就属于较大数额的罚款。除了较大数额的罚款，管理专利工作的部门作出"责令停止侵权""没收违法所得"等行政处罚决定之前，当事人也有要求听证的权利。《行政处罚法》规定的"责令停产停业"是一种行政机关通过强制手段暂时剥夺行政相对人生产、经营权利的行政处罚，管理专利工作的部门对企业类主体作出的"责令停止侵权"处罚决定的效果不低于"责令停产停业"的处罚效果，故当事人有权对此提出听证要求。另外，最高法院对第四十二条"等"字的理解已将"没收违法所得"纳入可听证范围，当事人亦有权对管理专利工作的部门对其作出没收违法所得处罚决定前要求听证。

以上有关专利行政处罚决定程序的简易程序制度、管辖制度、证据种类和证据规则以及听证制度的研究成果可以在《专利行政执法办法》及相关法律法规修订时予以完善，或者在制定统一的专利行政处罚规范类文件时作以参照。

4.3　专利行政处罚权与行政相关人权利的边界

专利行政处罚行为不仅影响行政处罚相对人之利益，还可能关涉到其他个人或组织的合法权益。本书用行政相关人概念指称除行政相对人以外的权利义务主体，包括但不限于专利权人、专利实施的被许可人、间接侵权人等利害关系人。受到参与式行政的现代法治理念影响，行政处罚的相关人主体对于处罚程序的启动、运行乃至结果都发挥着日渐重要的作用。与此呼应的是，公共政策视域下的专利行政处罚过程中形成的法律关系主体表征出"公私互动"的制度潜能。行政权与私权本来是天然的对抗关系，但行政相关人的利益与行政主体维护的社会公共利益往往是不相冲突的，甚至具有较高的共通性。因此，如何激励行政相关人参与专利行政处罚程序、继而协助行政主体实施处罚行为，成为本书所要探究的内容。

4.3.1　现有边界及其评价

4.3.1.1　现有边界构成

由于行政相关人相对特殊的法律地位，行政主体对相关人权利的影响是间接产生作用的。这种不太显明的利害关系状态，使得行政处罚权与相关人权利之间的边界并不如行政处罚权与行政相对人权利的边界容易界定。即便如此，延续边界论证的思路，仍然可以结合现有法律法规对专利行政处罚权与行政相关人权利的关系予以分析。上文在参与主体论部分已对行政相关人的权利作过梳理，涉及权利义务条款的主要依据是《专利法实施细则》和《专利行政执法办法》。相关人举报专利违法行为，管理专利工作的部门接受举报发现涉嫌假冒专利行为的应及时立案，在此情况下，相关人的举报行为促使了专利行政处罚程序的启动；在专利行政处罚程序的调查阶段，相关人的陈述构成了执法人员查明案情以及定案的重要证据，同时，相关人基于自身利益考虑也会尽可能地向执法人员提供其他证据资料。可见，除了享有法律赋予行政程序参与人的基本权利，行政相关人的发起权与行政法律关系的联系较为密切，这也成为专利行政执法主体与相关人主体之间关系互动的主要联结点。

以上是从正向性方面阐述专利行政处罚权与行政相关人权利之间法律关系的表现形式，当然，两者的利益诉求也存在反向性情况。比如，相关人在行政处罚程序中免予不利的陈述、申辩；相关人对专利行政执法主体消极执法或执法不当的检举、监督等。归结起来，行政相关人参与专利行政处罚决定程序的权利都是程序性权利，权利行使的结果之一还表现为当事人协助制度在行政处罚中的确立。依据现行法律法规，相关人对管理专利工作的部门作出的行政处罚没有必须予以协助的义务。个人因为享受公共利益产生了协助行政机关实现行政处罚目的的义务，相关人不履行行政处罚的协助义务不能成为限制或者剥夺参与权的法定理由；相关人的协助不能产生不利于己的后果，否则可以拒绝履行协助义务；相关人追逐自利可能导致其放弃成本日益提高的参与权，但这种心态并不具有法律上的可责性。这种受益的现实性逻辑是对当事人参与权与协助义务之间紧张关系的缓解。[346]

由此，专利行政处罚的相关人凭借程序性权利参与专利行政处罚程序，这种参与权并不当然负担协助的义务，"权力"与"权利"之间存在紧张关系，但源于利益诉求的趋同性而更多地表现为正向的联接关系。

4.3.1.2　现有边界之评价

如前所述，现有法律法规为专利权人等行政执法相关人提供了参与执法的途径，行政相关人对于专利违法、侵权行为的举报往往是启动专利行政执法程序的直接原因。甚至在后续可能的专利行政诉讼中，行政相关人作为行政诉讼的利害关系人参与诉讼中，通过自己的陈述、申辩有利于法院查明案情，进而裁定已作出的行政处理决定的效力。效率是行政权区别于立法权、司法权的典型特征。要实现效率，单靠设计合理、便捷的行政执法制度是不够的。现代行政法律制度重构了行政主体与当事人的关系，两者都以一种较为积极的态度发挥各自的优势，行政权与私权是一种平衡互动、相互作用的依存关系。由于专利侵权的隐蔽性强、重复侵权现象严重、侵权违法的调查取证较为困难等基于专利权属性所造成的困境，管理专利工作的部门需要专利权人等利害关系人的参与与配合。为了提高专利行政执法的效率，如何调动行政相关人的积极主动性是法律法规进一步修订完善所需重视的，即专利行政处罚权与行政相关人权利的边界构造之空间所在。

在专利行政处罚程序中，虽然行政处罚对相关人可能产生不利的法律后果，但相关人参与行政处罚程序并没有改变获得更多利益的动机；没有利益的需要，相关人也就失去了参与行政处罚程序的内在动力。但是，专利行政处罚权的公益性所产生的利益可以"恩泽"于社会上的所有个人，即使作为行政处罚程序中的行政相对人也不例外。❶ 这可能会引发相关人的"搭便车"心态，从而把更多的时间放在个人私利的追逐上，或者坐享他人通过参与行政处罚程序获得的公共利益。质言之，专利行政处罚主体以外的相关人是否参与行政程序，成本—收益的权衡才是参与主体作出决策选择的根本动因。如果"私"主体的参与有助于自身利益的最大化或利益损失的最小化，那么，专利行政处罚程序就是存在激励效用的。现有的制度设计并没有对相关人参与行政处罚程序产生有效的激励，出于被动的应付处罚程序，难以实现参与式行政下行政主体与私主体之间的交互与衡平。专利行政处罚的相关人参与过程的如上困境，归根结底是一个问题，即私人参与行政程序的主体地位不明确以及

---

❶ 如因生产、销售假冒专利产品的当事人被行政处罚之后所产生的法律威慑力，对其他欲生产、销售假冒专利产品的人所产生的拘束力，使该当事人在作为消费者或竞争者时也受到了法律的保护。

相应的保障制度不健全。无论是从人的主体哲学论证，还是对自然正义法治理想的追求，都可以清晰地得出私人在影响其利益的行政法律关系中当然具有的主体地位。这种主体地位的应然性，可以解释私人参与行政的自发性。然而，私人参与可能会给行政主体带来压力，也必然在一定程度上影响行政执法的效率和既有的行政秩序。制度变革的成本很高，然而，专利行政执法的现实困境确实需要激励行政处罚相关主体的参与与协助。

4.3.2 专利行政处罚对相关人的激励功能论

4.3.2.1 法律制度激励功能的理论解说

法治的最高境界在于，通过具备"强制力"的法律规范，以实现"非强制性"的法律激励，从而调整社会个体的行为，或者说，通过制定"强制地"让人们不做什么的具体规范，引起"非强制地"普遍激励人们做什么，达到个人利益与社会公共利益的一致。[347]换言之，法律的首要目的就是通过供给一种激励机制，"引导当事人采取符合社会观念的最优行动"。[348]法律对个体行为的激励，就是使个体受到鼓励继而作出法律所期望或要求的行为，最终目的是实现法律预先设定的社会关系的模式系统之要求，造成理想的法律秩序。[349]所以，在应然层面上，法律制度即为一套具有激励功能的机制。具体言之，"法律激励"（legal motivation）指法律制度对主体行为的激发和鼓励，包括正向的奖励型激励和反向的惩罚型激励，也包括经济学意义上的"激励"（incentive）。现有文献中对于法律制度激励功能的研究思路大致有两种，[350]一种是以付子堂教授为代表的基于管理心理学理论所形成的"行为规范说"，另一种是以张维迎教授为代表的基于信息经济学理论所形成的"责任规则说"。"行为规范说"以行为科学为立论起点，试图以动态多元的激励观来弥补不同的行为个体差异，强调激励功能的实现不一定要墨守既定的法律模式。❶ 该学说从宏观上比较全面地描绘了法律制度激励功能的复杂多样性，但法律制度不会像管理方法那样灵活处理各种"优势需求"并转化成某种策略，当该学说从理论解释演变为制度设计时就会遇到操作性难题而影响激励效果。

与"行为规范说"注重法律激励的"个性化"不同，"责任规则说"的立论基础是经济学中的效率标准以及经济生活中的信息不对称理论，更加强调用一种连续、稳定的理论模型解释法律制度的激励功能。该学说以"经济人"假设为原点展开"理性"分析，借助于成本、收益、效益、边际效益、帕累托最优等经济学分析工具，通过配置责任和实施惩罚规则，诱导个人作出符合法律制度预设的最优行为。❷ 但该学说又陷入了"机械论"的泥潭，难以应对人性的复杂性责难以及时刻存在的信息不完整情况。由此可见，无论是管理心理学激励理论运用于法学领域的"行为规范说"，抑或是信息经济学理论拓展至法学领域的"责任规则说"，均不能全面地解决法律制度的激励功能难题。对此，就需要树立一种跨学科的综合研究思路以贯通既有的理论资源，而这种研究框架可以以上述两种学科理论的抽象总结作为基础。即以"行为规范说"为指导构建理论框架，以"责任规则说"为主要内容并作为理论检验的重要方法，同时，将两大学科理论中的核心概念转化为法学概念，或者将概念背后的内容嫁接到法学理论中。

沿着这一制度设计的方向性指引，激励功能的发挥依赖于法律制度对"优势需求"的灵活处理以及基于"经济人"假设的规则

---

❶ "行为规范说"充分借鉴的理论资源主要有：马斯洛的需求层次理论，麦克雷格的 X 理论和 Y 理论，亚当斯的公平激励理论，弗洛姆的期望激励理论，斯金纳的强化激励理论等。参见：付子堂. 法律功能论 [M]. 北京：中国政法大学出版社，1999.

❷ "责任规则说"所体现的经济学思路已被广泛运用于具体法律制度的研究中。例如：熊晖. 农地管制中的财产权保障：从外部收益分享看农地激励性管制 [J]. 现代法学，2008（3）：70－80；冯晓青. 著作权法之激励理论研究：以经济学、社会福利理论与后现代主义为视角 [J]. 法律科学，2006（6）：41－50；谢晓尧. 惩罚性赔偿：一个激励的观点 [J]. 学术研究，2006（6）：83－89.

预设。将视角拉回到本书的研究主题，不难发现，专利行政处罚也存在法律制度预设的激励功能。对于行政处罚的相关人，激励机制的形态呈现为法律制度所规范的客体之间的互动激励。即通过规定激励客体之间的行为空间，从而改变客体行动的预期及客体之间的行为博弈结果。[351]这种互动关系仍然具有内部和外部之分，前者是指作为激励客体的行为主体与其法律关系上相对行为主体之间的互动，即相关人与专利行政执法主体之间的互动；后者是指激励客体之间的互动，即与同一专利行政处罚行为有利害关系的不同相关人之间的互动。这种互动激励一方面实现了专利行政保护制度的激励目标效果，另一方面也是专利行政保护制度激励功能发挥的空间。

论证至此，对于法律制度激励功能的认识不能仅停留在"应该是什么"的层面，"实际上是什么"才能告诉我们真相[352]，从而为制度设计提供更好的指引。前文已述，在"活私开公"的公共政策视域中以及参与式行政的现代法制理念下，专利行政处罚的相关人主体需要法律对其参与行政程序的行为进行激励，问题依然是激励功能该如何实现。本书认为，从实然的角度，激励功能的内在规律隐藏于具体的法律文本和激励模式中。因此，对这两方面的进一步考察能够为专利行政处罚激励机制的完善提供更为充分的依据。

4.3.2.2　激励功能的法律文本考察

从激励的法律文本看，我国的法律激励方式主要有制定专门的规范性法律文件、设立专门章节、规定专门条款进行激励这三种情形。[353]在现有专利行政处罚的立法体制下，对相关人激励的法律文本表现为制定专门章节和专门条款两种激励方式。首先，与整个规范性法律文件的名称中含有激励性的术语不同，具备激励功能的专门章节是在规范性法律文件中设置含有"保护"等名称字样进行激励。具体来讲，《专利法》第七章"专利权的保护"涉及专利行政处罚的激励性条款；《专利法实施细则》第七章"专利权的保护"也涉及一些激励性条款。其次，制定专门条款进行激励的情形比较普遍，法条的用词由"义务性"转化为"权利性"也是激励文本的惯常形式。一般来讲，授予权利是正向激励，相反地，增加义务则是负向激励。在制定法律激励条款时，主要是以权利性规范为主，部分激励条款中出现了从义务性规范转变为权利性规范的现象。例如，很多规范性法律文本都规定有举报的权利，举报权利的赋予改变了之前举报义务的规定。这种举报权利在《专利行政执法办法》第二十六条也有所规定，"管理专利工作的部门发现或者接受举报发现涉嫌假冒专利行为的，应当及时立案。"可见，与涉嫌假冒专利侵权行为有利害关系的相关人有举报权，这是法律制度对相关人的正向激励。此外，以赋予权利为激励方式的专门条款还有很多，包括但不限于，《行政处罚法》第六条规定，"公民、法人或其他组织因行政机关违法给予行政处罚受到损害的，有权依法提出赔偿请求"；《专利法》第六十条赋予"专利权人或者利害关系人"请求管理专利工作的部门处理专利侵权纠纷，认定侵权行为成立的，可以责令侵权人立即停止侵权行为；《专利法实施细则》第八十四条第五款赋予假冒专利产品的销售者在能够证明产品合法来源的情况下免于罚款的处罚。

上述法律激励文本中的两种类型在激励的力度、效果等方面存在较大差异。总体上，现有法律法规对专利行政处罚的相关人激励的力度还比较小，存在激励内容少、空洞化的现象。从法律激励文本出发，表现出激励模式的不同，下文拟从专利行政处罚对相关人激励的既有模式及可能模式做进一步探讨。

4.3.2.3 激励模式的类型化

在研究激励模式之前，有必要先介绍存在于法律关系形成、变更、消灭过程中的激励场域问题，即法律激励的影响因素和作用方式如何。为了清晰地说明这一基本原理，本书借鉴德国心理学家勒温（K. Lewin）的"场动力论"学说。❶ 激励的"场动力论"认为，个体行为的方向和向量会受到内部动力和外部动力的双重影响，这两种"力场"的函数值用公式表示为 B = f（P，E）。其中，B 为行为的方向和向量，P 为个人的内部动力，E 为环境因素，f 指 P 和 E 的函数关系。与法律激励相结合，将法律概念转化为"场动力论"模型的表达术语，P 指代自然人、法人、国家机关等法律行为的主体因素，E 指代作为激励"力场"的法律关系。与此相应，B 即为法律行为主体行为的方向和向量，法律制度对主体行为的激励程度取决于行为主体内部的动力和其所处的法律关系。在这一公式中，激励的设计都是围绕主体 P 所展开的，激励模式一方面反映在 E 有关权利义务的规范内容中，另一方面表现在函数 f 所提供的激励方法上。从而，激励模式具有内容和方法两层含义，并通过权利模式、义务模式、责任模式、奖励模式、惩罚模式、助力模式、阻力模式等表示出来。[354] 将这些模式予以类型化，主要分为三种类型，即权利、义务、责任分配方面的激励；成本—收益配置方面的激励；综合性质的激励。前者包括赋予权利型激励、减免义务型激励以及减免责任型激励，是法律制度对权利义务关系的事前规定；中者基于经济学上的"成本—收益"理论，表现为增加收益型激励和减少成本型激励，是有关法律后果的规定；后者并不直接设定主体的权利或义务、奖励或惩罚，而是为行为主体的行为发生创造有利条件或设置阻碍条件，是与上述两类模式相互配合发挥激励功能的。根据不同的激励目标、激励对象和激励环境，这三种激励模式是相互联系、相互辅助而发挥效用的。

反观专利行政处罚的法律文本，对行政处罚相关人的激励模式可归为权利、义务、责任分配方面的激励。这种激励模式在很大程

---

❶ 勒温的场动力学说参见：俞文钊. 现代激励理论与应用 [M]. 大连：东北财经大学出版社，2006：21；苏东水. 管理心理学 [M]. 4 版. 上海：复旦大学出版社，2002：26 - 27.

度上受制于专利行政执法制度所属的部门法领域。一方面，行政法主要调整行政权的行使，并不包括社会经济的宏观调控权，故激励的模式较少；另一方面，民法在权利义务责任激励方面是通过确认权利而实现的，并不像经济法那样涉及全面的激励模式，[355]这是私法属性的必然要求。专利行政处罚规定在专利法这一民事类法律制度中，又因其行政保护的特殊性而兼具浓厚的行政法色彩，这是激励机制无法逾越的"场域"限制。鉴于激励立法耗费的社会成本高、立法周期长，专利行政处罚对相关人的激励并不适于选择权利、义务、责任模式或奖励、惩罚模式，而通过设置相应的辅助机制或约束机制不失为一种更具操作性的制度设计。

4.3.3　边界构想：行政主体与相关人的互动激励

4.3.3.1　互动激励的模式选择

在现有专利行政处罚的法律文本框架下，结合法律制度激励功能的理论解说，专利行政执法主体与相关人之间的行为博弈表现为法律制度规范客体之间的互动激励。这种互动关系存在发挥激励功能的较大空间，同时，互动激励形态也是对"活私开公"公共政策观的最佳诠释。在此基础上，专利行政处罚权与行政相关人权利的边界构想就有了基本方向，即尽可能地促进相关人与专利行政执法主体之间的互动与协作。作为达成这一目标的着力点，互动激励的模式选择已在上文论述中予以明确。

具体来讲，助力模式是指法律制度为激励主体的行为发生（作为或不作为）设置相应的辅助机制，从而为主体的行为实施创造条件，以期帮助其完成法律制度所预期的行为；阻力模式是指法律制度为激励主体的行为避免（作为或不作为）而设置特定的约束机制，从而抑制主体的行为条件，以阻止其完成法律制度不期望发生的行为。由此可见，本书所选择的综合性质的激励模式并不是独立运行的，而是附着于其他激励机制上发挥辅助作用的，但这种辅助作用的效果不容忽视。典型的助力模式会增加法律制度所期望发生的行为结果的可能性，典型的阻力模式则会减少法律制度所期望避免的行为结果的可能性。况且，与赋权型激励等其他激励模式的立法成本过高相比，设置辅助机制的激励模式的成本相对较低。另外，从现实性考虑，通过辅助机制将制度完善的重心转移到其他方面也是一种无奈之举。毫不讳言，在目前有关专利行政执法的理论研究和执法实践中，对主体问题的思考始终局限在行政主体与行政相对人二者之间，尚未将视角投向行政相关人这一"边缘化"的主体类型。质言之，将专利行政执法主体与行政相关人互动激励的立法规范客体定位为行政主体和行政相对人，通过制度设计的附带效应实现对行政相关人参与行政处罚程序的激励。

4.3.3.2 互动激励的制度设计

本书对专利行政处罚权与行政相关人权利的边界问题的研究已逐步超越规则限制，而更趋向于一种理论想象，这便是构想一词的用意所在。构想要变为思想，显然还要有学术努力的空间。赵汀阳教授曾这样描述思想的成就要件："我们的思想必须恪守一个原则：如果要承认某种存在，就必须指定一些能够满足的条件。否则，就是假思想，就是胡说。"[356] 据此，对学术努力空间的填充就在于指定或制定条件。具体而言，如何从制度设计上激励专利行政执法主体与行政相关人之间的互动与协作，就需要从关系最为密切的成就条件上入手。

再次借用学者勒温"场动力论"学说的函数表达公式 $B = f(P，E)$，将专利行政处罚的相关法律概念重新转化为该模型的表达术语，试图通过具体条件的分析演化出制度设计的基本思路。B 仍然代表行为主体行为的方向和向量，表征行政相关人参与专利行政处罚程序的积极程度以及因其参与而对专利行政执法效益的增进程度；f 代表相关人的利益诉求与执法主体的利益关系，正向的利益关系与负向的利益关系分别是针对不同类别的行政相关人设置的，这符合法律制度激励功能的"行为规范说"之要求；P 代表专利行政执法主体和行政相关人及其相应的行为；E 代表专利行政执法的环境，在一定时期内该变量保持恒定。由此可见，专利行政执法主体与行政相关人之间互动激励的效果主要受两个因素的影响，即 f 代表的利益关系和 P 指代的主体行为。依 f 值的正负方向分为两种推论的思路，f 值的正负关系受"责任规则说"确立的"成本—收益"原则之检验，共同点是为了追求激励程度 B 值的最大化。

　　法律制度要实现其激励目标需要通过具体的激励模式并以明确的法律文本为载体来实现。以上激励模式的选定、设计和模拟化的制度检验，只有反映在文本中才能最终实现其激励功能。在进一步修订《专利法》及涉及专利行政处罚制度的相关法律法规时，为了激励行政相关人参与处罚程序的积极性并形成与行政执法主体的有效互动，制度完善可以遵循两种路径。一方面，当行政相关人与行政主体的利益诉求为正向关系，扩张行政权、加大行政处罚力度即可充分地激励行政相关人参与处罚程序。以专利权人为例，如果专利行政处罚制度可以有效遏制专利侵权、违法行为，权利人出于维护自身利益考虑就会积极向管理专利工作的部门举报侵权行为、提供证据资料、协助执法人员查明案情等。从这个方面讲，《专利法》第四次修订草案中对行政处罚权的扩张有利于激励行政相关人参与专利行政处罚程序。另一方面，当行政相关人与行政主体的利益诉求为负向关系，明确相关人免于不利陈述的有限协助义务是保证其参与权的基本底线。在行政处罚程序中，相关人基于公共责任应当协助行政机关履行法定责任，但是，因协助行为可能招致不利后果时，协助义务的范围应当收缩，恪守"当事人应当免于不利陈述"[357]的底线。为此，以下几条规则应当在专利行政处罚程序中予以确立：相关人拒绝不利陈述不得成为招致不利后果的理由；相关人陈述时可以依自己意愿聘请律师并要求在场；❶ 相关人放弃免于不利陈述时必须出于真实的意思表示。

　　综上所述，本章在"活私开公"的公共哲学统摄下，以行政参

---

❶ 参见:《律师法》第二十八条之内容。

与理论为切入点重新解构专利行政处罚权与私权利的边界体系，继而分别从行政相对人和行政相关人两个方面阐述其与行政处罚权的边界问题。对于行政相对人，专利行政处罚裁量基准制度有利于保障其实体权利免于不当裁量之侵害，而简易程序、一般程序和听证程序的完善则是从程序方面进一步规范行政处罚权之行使。对于行政相关人，考虑到其利益诉求往往与行政执法主体所维护的公共利益具有共通性，借鉴法律制度激励功能的相关理论，在法律文本和激励模式设计的基础之上提出行政主体与行政相关人互动激励的边界构想，以尽可能地鼓励行政相关人主体参与到行政程序中、协助行政主体提高专利行政处罚的效益水平。归纳起来，即为论证专利行政处罚权与私权利的边界。

第 5 章　当前挑战：信息公开视角下的
专利行政处罚权的边界

2013 年 11 月 20 日，李克强总理主持召开国务院常务会议，通过了《关于依法公开制售假冒伪劣商品和侵犯知识产权行政处罚案件信息的意见》。会议要求，除涉及商业秘密和个人隐私外，适用一般程序查办的假冒侵权行政处罚案件信息应当主动公开。包括违法违规的主要事实、处罚种类、依据和结果等，做到公开透明，并及时回应社会关切。2014 年 2 月 4 日，国务院批转全国打击侵犯知识产权和制售假冒伪劣商品工作领导小组《关于依法公开制售假冒伪劣商品和侵犯知识产权行政处罚案件信息的意见（试行)》的通知。随后于 4 月 29 日，国家知识产权局部署专利行政执法案件信息公开工作，印发《关于公开有关专利行政执法案件信息具体事项的通知》。《专利法》第四次修订与行政处罚案件信息公开制度的推行存在非常密切的关系，在很大程度上，是信息公开迫使我们重新思考《专利法》第四次修改中有关行政处罚条款该如何进一步修订，继而有了本书专利行政处罚权边界问题的源起。行政处罚信息公开只是开始，更为重要的是涉及处罚相对人的"信用利益"及背后正在全面构建的社会信用体系。既然对专利行政执法制度的正当性已无讨论之必要，我们可以保持价值中立甚至是基于专利行政执法部门的角度审视行政处罚案件信息公开制度，这样做无外乎寻求制度之间的有效衔接，其媒介是专利行政执法的公信力，目的则是实现社会公共利益。所以，本章在边界问题研究的基础上，深入探讨信息公开视角下的专利行政处罚权，在回应当前信息公开所带来挑战的同时，也为《专利法》的进一步修改及专利行政保护制度的完善提供参照。

5.1 专利行政处罚案件信息公开机制

"信息开放型"的公共治理思维，已经在政府的日常管理和突发事件应对领域得到越来越多的认同和实践。通过信息的开放和分享所构建起来的政府与民众之间的互信和合作，无疑是进行公共事务管理的最根本的可持续力量。这种"信息开放型"的治理思维，可以使政府在展示自信的同时，也获得民众和社会的信任；在政府开放式的、与社会分享公共信息的同时，也促进更有效的信息输入和公众参与。[358] 行政处罚案件信息是政府信息公开的重要内容之一，由于处罚行为的惩罚性和拘束力强、对被处罚人的切身利益影响较大，更显现出信息公开对处罚公正和执法权威的促进作用。我国自 2008 年起实施《政府信息公开条例》以来，在政府信息公开领域已进行了丰富的理论研究和实践经验的积累，这为专利行政处罚案件信息公开机制的研究奠定了制度基础。从实证研究的角度，专利行政处罚案件信息公开机制试行不久，仍存在诸多缺陷需要逐步完善，以建成"权责统一、高效权威的行政执法体制"。[359]

5.1.1 行政处罚信息公开制度

政府信息公开的理念由来已久，英国思想家洛克于 1685 年就在《政府论》中指出，"公开信息是政府职责范围内之义务，是法治社会对公权力行使的法定要求。"在一个民主、法治的国家中，政府信息公开是一种较为有效的权力防腐剂，而对于公民来说，由宪法、法律所确认的权利能否得以实现，也在很大程度上依赖于政府信息公开及其公开的程度。[360] 从公权力与私权利的平衡视角来讲，政府信息公开是宪法关系中国家权利与公民权利关系的连接点，公民权的实现推动着政府信息公开，政府信息公开亦是公民权实现的基本条件。所以，政府信息公开具有限制权力行使、保障权利实现的双重功能。

综观世界上已经制定政府信息公开法的国家，对政府信息公开的范围基本都遵循了"公开为原则、不公开为例外"的原则。[361] 在这一原则指导下，一般国家立法首先是以列举的方式确定政府信息不公开的范围，其次是在决定某一政府信息是否可以公开时，将行政机关的行政裁量权尽可能收缩到最小程度，以防止行政机关通过行政裁量权减损公民的知情权。❶ 国外在政府信息公开的理论、制度和实践等方面作出了卓有成效的研究，相比之下，我国的政府信息公开制度起步较晚。[362] 根据学者基于 2008～2010 年度 245 份政府信息公开工作报告的实证调研发现：主动公开已经成为信息公开制度的首要机制；公开申请主要出于申请人自身的生产、生活需要，也着眼于一些监督政府、维护公共利益的申请；绝大部分公开申请都得到了行政机关的同意；法定不予公开情形没有成为依申请公开机制运行的障碍等均反映出信息公开制度在《政府信息公开条例》颁布后的三年内运行状态良好。[363] 这反映出我国对其履行政府信息公开之责以及应对公民参与公共治理诉求的能力日渐提高，政府信息公开制度可以成为公众有效监督政府、参与行政活动的制度资源。

毋庸讳言，我国政府信息公开制度存在诸多缺陷与不足[364]，但至少在行政法规层面确立了统一的制度规范，为行政处罚信息公开这种具体行政领域的公开机制奠定了制度基础。从法律位阶的角度看，《政府信息公开条例》属于行政法规，在此之上，仍有必要从《行政处罚法》方面进一步探寻行政处罚信息公开的依据。由于行政处罚行为对被处罚人的切身利益影响较大，在惩罚力度和拘束力上仅次于刑罚，《行政处罚法》第四条即规定有"行政处罚公开原则"，这是内生于行政处罚法对处罚案件信息公开的法律要求。

---

❶ 《政府信息公开条例》第十四条规定："行政机关不得公开涉及国家秘密、商业秘密或个人隐私的政府信息。但是，经权利人同意或者行政机关认为不公开可能会对公共利益造成重大影响的，可以予以公开。"

对违法行为给予行政处罚的规定必须公布；未经公布的，不得作为行政处罚的依据。如果行政处罚不公开，那么行政处罚就毫无公正性可言。行政处罚公开原则的基本要求包括以下三个方面的内容，即行政处罚的依据公开、行政处罚的过程公开以及行政处罚的结果公开。

首先，行政处罚的依据是行政机关据以认定行政相对人行为违法以及应当给予何种行政处罚的直接法律规定，都需要事前向社会予以公布。否则，这种隐藏的规范就不能作为行政处罚的依据。从功能主义角度看，行政法规和行政规章之外的行政规则对行政执法活动更具有实际指导作用。因此，作为行政处罚依据公开的对象就不仅包括法律、法规、规章，而且还应当包括大量行政规则。正如美国行政法学者戴维斯所言，"一旦行政官员形成遵循先例的制度，先例就必须公开接受检阅。一旦裁量让位于规则，利害关系人就应当可以获知这些规则。"[365] 在我国，《湖南省行政程序规定》第九十一条和《广州市规范行政执法自由裁量权规定》第八条都作出了"裁量权基准应当向社会公开"的规定。总体上讲，行政处罚依据公开包含了两项具体要求，一是行政处罚的依据必须事先向社会公开，以便公众能够及时了解并自觉遵守；二是行政处罚的依据必须向被处罚人公开，以便其了解遭受行政处罚的理由和依据。此外，根据《行政处罚法》第四十一条之规定，行政机关及执法人员在作出处罚决定之前如果不依法告知被处罚人给予处罚的理由和依据，则行政处罚不能成立。这一规定使得处罚依据公开有了坚实的制度保障。

其次，行政处罚活动是由一系列具体环节构成的，被处罚人必须参与到行政处罚活动的过程之中，而参与的前提是行政处罚的整个过程必须向被处罚人公开。行政处罚的过程公开是通过三个方面的具体要求得以体现的：一是表明身份，即行政执法人员通过出示执法身份证件，公开表明自己的执法主体资格，使被处罚人了解其身份及具体的执法内容；二是告知相关事项，指行政机关在作出行政处罚决定之前，应当向被处罚人告知作出行政处罚决定的事实、理由和依据，同时告知其依法享有的权利；三是申辩及听证，即被处罚人获知被处罚的事实、理由和依据后，可以通过陈述、申辩或者参加处罚听证等多种渠道向行政处罚机关公开表明自己的态度和意见，进而在行政处罚的过程之中真正对行政处罚机关形成一种有力的制约。

最后，行政处罚的结果公开要求，行政机关无论是按照简易程序还是一般程序作出行政处罚决定，都必须制作书面的行政处罚决定书，并交付或者送达当事人，以便当事人及时知晓行政处罚的结果，并决定具体救济方式的选择。一般情况下，行政处罚结果公开指的是向被处罚人公开。至于行政处罚结果能否在更广泛的范围之内进行公开甚至向社会公开，行政机关需要针对处罚的程度和处罚发生的时段这两类事项进行裁量。如果只是一般程度的处罚，考虑到违法行为的社会危害性较小，出于保护相对人利益的考虑，无须将其公之于众使相对人受到额外的精神压制；反之，如果是较为严厉的处罚，行为性质也较为恶劣，加之相对人的主观恶意较重，且对社会造成了严重影响，那么就可以将其公之于众。如果违法行为正是当下社会治理的重点、难点及热点问题，那么选择将其公开可能会更有利于社会治理。不过，这种公开也要避免侵犯到被处罚人的隐私权。[366]

可见，处罚类政府信息公开的基本法律依据是《行政处罚法》和《政府信息公开条例》。❶ 虽然处罚类政府信息公开是政府信息公开之一种，但此类公开行为却有着不同于一般政府公开行为的特殊性。[367] 行政处罚是对被处罚人权利的剥夺或限制，其很有可能泄露个人的隐私和商业秘密。除此之外，该领域的信息公开还会涉及被处罚人的其他权益。比如，对企业类主体的行政处罚信息公开可

---

❶ 参见：《行政处罚法》第四条、第三十一条、第三十四条、第三十七条、第四十条、第四十二条等相关条款之规定；《政府信息公开条例》第二条、第十条等相关条款之规定。

能会影响到其商业信誉，从而对正常的生产、经营和销售活动产生影响。在此意义上，行政处罚信息公开是否又构成了一种新的行政处罚种类（申诫罚）仍有待认识。因此，处罚类信息公开影响到处罚相对人权益的减损，公开行为的实施需要具有严格的法律依据，包括公开的内容、期限、方式、申请程序等，以尽可能避免对被处罚人的合法权益造成不当侵害。

5.1.2 专利行政处罚信息公开机制现状概要

2014 年 2 月，国务院批转《关于依法公开制售假冒伪劣商品和侵犯知识产权行政处罚案件信息的意见（试行）》（以下简称《意见》），标志着在制售假冒伪劣商品及侵犯知识产权领域内建立了行政处罚信息公开制度，规定除涉及国家秘密、商业秘密和个人隐私外，适用一般程序查办的假冒侵权行政处罚案件一律应主动公开。2014 年 3 月国务院办公厅印发了《关于 2014 年全国打击侵犯知识产权和制售假冒伪劣商品工作要点的通知》中指出，"推进行政处罚案件信息公开，将案件信息公开情况纳入打击侵权假冒工作统计通报范围，收集整理公开的案件信息并向社会提供查询服务"。为贯彻落实《政府信息公开条例》以及《意见》之相关规定，国家知识产权局于 2014 年 4 月发布《关于公开有关专利行政执法案件信息具体事项的通知》（以下简称《通知》），以具体规范专利行政执法案件信息的公开工作。以上三者是中央层面颁布的涉及专利行政处罚案件信息公开机制的规范类文件，从文件内容看，倚重于处罚案件信息公开促进处罚公正和执法权威。随后，部分地方知识产权局系统结合本地实际，根据《政府信息公开条例》等相关法律法规规定和《通知》之要求，制定了省级专利行政执法案件信息公开制度。比如，2014 年 5 月湖南省知识产权局制定了《湖南省专利行政执法案件信息公开工作制度》；2014 年 6 月湖北省知识产权局制定的《湖北省知识产权系统专利行政执法案件信息公开工作实施办法》；2014 年 8 月江苏省知识产权局印发《江苏省专利行政执法案件信息公开实施办法》等。由于专利行政处罚案件信息公开制度试行不久，还难以对案件公开的实际效果作出评判，本书主要从文本上梳理专利行政处罚案件信息公开的目的、主体和权限、内容、方式、规范和管理以及监督机制。

　　首先，《意见》开宗明义地指出，公开制售假冒伪劣商品和侵犯知识产权行政处罚案件信息是为了"保护消费者权益、提高执法公信力以及维护公平竞争的市场秩序"。可见，以解决假冒侵权问题为导向的工具主义色彩非常明显。❶ 同时，公开假冒侵权行政处罚信息并纳入社会征信系统的重要内容，本质上是对特定被处罚人权利的限制或剥夺。其次，对于公开主体与权限，《意见》规定由县级以上政府行政执法机关负责或实行垂直管理的行政执法机关自行确定，《通知》则具体细化为三类：一是省级人民政府或设区市人民政府设立的管理专利工作的部门负责公开本单位的行政执法案件信息；二是受委托开展专利行政执法的区县级设立的管理专利工作的部门办理的案件由委托单位负责公开案件信息；三是根据地方性法规授权具有专利行政执法职责的区县级管理专利工作的部门负责公开本单位的执法案件信息。委托执法案件信息公开的规定符合大量专利纠纷发生在基层的实际情况。再次，从案件信息公开的内容来看，根据《意见》第二条和《通知》第二条之规定，专利行政处罚案件信息公开的内容主要是处罚决定书载明的内容和依照法律法规应当公开的其他信息。这是一种摘要式的公开方式，即主要针对处罚案件的客观事实进行公开，未提及对据以认定处罚案件的证据等"内卷"资料的公开。与公开的内容密切相关的是公开的方式问题，《意见》和《通知》都直接作出了"行政执法机关应当主动、及时公开"行政处罚案件信息的规定，并未按照《政府信息公

---

　　❶ 有关公开假冒侵权行政处罚案件信息的意义，有学者解读为"惩戒违法者、保护消费者、约束执法者以及推动社会信息体系建设"。参见：王珂. 政府信息公开迈出新步伐 [N]. 人民日报，2014－06－01（5）.

开条例》和《行政处罚法》之相关规定对行政部门主动公开和依申请公开两种方式作出区分。即只要不存在涉及国家秘密、商业秘密或个人隐私的例外情况，就以公开处罚案件信息为原则。在互联网高度发达的信息社会，网站公开已成为信息公开的主要途径，这在《意见》和《通知》中均明确规定。为了防止公开机制泄露国家秘密、商业秘密和个人隐私，文件也确立了专利行政执法部门的内部审核机制，以规范管理执法案件信息公开工作。在《湖南省专利行政执法案件信息公开工作制度》中，更是规定了严格的保密审查制度。最后，对于行政处罚案件信息公开的监督机制采取行政部门内部监督的方式：省级管理专利工作的部门对行政区域内的执法案件信息公开进行指导和监督；国家知识产权局定期对全国范围内专利行政执法案件信息公开工作开展督导检查。所以，对专利行政处罚案件信息公开工作的制约只有行政机关的内部监督，而没有外部的监督机制。当然，《意见》还处于"试行"阶段，现行有关专利行政处罚案件信息公开机制的规范性文本仍存在一些问题值得思考。

5.1.3 专利行政处罚信息公开机制存在的问题及发展趋势

当前，专利行政处罚案件信息公开已成为政府信息公开工作中的热点问题。相对于牵涉国家秘密、公共财政等较为敏感的领域而言，对知识产权行政处罚案件进行信息公开的政府"风险"较低，也易于顺利开展此项工作。与此同时，本书认为，专利行政处罚案件信息公开机制仍存在以下四个方面的法律问题。

其一，专利行政执法主体与行政相对人的权责明显不对等。如前文所言，行政处罚案件信息是特殊的政府信息，尤其是行政处罚依据之外的案件信息公开，这会对行政相对人的合法权益产生直接影响。按照《行政处罚法》和《政府信息公开条例》的有关规定，行政处罚案件类信息公开的正当性和理由主要依据为《政府信息公开条例》第十四条第四款的规定，即"行政部门不得公开涉及国家秘密、商业秘密、个人隐私的政府信息，但经权利人同意或行政部门认为不公开可能会对公共利益造成重大影响的，可以予以公开"。据此，《政府信息公开条例》对处罚类信息公开是以"不公开为原则、公开为例外"且必须以公共利益或公共安全为前提，这体现了保护相对人隐私权和保障公众知情权之间的利益平衡。但是，《意见》《通知》等文件并没有提及对行政相对人权益的保护。更为苛责的是，《意见》规定将处罚案件信息作为重要内容与社会征信体系挂钩，这显然是对行政处罚相对人权利的严重限制甚至是剥夺。如果在先公开的处罚案件其后被变更或撤销，行政机关也仅需要"及时公开相关信息"，而此时的相对人包括名誉权在内的合法权益已然受到损害，这其间所反映出的行政主体与行政相对人之间的权责明显不对等。专利行政处罚案件信息公开机制只是一味地考虑提高执法公信力、维护公平竞争的市场秩序以及保护消费者权益，而忽视行政处罚相对人合法权益的维护，难以建成"权责统一、权威高效的执法体制"。

其二，处罚信息公开主体及其权限不明确。行政行为合法的要件之一是职权法定，单纯从《意见》和《通知》规定来看，职权法定是比较清晰的。但是，行政法作为一个法律法规系统，所有后来增补的法律法规都需要与在先的法律法规系统相共生；在相互补强之过程中，缺陷也会相伴而生。[368]首先，委托执法难以保证信息公开主体能够认真履责。《专利行政执法办法》第六条规定了管理专利工作的部门对"有实际能力的市、县级政府设立的管理专利工作的部门"委托执法的情形，这是对大量专利纠纷发生在基层、省级专利行政执法部门只能主要采取委托执法的便宜之举。虽然《通知》明确规定由委托单位负责公开受委托单位办理的专利行政执法案件，即委托方是信息公开的主体。行政处罚案件的办案主体与公开主体相分离，权责不对称便难以保证委托执法的省级管理专利工作的部门认真履行信息公开之责。再者，联合执法中的信息公开主体可能会缺位。由于我国知识产权行政执法试行的是分散管理、多头执法的体制，导致知识产权领域的行政执法往往要涉及多个行政部门而采取联合执法方式。对于联合执法的信息公开职责分配问题，《意见》和《通知》都规定有处罚案件信息公开的协调机制，但是并未进一步规定：信息公开究竟是由一个行政执法主体公开，还是每个参与执法的行政主体都公开？若是只需一个行政执法主体公开，那么其是否需要承担所有公开的责任？如果每个参与执法的行政主体都公开，涉及怎样确保公开的内容一致以及不一致时该如何处理等问题。公开主体及其权限不明确，不同行政主体之间难免会产生职责推诿、消极作为等问题。

其三，信息公开方式的制度设计存在缺陷。专利行政处罚案件信息公开的事实涉及客观事实、法律事实和公开事实。客观事实是被处罚人业已发生或实际存在的侵犯专利权的所有事实内容，是事实的真实状态；法律事实指行政执法人员根据行政法律法规据以认定行政相对人侵权而引起行政法律关系变更的事实；公开事实即《意见》中所规定的"违反法律、法规或规章的事实"，主要指行政主体公开的专利行政处罚决定书中所载明的事实内容。理论上讲，客观事实、法律事实与公开事实在本质上是统一的。而根据《意见》中所规定的公开方式以及实践中政府信息公开的惯例做法，摘要式的公开方式并不能保证这三者的一致性。况且，行政处罚案件信息是由行政机关主动公开的，行政的优位性也会影响到客观事实、法律事实与公开事实能否实现统一。就目前信息公开方式的制度设计而言，仍然难以把握公开的事实内容。

其四，行政处罚案件信息公开缺乏强有力的外部监督与制约。权力制约是现代政治权力运行的基本常态，行政权的行使必须受到制约已成为现代民主国家的共识。按照权力制约的来源，可分为内部制约和外部制约。[369] 内部制约指行政部门内部之间的制约以及该部门上下级之间的制约；外部制约是国家机构中的外部机关对本部门的制约，以立法、司法、行政三权为例，即为三者彼此之间的制约关系。权力之间的健全机制应该是同时具备内部制约和外部制约，在我国主要表现为立法、司法、行政各自内部的监督机制以及人大对司法和行政的监督。[370]《意见》规定，"上级部门和监察部门要加强监督指导，对于不履行处罚案件信息公开义务、不及时公开或其他违规行为的，责令改正或追究责任"；《通知》也规定，"各省管理专利工作的部门要对行政区域内的专利行政执法案件信息公开工作加强指导和监督，并督促下级部门健全公开制度"。因此，对专利行政处罚案件信息公开工作的制约就只有行政部门内部的监督，这种监督体制的弊端反映在政府信息公开普遍的实际效果上。有论者指出，我国的政府信息公开工作存在"形式公开多、实质公开少""结果公开多、过程公开少""原则方面公开多、具体内容公开少"等情形。[371]另据中国社科院所作的报告中指出，"虽然大部分政府部门按时发布年报，但部分年报发布较为拖沓，尤其是对核心数据的公开不理想"。[372]可见，缺乏以立法监督为主的强有力的外部监督机制，难以有效督促和评估专利行政执法主体执行处罚案件信息公开工作。

基于以上专利行政处罚信息公开机制存在问题的分析，本书暂且不从如何完善公开机制方面进行具体对策研究。因为，单纯探讨处罚案件信息公开机制并不是本书研究的最终目的。之所以引述大量篇幅阐述该机制，是为了更为深入地研究信息公开视角下的专利行政处罚权之边界问题。

本书认为，专利行政处罚案件信息公开机制与专利行政处罚法律制度密切相关，信息公开机制的发展趋势之一便是结合法律制度进行综合考量，同时，公开机制的弊病也会得到一定程度的化解。以信息公开中行政执法主体与被处罚人的权责不对等为例。如果专利行政处罚制度的立法目的是扩张行政处罚权、加大对行政相对人的处罚力度，具体条款表现为增加行政处罚种类或提高罚款幅度，制度的天平倾向于社会公共利益的维护并限制甚至剥夺侵权人的权益，则信息公开机制中行政主体与行政相对人的权责不对等就具有了法律制度的正当性。反之，信息公开机制中的权责不对等就需要予以调整。再比如，联合执法方式下信息公开的权责分配问题，归根结底在于专利行政处罚权与相关行政执法权的权限冲突。如果不能在法律制度上构建管理专利工作的部门与相关行政执法部门的行政协作机制，联合执法的信息公开难题不易解决。总之，专利行政处罚信息公开机制的发展路径应当与专利行政处罚制度的变革相适宜，在此前提下对信息公开机制的研究才更具有现实意义。

5.2 专利行政处罚权的扩张

2011 年 11 月 13 日，国务院下发《关于进一步做好打击侵犯知识产权和制售假冒伪劣商品工作的意见》。为落实该意见，国家知识产权局于 2011 年 11 月启动了修改《专利法》的工作。在实地调研和理论讨论等一系列工作的基础上，聚焦于目前专利保护中"举证难、周期长、成本高、赔偿低、效果差"的问题，国家知识产权局于 2012 年 8 月公布了《专利法修改草案（征求意见稿)》，并于 2013 年 1 月向国务院提交了《专利法修订草案（送审稿)》。从这"两稿"中涉及行政处罚条款的相关内容来看，此次修法明显反映出"扩张行政执法权、加大行政处罚力度"的趋势。前已述及，学界对于专利行政处罚权扩张的争论一直存在。究竟是扩张抑或限制专利行政处罚权，不仅需要从理论层面进行充分的论证，也要考虑制度层面的现实困境。

5.2.1 专利行政处罚权的扩张趋势——兼评《专利法》草案❶

1984 年颁布的《专利法》迄今已历经三次修改，自 2008 年第三次修改以来，我国的专利执法形势发生了变化。在理论上和实践中，对于进一步加强专利保护、加大对专利侵权违法行为的打击力度、维护公平竞争市场正常秩序的需求日益剧增。此次修法主要涉

---

❶ 特别说明：国家知识产权局于 2012 年 8 月公布的《专利法修改草案（征求意见稿)》和 2013 年提交国务院审议的《专利法修订草案（送审稿)》两者统称为草案。

及七个条款的内容，包括专利权无效宣告或专利权维持决定的生效时间及其效力，赋予管理专利工作的部门以查处侵权行为、确定侵权赔偿、调查取证等执法职能，专利侵权的惩罚性赔偿制度等方面。其中，加强专利行政执法是本次修法的核心内容。根据"征求意见稿"的说明，针对故意侵权、反复侵权、群体侵权等恶性侵权行为，专利权人逐一向侵权人维权成本很高，收效甚微，很多权利人因此而丧失了对专利制度的信心。这些恶性侵权行为不仅直接侵害了专利权人的合法权益，而且扰乱了市场秩序，损害了专利制度的权威，打击了全社会的创新活力，具有严重的社会危害性。为了有效查处和制止这些恶性侵权行为，重塑创新主体对专利制度的信心，维护专利制度的权威，"征求意见稿"参照《商标法》等相关法律的规定，建议赋予管理专利工作的部门对涉嫌扰乱市场秩序的侵权行为主动查处权以及相应的行政处罚权。具体而言，涉及行政处罚的条款内容详述如下。

"征求意见稿"和"送审稿"对《专利法》的修订与专利行政处罚有关的条款包括：第六十条"增加对涉嫌扰乱市场秩序的专利侵权行为的规定"，第六十三条"对假冒专利的处罚做进一步规定"，第六十四条"赋予专利行政机关强制措施的规定"，第六十五条"赋予专利管理机关对故意侵权行为的惩罚性赔偿"。❶ "征求意见稿"第六十条第三款规定"对涉嫌扰乱市场秩序的专利侵权行为，管理专利工作的部门有权依法查处；在全国有重大影响的，由国务院专利行政部门组织查处。管理专利工作的部门认定侵权行为成立且扰乱市场秩序的，可以责令停止侵权、没收违法所得，并可没收、销毁侵权产品或者用于侵权的专用设备，并处以 4 倍以下的罚款。之后在"送审稿"中对"涉嫌扰乱市场秩序"的表述进一

---

❶ 该条在"送审稿"中予以删除，可能是由于"征求意见稿"发布后遭到学界质疑太大的缘故。在知识产权法中引入惩罚性赔偿制度一直存有很大争议，新颁布的《商标法》中引入该制度从而成为一种立法趋势，但赋予专利行政机关对侵权行为进行惩罚性赔偿仍需进一步论证，在目前的立法状况下还难以获得正当性基础。

步限定为"对涉嫌群体侵权、重复侵权等扰乱市场秩序的故意侵犯专利权的行为"。这样，行政查处的范围仅限于故意的群体侵权和重复侵权，其范围大大缩小了。

另外，"两稿"中对于罚款的标准存在差异。"征求意见稿"采用违法所得为标准，而"送审稿"中换成了非法经营额。后者规定，"非法经营额5万元以上的，可以处非法经营额1倍以上5倍以下的罚款，没有非法经营额或者非法经营额5万元以下的，可以处25万元以下的罚款"。可见，相比于"征求意见稿"，"送审稿"提高了罚款数额，即加重了对故意侵权行为的处罚力度。与此相应，"送审稿"第六十三条对假冒专利的处罚规定也作了同样修改。❶ 此外，为了解决专利权人"举证难"问题，"征求意见稿"第六十四条第二款规定"管理专利工作的部门依法行使前款规定的职权时，当事人应当予以协助、配合，不得拒绝、阻挠。被调查的当事人拒绝、阻挠管理专利工作的部门行使职权时，由管理专利工作的部门予以警告；情节严重的，依法给予治安管理处罚。"之后在"送审稿"中进一步明确规定"构成违反治安管理行为的，由公安机关依法给予治安管理处罚；构成犯罪的，依法追究刑事责任。"需要特别指出的是，现行《专利法》第六十四条仅针对假冒专利行为，而两稿均增列"涉嫌侵犯专利权行为"与假冒专利行为一同规定在第六十四条。❷

---

❶ "送审稿"第六十三条：假冒专利的，除依法承担民事责任外，由管理专利工作的部门责令改正并予公告。非法经营额5万元以上的，可以处非法经营额1倍以上5倍以下的罚款，没有非法经营额或者非法经营额5万元以下的，可以处25万元以下的罚款；构成犯罪的，依法追究刑事责任。

❷ "送审稿"第六十四条第一款规定，管理专利工作的部门根据已经取得的证据，对涉嫌侵犯专利权行为或者假冒专利行为进行查处时，可以询问有关当事人，调查与涉嫌违法行为有关的情况；对当事人涉嫌违法行为的场所实施现场检查；查阅、复制与涉嫌违法行为有关的合同、发票、账簿以及其他有关资料；检查与涉嫌违法行为有关的产品，对有证据证明是扰乱市场秩序的故意侵犯专利权的产品或者假冒专利的产品，可以查封或者扣押。

《专利法》第四次修订草案"征求意见稿"发布后，就专利行政执法权的扩张引起了学界不小的争议。● 学者们主要基于专利权的私权本位，质疑行政权对私权可能造成的不当干预。笔者认为，以下两个问题是新一轮《专利法》修订中与行政处罚权有关的问题，也与本书所讨论的专利行政处罚信息公开密切联系。

其一，专利行政机关对涉嫌扰乱市场秩序的专利侵权行为的查处。尽管"送审稿"将专利行政部门查处的范围限于"涉嫌群体侵权、重复侵权等扰乱市场秩序的故意侵犯专利权的行为"，但"群体侵权""重复侵权""扰乱市场秩序""故意"的概念及判断标准仍比较模糊，在具体界定时不好把握。尤其是对于"故意"难以判断，是不是只要专利一经授权、公开，就默认侵权行为属于"故意"，还是专利权人或其他有权主体向其告知涉嫌侵权后仍继续其原行为即为"故意"，抑或是权利人只要在媒体或网络上发布了相关的声明或广告，其后的未经授权的实施行为即为"故意"？● 况且，按照现行《专利法》第六十条之规定，认定侵犯专利权行为并不以侵权人的主观故意为构成要件。专利权是私权，行政部门主动介入维权活动本就存在争议，况且在基本概念界定不清的情况下，企业担心正常的生产经营活动受到影响。[373] 即便从维护公共利益和市场秩序的角度使行政权介入专利保护获得正当性，对侵权人给予行政罚款等于使侵权人因侵权行为受到双重惩罚（权利人还可对侵权人主张民事赔偿）仍值得商榷。另外，以"非法经营额"作为罚款的标准显得较为笼统，势必给专利执法部门在实际执法中对罚款金额的认定带来不便，从而使此项规定流于形式。

● 参见：李永明，郑淑云，洪俊杰. 论知识产权行政执法的限制：以知识产权最新修法为背景 [J]. 浙江大学学报（人文社会科学版），2013（5）：160–171；金多才. 我国专利行政执法制度的完善 [J]. 河南社会科学，2014（3）：49–56；李明德. 关于"专利法"修订草案（送审稿）的几点思考 [J]. 知识产权，2013（9）：3–10.

● 引自：王德夫. 对我国专利行政执法制度的审思 [C] //中国知识产权法学研究会. 知识产权与创新驱动发展"论坛年会论文集（下），2013：371.

其二，将涉嫌侵犯专利权行为与假冒专利行为混同规定。现行《专利法》第六十四条仅仅涉及假冒专利的规定，"送审稿"增列涉嫌侵犯专利权行为，且在第二款新增行政警告、治安管理处罚及刑事责任。从《专利法实施细则》第八十四条对假冒专利的界定来看，主要是防止使公众混淆，是基于维护公共利益的考量。暂且不论是否有必要加重对假冒专利行为的处罚力度，❶赋予专利行政机关主动查处涉嫌侵犯专利权行为及相关强制措施（查封或者扣押），这可能干扰涉嫌侵权人的生产经营活动而造成负面影响。专利纠纷本质上是平等主体之间的民事纠纷，《最高人民法院关于民事诉讼证据的若干规定》第十五条至第二十二条对法院调查收集证据的范围、形式、程序等有完整详细的规定。相比之下，"送审稿"对专利行政机关主动调查涉嫌侵犯专利权行为的规定却过于简单，这是否会给执法不当、选择性执法、行政不作为埋下隐患。假冒专利行为与涉嫌侵犯专利权行为在构成要件、立法目的、法律责任等方面存在较大差异，不适于将两者混同规定。

5.2.2 专利行政处罚权扩张的理论反思

在我国，财产权中的物权、人身权以及知识产权属于侵权行为所侵害的客体或者说是侵权责任法保护的民事权利。[374]传统上，对于专利侵权行为的公力救济途径通常有两种：一是请求管理专利工作的部门进行调解或处理的行政程序；二是诉诸于法院裁决的司法程序。可见，当专利权人的合法权益受到侵害时，可以通过行政途径或司法途径寻求保护。同时，管理专利工作的部门基于公共利益以及市场正常秩序维护之目的，也可依法主动发起专利行政处罚程序。肇始于《专利法》颁布之初的行政处罚制度，在加强行政执法的趋势下，制度的正当性基础得以强化。从知识产权制度的工具主

---

❶ 现行《专利法》规定的打击假冒专利措施，已经比美国等发达国家严厉。引自：李明德. 知识产权法 [M]. 北京：法律出版社，2008.

义立场出发，扩张专利行政处罚权确实可以在短期内起到遏制侵权违法行为、惩罚侵权违法者的执法效果，但专利权毕竟是一种权利状态不稳定的民事权利，这种扩张趋势需要进行理论反思。

对于"加强专利行政执法"的合理性与必要性，国内许多学者都从正面予以肯定。学者徐家力主张，"为解决专利侵权行为的证据难以取得、固定的问题，应赋予管理专利工作的部门以查处权或冻结、扣押等必要的执法强制权"；[375]曲三强认为，"知识产权的国内保护离不开政府的适度干预，在严峻的国际挑战和国际竞争下，我国应努力提高知识产权的行政保护水平，行政保护不能削弱而只能加强"；[376]唐素琴提出"专利行政执法应当与司法保护一样受到重视，以此更有利于打击侵权，维护权利人的合法权益"；[377]宗艳霞认为专利行政执法的必要性在于"降低维权成本、提高效率，并可减轻司法审判压力"。[378]归纳此类正面性观点，其论证基础主要在于专利权的私权"公权化"趋势及负载的维护公共利益等多重目的。专利权不仅关系到权利人的个人利益，还涉及社会利益以及社会经济秩序的稳定和发展。因此，即便承认专利权属于一类完全意义上的私权并适用民事法律的基本原则，政府也有义务提供有效的专利保护，以使公权力可以主动介入专利这一私权领域。另外，从成本交易理论的视角出发，专利行政执法权的行使往往能够更加节省社会成本且提高纠纷解决的效率，[379]而效率正是加强行政执法的根本动因。

然而，"加强专利行政执法"的支持论调遭到了刘春田教授❶等学者的批判。理由在于，专利权属于私权，对其保护应通过民事途径解决；公权对私权的保护不应过多干预，唯有涉及侵犯公共利益的行为，才有动用行政执法力量的必要。所以，专利保护应当向

---

❶　参见：刘春田教授在中国企业版权联盟成立大会暨版权峰会上的发言，其主要观点是：公权通过行政命令以及所谓执法侵犯私权利的现象比较普遍，政府应该恪守分际，不要任意侵害企业的正当利益。

司法逐渐倾斜，同时淡化行政执法。将这样的观点向私法与公法的区别与联系方面进一步延伸，专利权是最为典型的私权，专利权人申请专利是为了使其享有的专利权价值最大化。专利法满足私权的主要功能，即调整平等民事主体之间的财产和人身关系，体现平等主体之间的利益平衡与合意。[380]当民事主体的私权利受到侵害时，由代表国家公权力的管理专利工作的部门主动介入私法领域，会打破这种平等民事主体之间的平衡，甚至涉嫌"偏袒"一方，最终不但未起到保护私权的目的反而会损害私权。比如，一旦专利侵权纠纷中的当事人对专利行政执法主体作出的行政决定不服而提起行政诉讼，行政机关便极有可能成为行政诉讼中的被告方，从而使得行政机关不可避免地与专利侵权纠纷中的另一方当事人紧密地"结合"在一起，在法律关系上形成行政主体与一方当事人对抗另一方当事人的尴尬处境，这与民法的基本宗旨和原理相悖。

本书对专利行政处罚权的扩张持保留观点，正如前文所言，扩张抑或限制专利行政执法权的抉择不能陷入公权与私权的二元争论中，从专利权本身的特性及其制度机理中可能会得到更为可信的论据。从我国专利权的产生过程和自身稳定性来看，它与著作权和商标权有显著区别：专利权实质上永远处于一种不确定的状态中。这是由专利权本身的性质所决定的，即专利技术的复杂性使得自它被授予专利权的那一刻起便存在被宣告无效的可能性。该可能性不会因为其存在超过一段时间（异于注册商标的争议期限）或是因为某一次或数次被维持有效而归于消灭。根据《专利法》第三十九条之规定，纵使在通过实质审查而被授予专利权之时，也只会被认定为"没有发现驳回理由……作出授予发明专利权的决定"，而不会被法律以正面形式授予专利权。立法言辞上的谨慎说明，无论任何时候，只要发现驳回理由，专利权就有可能被宣告无效；一旦被宣告无效，则会溯及授权公告日。质言之，这种内在的不确定性贯穿于专利权自产生至被确认无效或法定保护期满的任意阶段。建基于权利状态的不稳定性，如果公权力过多地参与专利纷争，行政主体在追求"效率"的同时能否实现"公平"实在令人怀疑。因此，从理论基础上，本书认为专利行政处罚权的扩张与否以及程度应当以公权力介入私权领域的范围和必要性来衡量：一方面在不考虑专利权效力的情形下打击假冒专利行为；另一方面则只在确认专利权效力方面发挥应有的作用。至于专利侵权纠纷的处理，在我国专利行政执法能力没有根本提高以及相关制度未予完善的制度约束下，应充分尊重当事人的意思自治。

5.2.3 扩张还是限制：专利行政执法的现实困境

理论论证的结果可能合理，但究竟是该扩张还是限制专利行政处罚权，仍需要考虑现实的制度环境以及行政执法效果的检验，从而得出更为可靠的结论。自我国 1984 年首部《专利法》颁布以来，专利行政保护制度就成为我国专利制度中不可或缺的组成部分，并体现在随后出台的一系列法律法规中。我国对于专利行政执法的规定散见于《专利法》《专利法实施细则》等法律、行政法规和部门规章中，并由此构建了一个以各级专利行政执法部门为主体，海关、工商及至反垄断执法部门为支撑的综合行政执法体系。通过对我国专利行政执法现状的考察，本书认为集中表现为专利行政执法机构不健全、执法力量薄弱和行政执法效果存疑的现实困境。

首先，专利行政执法机构不健全主要表现在缺乏全局性的执法部门、专利行政执法主体限制较为僵化以及技术支撑体系的欠缺。虽然在《专利行政执法办法》中规定国家知识产权局对有重大影响的专利侵权、假冒专利案件以及涉及两个以上省（市）的重大案件进行协调处理或者查处，但实际上并没有配备相应的执法机构或执法人员。国家知识产权局在专利管理司下设执法管理处，也不具体办案，只是对全国性的案件予以指导。况且，《专利行政执法办法》的法律效力层级太低，这种部门规章的赋权规定难以付诸实践。在目前专利领域中出现的群体侵权、跨地区侵权现象普遍化的情况下，单纯依靠地方专利行政执法部门依职权或由当事人依申请处理专利侵权案件而缺乏权威统一的执法主体,既会在管辖权上产生较大争议,也会在缺乏跨区域协调、执法机制的情形下贻误遏制侵权扩大的时机。同时,相关法律法规对具体实施专利行政执法的主体限制得过于僵化。《专利法实施细则》明确规定管理专利工作的部门指省级以及专利管理工作量大又有实际处理能力的设区的市级政府设立的管理专利工作的部门,而排除了县级人民政府设立的管理专利工作的部门。即使实践中通过委托执法的方式在一定程度上缓解了基层专利行政执法的现实需求,但县级专利行政执法部门的主体地位毕竟未获得法律法规的认可。与之形成对比的是,我国的部分县级法院可以受理专利侵权纠纷的一审案件。这种行政执法主体与司法主体在管辖级别上的"倒挂"现象,有碍于行政、司法资源的充分利用,也不利于有效打击专利违法犯罪行为。此外,在实践中,我国仍缺乏覆盖面广、数据更新及时、下载阅读稳定的专利信息数据库,[381]以及能够面向社会公众提供专利信息分析、专利价值评估的权威机构,这使得无论是专利权人还是执法者在面临涉嫌不法侵害行为时,难以得到有效的技术支持。

其次,专利行政执法力量薄弱,难以充分履行职责。在假冒专利行为的查处方面,管理专利工作的部门往往会依照举报或是依职权主动对所辖范围内的冒用他人专利行为、非专利产品冒充专利产品欺骗消费者、扰乱国家专利管理制度的行为予以查处,并追究相关责任主体的行政责任。此种情形下,涉案专利的效力是比较确定的,管理专利工作的部门也能够准确地判断相关事实,执法程序相对简单,对于假冒专利行为的执法活动没有多少争议。但是对于专利侵权纠纷的处理,专利行政执法主体能否胜任就存在疑问了。如前文所言,"送审稿"重新赋予了管理专利工作的部门认定侵权行为、责令停止侵权并给予处罚的行政职权。相关立法部门主要考虑的是,如果由管理专利工作的部门处理所达成的调解协议并不具有强制执行效力,故当事人大多会在事后诉至法院救济,这便大为削弱了管理专利工作的部门解决专利纠纷的功能。"送审稿"恢复了管理专利工作的部门以裁决专利纠纷的职权正是对这一现实需求的积极回应。然而，现实中地方专利行政执法部门的人力资源状况及其专业程度难以符合专利侵权判定中的专业性和技术性要求。笔者调查了某副省级地方知识产权局，该局设有专利执法处，处室共 5人，其负责人明确指出专利侵权的判定很复杂，需要借助于司法部门、专家学者的协助才能开展执法工作。在专利侵权判定的过程中，一般的专利行政执法人员是不具备或者缺乏这种相应专业素质的。增加侵权判定的职能只会进一步加重专利行政执法人员的负担。如果判定失误或有失公允，当事人还会另行寻求司法救济，这将使专利侵权纠纷的处理过程更加冗长。

最后，在目前专利行政执法水平层次不齐的现状下，专利行政执法的效果存疑。一方面，根据相关调查数据的反映，大多数地区的专利行政执法水平较差，一旦加强行政执法，反倒会造成"在错误的道路上继续犯错"的窘境。[382] 如前所言，一旦行政执法未能达到当事人所预期的水平，无论再怎么加强执法权，最终还是促使当事人选择司法程序解决专利侵权纠纷。另一方面，扩张专利行政处罚权又会引发新的问题。从法理上讲，司法保护与行政执法的目的不同，前者保护私权，后者侧重公权并兼顾私权。由此，专利行政处罚的处理决定一般是罚款。虽然目前的多数案件中当事人的诉求还停留于制止侵权，未过多考虑损害赔偿，但长远来看，专利行政执法的限制性终会使专利权人逐渐疏远行政程序。在此趋势下，行政权的扩张反而可能导致公权私用，甚至会激励权力寻租等极端情况。

因此，在全国范围内专利行政执法资源普遍欠缺的现实困境下，管理专利工作的部门查处假冒专利行为已属不易，若要其负担处理专利侵权案件的职责，不仅会使尚未具备处理此类纠纷能力的执法人员难以按照法律规定行使职权，有损执法权威的同时也有违依法行政的要求；也会由于专利侵权纠纷的复杂性而在实践中造成大量的行政诉讼，从而违背了行政执法节约司法资源、降低专利维权成本的制度初衷。

　　当然，值得肯定的是，在目前专利保护需求与日俱增、司法审判资源有限的现实局面下，专利行政执法在未来相当长的一段时期内仍有存在的价值。专利行政执法的"去留之争"已无探讨之必要，关键是通过细化规则对行政权进行限制与监督，即为本书所论证的专利行政处罚权的边界该如何划定。以"送审稿"第六十条赋予管理专利工作的部门没收或销毁侵权产品、生产设备和罚款的权力为例，本书认为，在专利权效力未定、司法审判未作出裁决之前，对于专利侵权纠纷的行政执法范围应有所限制——仅限于制止违法行为、为司法审判保存必要的证据资料以及为快速化解矛盾达成行政调解协议。这是在专利行政处罚权边界构造的理论基础上得出的观点，至于行政处罚信息公开机制下的专利行政处罚制度又会面临新的问题和挑战。

5.3　信息公开对专利行政处罚制度的影响

　　专利行政处罚的法律制度体系对专利行政处罚案件信息公开机制的运行及其变革发挥重要作用，同理，信息公开对专利行政处罚制度也会产生影响。这种影响效应因《专利法》第四次修订草案中涉及专利行政处罚条款的扩充而逐步放大。根据《意见》内容，专利行政处罚案件信息公开的主要目的之一是使"假冒侵权者因信用不良而'处处受限'"，而且这种处罚信息是行政部门主动公开并"向社会提供查询服务"的，这无疑构成对行政相对人"信用利益"的减损，从而形成一种新的行政处罚种类或者至少是现有处罚手段的加重情形。除了对行政相对人的合法权益产生影响，信息公开对专利行政执法主体也是一种挑战。在目前专利行政执法"疲软"、执法资源不足的客观情况下，信息公开机制承载着专利行政执法部门处理专利纠纷正当性的效能和执法公信力的价值预设。基于上述《专利法》第四次修订草案中的瑕疵，《意见》内容与此密切相关，并且在很大程度上凸显了此次《专利法》修订中因行政权扩张而引发的问题。笔者认为，专利行政处罚信息公开可能带来以下两方面的影响。

5.3.1 信息公开对专利行政执法主体的影响

《政府信息公开条例》第一条规定，"为了保障公民、法人和其他组织依法获取政府信息，提高政府工作的透明度，促进依法行政，充分发挥政府信息对人民群众生产、生活和经济社会活动的服务作用，制定本条例"。政府信息公开是为了制约行政部门的执法活动，充分保障社会公众的知情权和监督权。《意见》中已基本指明了信息公开的范围，除了涉及商业秘密和个人隐私的案件，适用一般程序查办的行政处罚案件需要公开，包括违法违规的主要事实、处罚种类、依据和结果等。基于上述文件，国家知识产权局发布的《关于公开有关专利行政执法案件信息具体事项的通知》中将假冒专利行为的处罚与专利侵权行为的查处分别规定，并明确了行政处罚决定因行政复议或行政诉讼发生变更或撤销后公开相关信息的时间为 20 天。依据《政府信息公开条例》之规定，若执法机关未能尽责履行公开义务，相关负责人将面临行政问责甚至是刑事责任。参照公开的案件信息，被处罚人会逐项对比从而找出可能涉及不当行政行为的漏洞，为其进一步维权提供支撑。如前所述，《专利法》第四次修订草案"两稿"中新增的行政处罚条款仍存在瑕疵，若进行专利行政处罚案件的信息公开，执法人员为了避免行政处罚案件信息公开带来的压力，是否会选择尽量避免办理行政处罚案件？简言之，执法部门能否胜任？之所以存在上述疑虑，是基于以下三点：

第一，行政权的主动、便捷是把"双刃剑"。与司法权相比，行政权天然具有主动性，其出发点是社会公共利益之维护。为了追求行政执法的高效便捷，必然忽视执法程序的规范化，这是行政权本身难以克服的固有缺陷。如果参照严密的司法程序执法办案，反而又丧失了行政执法的优势。《专利法修订草案（送审稿）》中对处罚权扩张的同时，并未界定清楚"群体侵权""重复侵权""扰乱市场秩序"的概念及判断标准，这均为行政执法不当埋下隐患。如果这些问题没有解决，执法人员为了避免信息公开的风险，可能会选择逃避行政处罚案件的查办。以我国司法裁判文书公开为参照，即便此规定已实行多年，但公开的范围仍然有限[383]。抛开诸如商业秘密或涉及个人隐私的原因不谈，基层法院裁判文书质量存疑可能是比较重要的原因之一。司法裁判有完备的程序法作保障，依然公开范围有限，可以预见行政执法部门公开案件信息将面临更大的压力。

第二，专利行政执法部门地位的尴尬。前文已论及专利行政执法机构不健全以及执法力量薄弱的现实困境，这里再进一步补充强调。根据《专利法》第三条和《专利法实施细则》第七十九条、第八十条之规定，国家知识产权局只负责全国的专利管理工作，并负责对各地方知识产权局的业务进行指导，不直接参与行政执法。地方知识产权局是专利行政执法的主体，但地方知识产权局不包括县一级的专利行政管理部门，难以形成系统、有效的专利权行政保护体系。更何况，许多地方知识产权局属于事业单位，相关法律法规又未赋予其强制执行权，往往需要其他部门（如公安、海关）的配合才能顺利开展执法活动。强制执行权是确保行政执法效力和执法权威的保障，目前专利行政执法"疲软"、执法不力的现状在很大程度上与行政强制权的缺失有关。此外，专利行政执法部门的执法能力地区差异较大、执法标准不统一等，均会直接影响专利行政执法案件的处理水平。

第三，专利侵权判定的复杂性。专利权是专利局授予的一种推定有效的权利，权利是否持续有效，还应当接受社会公众的挑战。专利侵权判定是一项复杂的工作，处理专利侵权纠纷时，需首先依据专利权人的权利要求，比对被控侵权产品或方法，若适用等同认定或被控侵权人提出"现有技术抗辩"则更加复杂。近年来，等同原则在专利侵权案件中发挥着越来越大的作用，虽然最高人民法院《关于审理专利纠纷案件适用法律问题的若干规定》第十七条及《关于审理侵犯专利权纠纷案件应用法律若干问题的解释》第七条均规定了等同的适用，但等同认定仍需要具体案件具体分析，需要考虑各种限制条件（如现有技术抗辩、禁止反悔原则），来平衡社会公众和专利权人之间的利益。[384]另外，专利权的效力状态是不稳定的，未经实质审查的实用新型和外观设计专利尤其如此。据估计，经过实质审查的发明专利，在实践中被宣告无效的大约有30%；至于没有经过实质审查的实用新型专利和外观设计专利，其无效率高达50%～60%。一旦赋予专利行政部门主动查处的职能，很有可能在行政处罚之后相关的专利被宣告自始无效。在此种情况下，行政处罚信息公开行为就涉及对被处罚人之人身权的侵害。行政执法的特点又难以在执法过程中容许被查处人援引现有技术甚或专利无效抗辩，故专利行政查处案件的质量很难保证。

通过以上三点分析，再结合前文中对专利行政执法现实困境的阐述，本书认为，目前我国管理专利工作的部门还难以胜任专业性较强的专利侵权判定工作。若按照"送审稿"中规定的专利行政处罚条款，相应的行政处罚决定也无法经受得起信息公开所带来的挑战。一旦公开的处罚决定被驳回或被撤销，管理专利工作的部门可能会被行政处罚相对人提起行政诉讼追究其作出不当行政行为的法律责任或被申请行政赔偿。这无疑是对专利行政执法公信力的减灭以及对行政执法正当性效能的否定。

5.3.2　信息公开对专利行政处罚相对人的影响

随着我国经济体制改革的不断深化，"信用经济"在市场经济建设中的主导作用越来越突出。[385]"信用经济"本质上是一种道德经济，道德是社会发展的重要指示器，道德是"发展"的伦理内蕴。[386]征信是评价信用的工具，通过对法人、非法人等企事业单位或自然人的历史信用记录，以及构成其资质、品质的各要素、状态、行为等综合信息进行测算、分析、研究，借以判断其当前信用状态，判断其是否具有履行信用责任能力。目前我国正抓紧建立健全覆盖全社会的征信系统，企业、个人等社会主体的征信记录与其自身利益密切相关，尤其随着网络信息传播途径的全方位拓展更加剧了"信用经济"的重要性。将行政处罚案件信息纳入社会征信体系，使假冒侵权者因信用不良"处处受限"。由于行政处罚案件信息会纳入社会征信体系，这与市场主体参与的一系列市场经济活动相捆绑，对被处罚的企业或个人的正常经营活动产生重大影响，比如企业的信贷资质、债权人及其他商业合作伙伴的信用评价、企业形象（商誉）等。受此影响，假冒侵权者（被查处人）因个人信用考虑会通过合法途径维护个人的"信用利益"，频繁发起针对专利行政处罚决定的行政诉讼，而作为被告的专利行政执法部门可能疲于应诉。行政诉讼中，通常会因被处罚人主张专利无效而中止诉讼，法院待专利复审委员会作出维持有效或宣告无效之裁定后再作出相应判决。法院在专利诉讼中无权决定专利权之效力，只能依据专利复审委员会的决定。这势必引发知识产权学界和实务界始终探讨的"循环诉讼"问题，但目前对此仍未提出比较可行的方式。[387] 这样，专利诉讼的周期一般都比较长，专利侵权纠纷的利害关系人原本恐于过高的诉讼成本而放弃诉讼，或通过诉讼之外的方式解决纠纷。但如今处罚案件信息公开并且与个人信用捆绑，在很大程度上迫使被处罚人不断通过诉讼方式进行维权，避免因承担侵权的责任而在社会征信体系中留下污点。只要法院没有对被处罚人的侵权违法事实最终定性，被处罚人就有机会保持自身良好的诚信形象。

被处罚人因"信用利益"频繁提起行政诉讼仅是信息公开带来的一种可能后果，更为现实的是，如果专利行政处罚案件的处罚决定变更或者撤销后，在被处罚人包括名誉权在内的合法权益已然受损的情况下无法获得救济。换言之，专利行政执法部门将瑕疵处罚决定予以信息公开所造成的负面影响基本上由被处罚人承担，这显然是权责不对等的。虽然《意见》第二条规定行政机关应当及时公开因行政复议或行政诉讼撤销的处罚决定相关信息，其中也似乎暗含了《国家赔偿法》第三十五条之规定的精神损害赔偿原理，但仅有此规定是全然不够的。错误的或不当的处罚一旦被公开，这给行政相对人的声誉造成的不良影响不可估量。由此，需要重新界定处罚案件信息公开行为是否构成对被处罚人的另一个行政处罚行为，或者是视为加重或从重处罚行为。

在行政法学理论上，处罚信息公开与申诫罚的内涵及其形式最为接近。申诫罚亦称精神罚或者影响声誉罚，是指行政主体向违法当事人发出警戒，申明其有违法行为，通过对其名誉、荣誉、信誉等施加影响，引起其精神上警惕，使其不再违法的处罚形式。申诫罚所涉及的处罚内容表现为一种精神权益，主要形式有警告、通报批评、责令具结悔过等。现行专利法规定有警告这一申诫罚形式，但处罚信息公开对行政相对人权益的影响远大于申诫罚所产生的惩罚效果。据此，申诫罚无法涵盖专利行政执法主体实施的处罚案件信息公开行为。另外，信息公开也没有必要再将其视为专利行政处罚中的加重或从重处罚行为，因为专利行政处罚案件信息公开是管理专利工作的部门主动公开行为，普遍适用于一般程序查办的假冒伪劣和侵权行政处罚案件。因此，只能将行政处罚信息公开行为视为一种独立的处罚种类。《意见》发布于"送审稿"之后，依据处罚法定的基本原则，行政处罚信息公开行为的法律界定唯有希冀于《专利法》以及相关法律法规在进一步修订中予以明确。

5.4 信息公开机制下专利行政处罚制度的完善及对策

以《专利法》第四次修订中涉及专利行政处罚之条款为分析范本，结合国务院常务会议批转的《意见》中提到的信息公开及其纳入社会征信体系的决定，重新审视专利行政处罚权的扩张问题。在对修订草案述评的基础上得出，专利处罚案件信息公开且与征信体系"捆绑"势必挑战专利行政执法部门的执法能力，也会引发专利行政诉讼案件的频繁发起。前者归因于行政权的特性、执法主体的尴尬地位以及专利侵权判断的复杂性，后者由于与被查处人切身"信用利益"相关而激发其不断积极维权的意识。据此，本书从立法、执法、管理体制三个维度进行对策探讨。

5.4.1 《专利法》需慎重划定专利行政处罚权的边界

从唯物史观的角度，现行任何一部法律制度的规定并不必然，其产生和发展也并非完全基于严格程序和理性分析，而是有着历史形成过程的复杂性甚至是偶然。法律制度的设计可能先于制度的正当性论证，专利行政执法制度的形成便是我国特定历史时期的立法产物。在《专利法》未来的修订过程中，应当首先对专利行政处罚权的边界这一基础理论问题进行论证，进而指引具体制度的修正。参照前文有关边界问题的系统研究成果，本书认为，《专利法》第四次修订草案"两稿"中对专利行政处罚权原有边界的扩张缺乏理论上的合理性。值得注意的是，党的十八届三中全会确立了"使市场在资源配置中起决定作用""着力解决市场体系不完善、政府干预过多和监管不到位的问题"的改革方向，扩张专利行政处罚权的立法思维似乎与此相悖。因此，有必要对"送审稿"涉及专利行政处罚的条款作出调整。

具体而言，如果删除"送审稿"第六十条第三款对"涉嫌扰乱市场秩序的专利侵权行为"进行行政查处之规定，同时，适用"送审稿"第六十五条新增的惩罚性赔偿条款，将对"故意侵犯专利权行为"的裁决权仅赋予法院行使，不仅有助于确保专利侵权与否的认定，更好地调动专利权人提供线索、充分举证的积极性，也避免了不必要的行政、司法资源浪费。或者，针对上述严重的专利侵权行为，专利行政部门的介入程度止于"责令停止侵权"这一行政强制措施，加大对违反责令停止侵权决定的惩罚力度。这与目前我国专利侵权纠纷民事赔偿额较低的现状有关，❶ 也符合专利权人维权的主要目的（制止侵权行为）。❷ 若保留对"故意侵犯专利权"加重处罚的规定，应该先明确"故意侵权"的构成要件。是不是只要是公开授权的专利就默认对其侵权行为属于"故意"；还是专利权人或其他相关主体向其告知涉嫌侵权后仍继续原行为即为"故意"；抑或是权利人通过网站或其他媒体发布相关声明或广告后未经授权的实施行为视为"故意"。不同的认定标准会给各方利益主体带来截然不同的影响。再者，建议删除"送审稿"第六十四条赋予专利行政机关对"涉嫌侵犯专利权行为"的主动查处职能，区别对待假冒专利与侵犯专利权两种不同的违法行为，避免将两者混同规定。或者，保留"送审稿"第六十四条，则在此后颁布的《专利法实施细则》或相关规定（如《专利行政执法办法》）中补充专利行政执法机关对涉嫌专利侵权行为调查取证的程序性规定，包括但不限于，主动查处的范围、形式等。

诚然，无论有关"加强专利行政执法"的修订条款是否通过审议甚或重新起草，管理专利工作的部门在化解专利纠纷上仍有较其他途径相对突出的优势。由于这种优势职能与行政处罚权的关系不大，比如行政调解，本书不予讨论。

---

❶ 中南财经政法大学知识产权研究中心所作的《知识产权侵权损害赔偿案例实证研究报告》指出：自 2008 年以来，我国 97.25% 的专利判决都采取法定赔偿的方式，法定赔偿的平均赔偿额只有 8 万；国家知识产权局发布的《关于专利法修改草案（征求意见稿）的说明》指出：调研反映，有 30% 的专利权人遇到了专利被侵权，仅有 10% 的人采取了维权措施。

❷ 引入惩罚性赔偿制度前，专利侵权纠纷的赔偿采"填平原则"。一项专利维权的合理开支包括律师费、公证费和其他取证费用、为诉讼花费的交通食宿费、时间成本等，加之对专利申请、专利维持所花的费用，专利权人根本无法通过专利维权弥补侵权所带来的损失。据此，专利权人诉诸法院诉讼或专利行政保护最主要的目的就是能够有效地制止专利侵权。

5.4.2　以信息公开促进专利行政执法办案质量的提高

专利行政处罚案件信息公开，扩大了行政处罚的影响力，变相加重了对被处罚人的处罚。为了遵循"过罚相当"原则，必须在处罚案件（除涉及商业秘密或个人隐私）信息公开前确保案件处理的合法性和合理性。特别是对于涉嫌专利侵权的案件（假冒专利通常容易判定且争议不大），侵权判定比较复杂。依据《行政处罚法》，专利行政部门对涉嫌专利侵权案件作出处罚决定前，应充分利用听证制度，赋予被查处人以申辩、质证的权利。现行《专利法》《专利法实施细则》和《专利行政执法办法》对专利侵权纠纷的处理均没有具体规定行政处理的程序，即没有行政处理决定如何作出、实体上依据何种标准、程序上遵循何种规范以及如何限制的规定，极易为执法不当埋下隐患且引发行政相对人的合理怀疑。专利行政处罚信息公开凸显了这一矛盾，亟待完善专利行政处罚的程序性规定。这不仅能统一各地的专利行政执法标准，也在很大程度上消减执法人员因处罚案件信息公开所承受的压力。由于我国没有统一的行政程序法，对专利行政执法权的"约束"可通过单行法规予以规制。建议重新修订《专利行政执法办法》，或参照2009年国家版权局颁布的《著作权行政处罚实施办法》专门制定详细的专利权行政处罚办法，或其他执法程序办法。详细规定专利行政执法的基本原则、管辖、回避、送达、受理、举证、质证、侵权判定、结案、执行等内容，并设定违反执法程序的责任种类和救济措施等。

可见，行政处罚案件信息公开成为一种制约和监督专利行政处罚权的外部机制。"法之理在法外"，[388]外部机制的完善及其作用可以间接地激发专利行政处罚制度的效能。借鉴美国与日本在信息公开方面的成功经验，❶ 专利行政处罚案件信息公开应采取"遮盖式"公开方式，以确保专利行政执法部门所公开的客观事实、法律事实和公开事实在本质上的一致与统一，具体做法如下。首先，管理专利工作的部门在对假冒、侵权行政处罚案件公开前，需要详查是否包含不得公开的内容信息，尤其是涉及商业秘密或当事人肖像、财产状况等隐私信息，利用遮盖或涂黑等方式避免信息不当外泄。其次，对于具体处罚决定作出前通过调查、听证、鉴定等方式取得的证据材料，特别是与处罚认定有关的主要事实材料，也应采取"遮盖式"公开。最后，对于行政相对人所提供的用于证明待证事实的鉴定结论、证人证言、物证、书证等证据，需要待行政相对人确认后再行公开。当然，专利行政处罚信息公开机制还有其他值得完善之处，这里仅提供一种对策探讨的思考路径，即借由信息公开机制的完善，促使专利行政执法办案质量的提高。

5.4.3 探索建立跨部门协作的专利执法长效机制

就我国目前的立法现状和行政体制而言，专利行政执法部门不具备独立的执法能力和执法资源，在执法过程中需要借助公安、海关、工商等部门的执法协助。然而，这样的执法组织或执法行动过多地依赖于中央部委或是地方政府的决议，"运动式执法"意味浓厚，欠缺法律层面的明确规定和授权。继党的十八届三中全会通过的《中共中央关于全面深化改革若干重大问题的决定》在阐述深化行政执法体制改革时谈到的"整合执法主体、相对集中执法权、推进综合执法"之后，在国务院 2014 年 6 月颁布的《关于促进市场公平竞争维护市场正常秩序的若干意见》进一步明确要"规范和完

---

❶ 根据美国《信息自由法》和日本《行政信息公开法》的相关规定以及实践，两国对于信息公开均采取"遮盖式"公开的方式，这能够为法律事实的认定以及公开事实的确定活动提供途径和行为界限。参见：刘杰. 日本信息公开法研究 [M]. 北京：中国检察出版社，2008：85；徐莲丽. 政府信息公开诉讼中的秘密审查制度：美国的实践 [J]. 环球法律评论，2011（3）：92 - 98.

善监管执法协作配合机制，建立健全跨部门、跨区域执法协作联动机制。制定部门间监管执法信息共享标准，实现信息资源开放共享、互联互通"。这为加强专利行政部门与其他部门之间协作执法机制的构建指明了方向。

一方面，就专利执法领域而言，现有的部门格局已基本固化，试图调整现有格局甚至是建立新的行政执法主体不具有现实操作性。质言之，法律的稳定性难以适应我国日益加快的行政执法体制改革进度，原则上已不再另设独立的行政执法主体。从这个角度看，相对集中专利行政处罚权、实施跨部门协作执法属于行政管理体制问题。在政策语境下，是对专利行政执法资源的优化。实践中专利执法的跨部门协作执法机制已取得初步成效，比如，江苏省泰州市成立了公安局驻知识产权局办公室、知识产权保护检察工作站、专利行政执法支队，制定了涉嫌专利犯罪案件移送办法、专利行政执法联合执法办法和知识产权联动保护机制暂行办法等。另一方面，专利行政执法与司法保护的衔接也需要加强。对于专利纠纷的处理，行政部门与司法机关有不同的利益诉求，前者倾向于效率，后者更注重公平。行政执法为了简化程序、提高执法效率，其执法程序和处理决定往往潜藏着更多不合理成分；而法院审理专利侵权纠纷案件，又会给双方当事人带来高昂的诉讼成本。两者的执法衔接与协作，才能更好地促进专利纠纷之解决以及维护公平竞争的市场正常秩序。在专利行政处罚案件的办理过程中，行政部门的主动高效有助于快速收集涉嫌侵权违法的产品及相关资料，保存可能灭失或者以后难以取得的证据，既为后续启动的司法程序提供固定证据的支持，也有助于缓解法院审判的压力。行政执法协作的深层意义在于：行政部门之行动是一种国家政治行为，这种政治行为倡导在与有意义的他者的承认关系中达成自我实现，进而积极培育现代公共领域以实现社会民主与政治民主的协调互补，并使社会权力在道德根基上维系权利共生的社会公共生活。[389]

　　总之，专利行政处罚案件信息公开既是挑战，也是完善专利行政处罚制度、提高专利行政执法办案质量的重要影响机制。《专利法》第四次修订与《意见》内容存在非常密切的关系，在很大程度上，是《意见》迫使我们重新思考《专利法》修订草案中有关行政处罚条款该如何进一步修订。

第 6 章　结论与展望

6.1　结论

专利行政处罚是一个具有中国特色的知识产权保护制度，国内外很少有人对它进行系统研究。在以上章节中，本书围绕"专利行政处罚权的边界"这一理论命题进行了较为深入和全面的论述，充分论证并回答了如下两个基本问题：第一，专利行政处罚权是该扩张还是限制？即专利行政执法制度的发展趋势问题。虽然这一问题仍旧存在争议，但是，很少有学者从行政权边界的视角进行比较详细的研究。第二，专利行政处罚权的边界应该如何界定？也即是专利行政处罚制度的发展模式问题。相对来说，学界对这一问题的研究更少。对于这两个问题的回答，《专利法》及其行政执法制度本身未能给出自洽的解释。为了避免陷入自我循环论证的思维怪圈，本书引述更为一般的行政权边界理论以及行政处罚法等相关制度的成熟体系，作为本书论证的依据，同时兼顾理论适用的一般性和特殊性的统一。通过对边界问题的解题发现，专利行政处罚权究竟应该扩张抑或限制是难以独立下判断的，因为无论如何选择，都会对相关利益主体的权益产生影响，这便进一步拓宽了本书的研究视野，即在专利行政处罚权与立法权、司法权、其他行政执法权以及私权利之间的关系互动中界定专利行政处罚权的边界范围。从这个意义上讲，边界即是不同主体之间的关系以及彼此的利益平衡过程，而这也正好与专利制度的公共政策属性相暗合。以终为始，在全面分析专利行政处罚权的边界体系并从一般意义上回答这两个基本问题之后，本书回到问题的源起上：知识产权行政处罚案件信息公开和《专利法》第四次修订草案中涉及行政处罚条款的扩充。可以说，《专利法》修订引起了有关行政权扩张

的争议，又是信息公开机制使得这一问题愈发凸显。结合信息公开机
制及其产生的影响，本书最后的落脚点在于《专利法》未来的修改
以及专利行政处罚制度的完善。不难发现，本书的论证思路是以问题
为导向，将总的问题分解为符合逻辑规律和制度范式的子问题逐个求
解，在此基础上，针对当前最为紧迫的现实问题进行具体分析，某种
程度上可将其视为在先研究的结论验证。

　　文章除第 1 章导论和最后一章结论与展望外，主体部分共 4
章。第 2 章从命题角度阐述行政权边界界定在本书的理论蕴含，构
建专利行政处罚权边界研究的基本框架，创造本命题在公共政策基
础上的理论可能。第 3 章从公权力的角度进行内部边界之论述。以
分权与制衡理论为中心，论述专利行政处罚权与立法权、司法权、
其他行政执法权的边界，以此回应专利行政处罚权与相关公权力的
冲突与协调。第 4 章从私权利的角度进行外部边界之论述。在"活
私开公"的公共政策观的引导下，以行政参与理论为切入点，论述
了公共政策视域下的专利行政处罚主体与客体。按照行政相对人与
行政相关人的划分标准及其相应的法律地位和权利体系，分别阐述
了其与专利行政执法主体之间的博弈与互动。第 5 章论述将行政处
罚信息公开制度与专利行政处罚制度一并讨论，强调信息公开给专
利行政执法主体与行政相对人带来的影响，最后提出有针对性的应
对之策，兼谈《专利法》第四次修改草案中涉及的行政处罚条款该
如何修改。第 2 章至第 5 章内容简述如下：

　　第 2 章专利行政处罚权的边界构造及逻辑展开。这章是全文的
基础理论部分，分别从行政权边界的一般理论、专利行政处罚权的
基础理论以及边界研究的基本框架和分析工具三个方面进行论证。
首先，从一般意义上的行政权边界内涵及存在形态入手，分析行政
权边界构造的必要性和可行性。通过梳理行政权与公权力、行政权
与私权力、行政权与私权利以及行政权与公权利这四对基本范畴，
引申出行政权边界构造的类型，即行政权与公权力的内部边界和行
政权与私权利的外部边界。同时，探讨了行政权越界的原因及其规

制问题。紧接着，在政策语境下，界定专利行政处罚（权）的内涵和设定。认为专利行政处罚权是指，管理专利工作的部门依据法定权限和程序，对违反专利行政管理秩序的公民、法人或其他组织给予行政制裁的行政职权，专利行政处罚权的设定属于立法权问题。为了反映出专利行政处罚制度研究的特殊性，该部分从商标行政处罚、专利刑罚以及专利行政裁决三个角度进行对比研究。在专利行政处罚的国际协定与域外考察部分，主要以 TRIPs 为范本研究了与专利行政处罚有关的规定条款，并重点从美国、英国、墨西哥等国家的知识产权行政保护制度及其实践得出了一些可资借鉴的完善建议和启示。最后，在兼具理论的特殊性和一般性原理的前提下，搭建出本书专利行政处罚权边界研究的基本框架，即专利行政处罚权与公权力的内部边界和专利行政处罚权与私权利的外部边界。本书立足于专利制度的工具属性和社会公共利益最大化之目的，选取公共政策的效果评价作为构造专利行政处罚权边界的评估准则。在具体的制度分析时按照行政合法性和行政合理性的行政法基本原则之要求，明晰了处罚法定、处罚公正、处罚公开、处罚与教育相结合以及程序权利保障这五项贯穿于本书研究内容始终的基本准则。

第 3 章专利行政处罚权与公权力的边界。在专利行政处罚权与立法权的边界论证部分，依据行政立法的法律优位和法律保留原则，结合我国专利行政处罚制度的行政立法现状，本书认为，我国现行的两类主要的专利行政立法文件（地方性专利法规和专利行政执法办法）均不同程度存在越权设定行政处罚的缺陷。从而得出具体的立法规制路径：一方面，新设专利行政处罚的种类、幅度必须先在《专利法》或其实施细则的修改中予以规定；另一方面，趁新一轮《专利法》修订，地方立法机关应及时修订、废止时效过长的专利法规，删除越权设定行政处罚的相关内容，国家知识产权局也要启动对《专利行政执法办法》的修订工作。在专利行政处罚权与司法权的边界论证部分，首先从行政权与司法权的制约关系和衔接机制方面进行一般性论述，进而适用于专利执法领域推导出司法权对专利行政处罚权的限制规则：专利权效力判定的去行政化；专利侵权纠纷处理的弱行政化；专利行政处罚的司法监督。相应地，该部分从专利行政处罚证据的效用、专利行政处罚决定的效力以及专利行政处罚与刑事司法的衔接三个方面论述了专利行政处罚权对司法权的影响作用。在专利行政处罚权与相关行政执法权的边界论证方面，本书梳理了广义上的专利行政处罚体系，并从行政处罚主体和行政处罚管辖方面进行详细介绍。在此基础上，归纳出专利行政处罚权限冲突的表现形态及其原因，并对现有权限冲突的规制方式进行评价。由此得出，以跨部门协作为主的行政协作机制是提高专利行政处罚效率的发展路径。

第4章专利行政处罚权与私权利的边界。围绕共生、共治、共和为中心的现代宪政价值体系，对于公权力，应从传统的有限政府扩展到对有为政府与有效政府的追求；对于私权利，亦从对抗公权力的非法干涉到对积极参与公共事务的保障。具体到本书的研究范畴，专利制度鲜明的公共政策属性使得专利行政处罚权与私权之间的边界探讨需要跳出原有的"公私二元"模式，营造"活私开公—公私共创"的公共哲学范式。在此引导下，本书从行政参与主体论的角度重新解构专利行政处罚权与私权的边界体系，继而分别从行政相对人和行政相关人两个方面构造与行政处罚权的边界。对于行政相对人，专利行政处罚裁量基准制度有利于保障其实体权利免于不当裁量之侵害，而简易程序、一般程序和听证程序的完善则是从程序方面进一步规范行政处罚权之行使。对于行政相关人，考虑到其利益诉求往往与行政执法主体所维护的公共利益具有共通性，借鉴法律制度激励功能的相关理论，在法律文本和激励模式设计的基础之上提出行政主体与行政相关人互动激励的边界构想，以尽可能地鼓励行政相关人主体参与到行政程序中、协助行政主体提高专利行政处罚的效益水平。

第5章当前挑战：信息公开视角下的专利行政处罚权的边界。《专利法》第四次修订与行政处罚案件信息公开制度的试行存在非常密切的关系，在很大程度上，是信息公开迫使我们重新思考《专利法》第四次修订中有关行政处罚条款该如何进一步修订，继而有了本书专利行政处罚权边界问题的源起。这一章是结合信息公开机制探讨专利行政处罚权的边界问题，在一定程度上可称之为前述边界论证结论的具体分析。该部分首先从制度层面阐述行政处罚信息公开制度的背景和机理等问题，然后切入试行不久的专利行政处罚案件信息公开机制，并分析其存在的问题和发展趋势。同时，从《专利法》第四次修改草案的具体文本层面论述专利行政处罚权的扩张趋势，并对扩张抑或限制的选择进行理论反思和现实困境的考量。基于以上两个维度的分析，本书综合认为，专利行政处罚信息公开会带来两方面的挑战，一是专利行政执法部门的执法能力面临考验，二是被处罚人基于"信用利益"可能会频繁提起行政诉讼。前者归因于行政权的特性、执法主体的尴尬地位以及专利侵权判断的复杂性，后者由于与被查处人切身"信用利益"相关而激发其不断积极维权的意识。据此，从立法、执法、管理体制三个维度进行对策探讨：《专利法》需慎重划定专利行政处罚权的边界，并对相关行政处罚条款提出了立、改、废的建议；以信息公开促进专利行政执法办案质量的提高，凸显行政处罚案件信息公开作为一种外部制约机制的功能发挥；探索建立跨部门协作的专利执法长效机制，这符合国家深化行政执法体制改革的基本方向。

　　作为结论，这里再次明确对这两个基本问题的解答及其依据。第一，《专利法》第四次修订草案反映出的行政处罚权扩张缺乏合理性，专利行政处罚权应该适当限制或者是保持现有格局。特别是在知识产权行政处罚案件信息公开机制推行以后，管理专利工作的部门及其执法人员面临较大压力，限制行政权也是基于专利行政执法主体利益的考虑。此外，专利权利状态的不确定、专利行政执法资源不足等现实困境也是制约专利行政处罚权扩张的重要因素。第二，如何界定专利行政处罚权的边界，即行政权介入专利领域的程度和范围。在理论准备方面：参考行政权边界理论，将专利行政处罚权分解为内部边界和外部边界问题，前者是指专利行政处罚权与公权力的边界关系，后者是指专利行政处罚权与私权利的边界，据此推导出本书边界论证的逻辑结构；专利制度的公共政策属性为本书边界构造的效果评价提供了两种方法，即利益平衡论和"成本—收益"激励理论；专利行政处罚问题的研究也需要遵循行政处罚法的基本原则，如处罚法定、处罚公开等。在此基础上得出，与公权力的边界方面，地方性专利法规以及《专利行政执法办法》普遍存在越权设定专利行政处罚的条款，需要从效力层级较高的法律、行政法规层面规范专利行政处罚的设定；司法权限制为专利行政处罚制度的变革及《专利法》修订确定了界限，专利行政处罚权运行的法律效果亦需要法院尊重，专利行政保护与司法保护的共通性为两者的衔接奠定了基础；知识产权行政保护"部门林立"的体制弊端为专利行政处罚权限冲突埋下了隐患，行政协助、联合执法、综合执法在消减权限冲突方面发挥了一定作用，以跨部门协作为主的行政协作机制是提高专利行政处罚效率的发展路径。与私权利的边界方面，在"活私开公"的公共哲学统摄下，以行政参与理论为切入点，分别从行政相对人和行政相关人两个方面阐述其与行政处罚权的边界问题；对于行政相对人，专利行政处罚裁量基准制度、简易程序、一般程序和听证程序的完善是为了规范行政处罚权之行使；对于行政相关人，考虑到其利益诉求往往与行政执法主体所维护的公共利益具有共通性，借鉴法律制度激励功能的相关理论，在法律文本和激励模式设计的基础之上提出行政主体与行政相关人互动激励的边界构想。

6.2　完善专利行政处罚立法的建议

　　需要特别说明的是，前文所参照的文本资料是 2012 年 8 月国家知识产权局公布的"征求意见稿"和 2013 年 1 月国家知识产权局向国务院提交的"送审稿"。在学位论文写就并通过论文答辩之后，国家知识产权局又分别于 2015 年 4 月 1 日第二次发布"征求

意见稿"、于 2015 年 12 月 2 日第二次向国务院提交"送审稿"。❶
值得一提的是，第二次"送审稿"恰好回应了笔者在文中一再重申
的观点："专利行政处罚权的扩张仅止于对涉嫌扰乱市场秩序的专
利侵权行为等故意侵权行为实施行政处罚，而不宜扩张至对一般侵
权行为实施行政处罚。"具体而言，第二次"送审稿"第六十条仅
涉及对群体侵权、重复侵权等扰乱市场秩序的故意侵权行为实施行
政处罚，而不再对一般侵权行为予以处罚。❷ 借论文出版之机，本
章节的立法完善建议针对最新的第二次"送审稿"，以保持理论研
究的前沿性。但本书通篇的论证思路和基本理念仍旧是一以贯之
的，前文所阐述的理论、观点、分析框架亦可用于分析最新的《专
利法》修订草案及其相应内容。

　　结合本书研究结论，专利行政处罚的立法完善需要从以下三个
方面着手：一是对现行《专利法》及其实施细则的修改，二是对地
方性专利法规的修改，三是对《专利行政执法办法》的修改。❸ 至
于地方性专利法规的修改，由于涉及面较广，暂时难以提出统一的
立法建议，留待今后进一步研究中再做讨论。因此，本节重点针对
2015 年 12 月 2 日发布的第二次《专利法修订草案（送审稿）》和

---

❶ 2015 年 4 月 1 日，国家知识产权局在其官方网站上发布了"关于就《专利法修
改草案（征求意见稿）》公开征求意见的通知"，并含附件"《专利法修改草案（征求意
见稿）》条文对照"以及"关于《专利法修改草案（征求意见稿）》的说明"。2015 年
12 月 2 日，国务院法制办公布了国家知识产权报请审议的《专利法修订草案（送审
稿）》并公开征求社会各界意见，涉及行政执法的修改内容主要有四个方面：新增规定
涉嫌扰乱市场秩序的专利侵权行为；新增对网络专利侵权的规定；具体规定对假冒专利
行为的处罚；新增专利行政执法部门的强制措施等。

❷ 在 2015 年 4 月 1 日国家知识产权发布的第二次"征求意见稿"中第六十条第一
款规定，对于一般侵权行为，"并可以没收、销毁侵权产品、专用于制造侵权产品或者
使用侵权方法的零部件、工具、模具、设备等"。

❸ 2015 年 5 月 29 日，国家知识产权局发布《国家知识产权局关于修改〈专利行
政执法办法〉的决定》，修改内容涉及 11 处，自 2015 年 7 月 1 日起施行。因此"决定"
发布时，博士论文已写就，故前文所引《专利行政执法办法》为修订前版本，但涉及的
条款并不影响相关内容的论述，特此说明。

现行《专利行政执法办法》之相关条款的完善提出立法建议。

第一，第二次"送审稿"中专利行政处罚相关条款仍存在以下两点问题：一是赋予县级专利行政部门以执法权有待商榷（第三条）。第二次"送审稿"对县级专利行政部门的主体地位予以明确，满足了基层专利行政执法的现实需求，也有利于完善专利行政执法体系以及与法院在管辖级别上相对应。然而，与"送审稿"新增的旨在加强专利行政处罚的相关条款综合考虑，县级专利行政部门的执法能力、执法资源的配备等方面能否与其享有的职权相匹配是需要反思的。换言之，在目前专利行政执法机构不健全、执法力量薄弱和执法效果存疑的现实困境下，县级专利行政部门仍不具备对专利侵权行为（尤其是一般性的侵权行为）以及专利违法行为实施行政裁决、行政处罚以及行政强制措施的能力。况且，面对目前推行的专利行政处罚案件信息公开工作，专利行政部门的执法能力本身会受到挑战，这也对县级专利行政部门提出了更为严格的要求。而且，许多地方知识产权局属于事业单位，县一级管理专利工作的部门的法律地位就更为模糊，即便从《专利法》上将其定性为"行政部门"，但这还仍牵涉行政机构体制、层级设置等行政管理难题。在明确县级专利行政部门享有执法权的同时，亦需要限制专利行政处罚权的对象、手段和程序性规定。否则，不仅未能实现"及时发现和查处专利违法行为"的立法目的，反而会浪费执法资源、影响行政执法的权威性、挫伤专利权人对专利行政执法制度的信心。二是专利行政部门对涉嫌"侵犯专利权行为"案件实施调查取证会对一方当事人显失公平（第六十七条）。为了解决目前专利侵权案件中的"举证难"问题，"送审稿"赋予专利行政部门对"涉嫌侵犯专利权行为"的主动查处职能，并将其与假冒专利行为规定于同一条款中。这其中存在两个问题：一方面，行政权介入专利侵权纠纷实施调查取证的目的究竟是促进纠纷的解决还是实施行政处罚，如果是前者则是对一方当事人的偏袒，若是后者则缺乏执法依据；另一方面，将假冒专利行为与侵犯专利权行为这两种不同的违法行为混同规定于同一条中，遮蔽了行政处罚权维护社会公共利益的动因，使得专利侵权纠纷当事人之间的博弈失去平衡。然而，对于"扰乱市场秩序的故意侵权行为"则存在行政权介入的必要性和空间。基于以上分析，本书对"送审稿"之第三条、第六十七条提出修改建议（具体参见表6.1）。

表6.1　第二次《专利法修订草案（送审稿）》修改前后的条文对照

"送审稿"	建议修改后条款
第三条之三款 前款所称地方人民政府专利行政部门是指省级、设区的市级**以及法律法规授权的县级**人民政府专利行政部门	**第三条之三款** 前款所称地方人民政府专利行政部门是指省级、设区的市级人民政府专利行政部门
第六十七条之一款 专利行政部门根据已经取得的证据，对涉嫌**侵犯专利权行为**或者假冒专利行为进行查处时，可以询问有关当事人，调查与涉嫌违法行为有关的情况；对当事人涉嫌违法行为的场所实施现场检查；查阅、复制与涉嫌违法行为有关的合同、发票、账簿以及其他有关资料；检查与涉嫌违法行为有关的产品，对有证据证明是**扰乱市场秩序的故意侵犯专利权的产品或者**假冒专利的产品，可以查封或者扣押	**第六十七条之一款** 专利行政部门根据已经取得的证据，对涉嫌假冒专利行为进行查处时，可以询问有关当事人，调查与涉嫌违法行为有关的情况；对当事人涉嫌违法行为的场所实施现场检查；查阅、复制与涉嫌违法行为有关的合同、发票、账簿以及其他有关资料；检查与涉嫌违法行为有关的产品，对有证据证明是假冒专利的产品，可以查封或者扣押 **或者修改为：** 专利行政部门根据已经取得的证据，对涉嫌**扰乱市场秩序的故意侵犯专利权行为**或者假冒专利行为进行查处时，可以询问有关当事人，调查与涉嫌违法行为有关的情况；对当事人涉嫌违法行为的场所实施现场检查；查阅、复制与涉嫌违法行为有关的合同、发票、账簿以及其他有关资料；检查与涉嫌违法行为有关的产品，对有证据证明是**扰乱市场秩序的故意侵犯专利权的产品或者**假冒专利的产品，可以查封或者扣押

第二，对于《专利行政执法办法》的修改包括两个方面的内容：一是专利行政处罚程序的完善，主要有增加专利行政处罚的简

易程序、细化和补充处罚程序的证据种类和证据规则以及听证程序；二是删除违反上位法规定而设定行政处罚的相关条款，主要针对第6章法律责任部分的第四十三条和第四十五条（具体条文对照参见表6.2）。

表6.2 《专利行政执法办法》2015年修改前后的条文对照

现行条款	建议修改后条款
第三条之三款 管理专利工作的部门查处假冒专利行为，应当以事实为依据、以法律为准绳，遵循公正、公开的原则，给予的行政处罚应当与违法行为的事实、性质、情节以及社会危害程度相当	第三条之三款 管理专利工作的部门查处假冒专利行为，应当以事实为依据、以法律为准绳，遵循公正、公开的原则，给予的行政处罚应当与违法行为的事实、性质、情节以及社会危害程度相当。**除行政处罚法规定适用简易程序的情况外，专利行政处罚适用行政处罚法规定的一般程序**
第三十二条之二款 管理专利工作的部门作出较大数额罚款的决定之前，应当告知当事人有要求举行听证的权利。当事人提出听证要求的，应当依法组织听证	第三十二条之二款 管理专利工作的部门作出较大数额罚款的决定**或者法律、行政法规规定应当听证的其他行政处罚决定**之前，应当告知当事人有要求举行听证的权利。当事人提出听证要求的，应当依法组织听证
第三十八条之一款 管理专利工作的部门调查收集证据可以查阅、复制与案件有关的合同、账册等有关文件；询问当事人和证人；采用测量、拍照、摄像等方式进行现场勘验。涉嫌侵犯制造方法专利权的，管理专利工作的部门可以要求被调查人进行现场演示	第三十八条之一款 管理专利工作的部门调查收集证据可以查阅、复制与案件有关的合同、账册等有关文件；询问当事人和证人；采用测量、拍照、摄像等方式进行现场勘验；**委托法定鉴定部门或技术专家作出鉴定结论**。涉嫌侵犯制造方法专利权的，管理专利工作的部门可以要求被调查人进行现场演示
第四十条之二款 经登记保存的证据，被调查的单位或者个人不得销毁或者转移	第四十条之二款 经登记保存的证据，被调查的单位或者个人不得销毁或者转移。**应当移送有关部门处理的，将案件连同证据移送有关部门处理**

续表

现行条款	建议修改后条款
第四十三条 管理专利工作的部门认定专利侵权行为成立，作出处理决定，责令侵权人立即停止侵权行为的，应当采取下列制止侵权行为的措施： （一）侵权人制造专利侵权产品的，责令其立即停止制造行为，**销毁制造侵权产品的专用设备、模具**，并且不得销售、使用尚未售出的侵权产品或者以任何其他形式将其投放市场；**侵权产品难以保存的，责令侵权人销毁该产品；** （二）侵权人未经专利权人许可使用专利方法的，责令侵权人立即停止使用行为，**销毁实施专利方法的专用设备、模具**，并且不得销售、使用尚未售出的依照专利方法所直接获得的侵权产品或者以任何其他形式将其投放市场；**侵权产品难以保存的，责令侵权人销毁该产品；** （三）侵权人销售专利侵权产品或者依照专利方法直接获得的侵权产品的，责令其立即停止销售行为，并且不得使用尚未售出的侵权产品或者以任何其他形式将其投放市场；**尚未售出的侵权产品难以保存的，责令侵权人销毁该产品；** （四）侵权人许诺销售专利侵权产品或者依照专利方法直接获得的侵权产品的，责令其立即停止许诺销售行为，消除影响，并且不得进行任何实际销售行为； （五）侵权人进口专利侵权产品或者依照专利方法直接获得的侵权产品的，责令侵权人立即停止进口行为；侵权产品已经入境的，不得销售、使用该侵权产品或者以任何其他形式将其投放市场；**侵权产品难以保存的，责令侵权人销毁该产品；**侵权产品尚未入境的，可以将处理决定通知有关海关； （六）停止侵权行为的其他必要措施	**第四十三条** 管理专利工作的部门认定专利侵权行为成立，作出处理决定，责令侵权人立即停止侵权行为的，应当采取下列制止侵权行为的措施： （一）侵权人制造专利侵权产品的，责令其立即停止制造行为，并且不得销售、使用尚未售出的侵权产品或者以任何其他形式将其投放市场； （二）侵权人未经专利权人许可使用专利方法的，责令侵权人立即停止使用行为，并且不得销售、使用尚未售出的依照专利方法所直接获得的侵权产品或者以任何其他形式将其投放市场； （三）侵权人销售专利侵权产品或者依照专利方法直接获得的侵权产品的，责令其立即停止销售行为，并且不得使用尚未售出的侵权产品或者以任何其他形式将其投放市场； （四）侵权人许诺销售专利侵权产品或者依照专利方法直接获得的侵权产品的，责令其立即停止许诺销售行为，消除影响，并且不得进行任何实际销售行为； （五）侵权人进口专利侵权产品或者依照专利方法直接获得的侵权产品的，责令侵权人立即停止进口行为；侵权产品已经入境的，不得销售、使用该侵权产品或者以任何其他形式将其投放市场；侵权产品尚未入境的，可以将处理决定通知有关海关； （六）停止侵权行为的其他必要措施

现行条款	建议修改后条款
第四十五条之一款（一）项 （一）在未被授予专利权的产品或者其包装上标注专利标识、专利权被宣告无效后或者终止后继续在产品或者其包装上标注专利标识或者未经许可在产品或者产品包装上标注他人的专利号的，立即停止标注行为，消除尚未售出的产品或者其包装上的专利标识；**产品上的专利标识难以消除的，销毁该产品或者包装**	第四十五条之一款（一）项 （一）在未被授予专利权的产品或者其包装上标注专利标识、专利权被宣告无效后或者终止后继续在产品或者其包装上标注专利标识或者未经许可在产品或者产品包装上标注他人的专利号的，立即停止标注行为，消除尚未售出的产品或者其包装上的专利标识

6.3　展望

　　亦如《专利法》的前三次修订，第四次修法仍将历时数年。对于专利行政执法制度的变革及发展趋势问题，除了从法理上、从具体制度上进行论证以外，党的十八届四中全会对"依法治国"的高度关注以及对"依法行政""深化行政执法体制改革"的相关阐述也会对立法者的决策产生重要影响。实质上，综合考量目前的立法政策，限制政府部门的行政执法权、尽可能地减少行政对市场竞争的干预已然为专利行政执法权的边界界定确定了基本方向。

　　至此，笔者提出最后一个疑惑，边界可以明确界定吗？即本书竭尽所能地构造专利行政处罚权的边界体系，并用此分析专利行政处罚制度的完善路径以及《专利法》涉及行政处罚条款该如何修订，但并未如"边界"原意那样画出清晰可见的范围。如果我们从社会生活出发，很容易发现很多法学理论的提炼无论看起来多么完美，实际上也只能摹写现实生活的部分而不可能是全部。立法者可能也无意清晰界定专利行政执法权的边界，但其规则可能来源于公民、行政机关以及司法机关的互动博弈。也就是说，这样的边界并不是固定不变的，而经常是模糊和可变的。法律是对社会生活经验的总结，法律制度终究是滞后于社会现实。从这个角度看，专利行政处罚权的边界也是发展、变迁的，而本书的研究结论既是终点，更是新的起点。

如此说来，本书对专利行政处罚权边界问题的探讨也难以全面摹写现实生活。这是法学理论研究的局限性，也受制于本书研究的局限性。第一，在跨学科研究中，不同学科领域之间理论借鉴的适宜性和解释力存疑。本书主题虽然属于专利法领域，但笔者在论述时大量借鉴了行政权理论、行政处罚法基本原理、行政主体论等行政法学科知识，还引述公共政策学的一些现有理论用以评价专利行政处罚的制度绩效等相关问题。这些理论在各自学科内都是成熟且权威的观点，本书在引用时也仔细斟酌过理论适用是否恰当，但仍然无法避免存在理论借鉴的不适宜和解释力低的风险。第二，有关专利行政执法的实证性资料较为匮乏或难以收集。研究专利行政执法问题离不开对地方专利行政执法实践、执法文本的调研。本书已尽可能地通过公开渠道收集、整理了相关专利行政执法数据和执法文本，但遗憾的是许多第一手资料属于执法部门的内部文件而不对外公开。笔者曾经试图与某些省级管理专利工作的部门联系能否获得相关资料，对方只向我口头介绍却始终不予提供文本资料。另外，在知识产权行政处罚案件信息公开机制试行以前，专利行政执法案件根本无法查询到。案例是法学研究不可缺少的素材，然而本书引用的案例较少。这显得本书偏重于理论和文本研究。第三，专利行政执法制度的变迁易受到政策影响。行政执法一直是社会关注度较高的热点话题，尤其是新一届政府上台后力推"简政放权"，以降低政府对市场不必要的干预。专利行政执法制度寄居于专利法律制度内，然而，《专利法》第四次修改时有关专利行政处罚条款的修订却无法独立于政府出台的行政执法政策。换言之，对于扩张还是限制专利行政执法权，某种程度上受制于政府对行政执法的态度。此外，司法保护在我国的知识产权保护体系中居于主导地位，行政保护在目前的执法资源和执法体制下只能是一种必不可少的补充机制。所以，就知识产权保护宏观层面提出的司法政策也会对专利行政执法产生影响。本书非常重视对上述相关政策的引用和解读，以尽可能地把握专利行政处罚制度的政策趋势，但笔者仍未敢言能够完全准确地解读并预测出政策对专利行政处罚制度可能产生的影响。

因此，针对本书主题，需要从以下四个方面作进一步研究。一是从行政权以及行政处罚法的角度拓展专利行政处罚制度的研究深度和广度。本书探索性地基于行政权及其边界视角解构专利行政处罚制度，而非囿于知识产权的传统理论和原理进行分析，这种研究进路得出了一些可值检验的结论。然而，由于笔者对行政法领域的知识领悟程度和理论研究水平有限，有待于后续研究工作沿着这一思路进行更为深入、全面的研究。二是结合知识产权领域出现的一些新兴热点问题进行综合研究。篇幅所限，本书未将知识产权领域时兴的一些热点问题纳入研究范围，但并不表示这些问题与本书主题没有关联。比如，上海自贸区成立综合监管与执法局，负责自贸区内的知识产权执法事务，这其中涉及的执法权配置、执法机构设立等方面都是对现有知识产权执法体制的创新。再比如，面对日益紧迫的电子商务领域中的专利执法问题，专利侵权的隐蔽性更高、行政执法的难度更大，也需要从制度层面作出回应。三是有必要在公共政策视野下对专利行政执法问题进行更为深入、具体的研究。目前，知识产权公共政策的基础理论研究已比较丰富，但从公共政策视角解读专利行政执法问题的成果并不多见。本书尝试性地将两者结合，特别是在对专利行政处罚参与主体的研究部分中引用"活私开公"的公共政策相关理论。笔者认为，公共政策在分析专利制度相关问题时有一定的优势，因为专利制度本身就是一种国家的政策工具，将其适用于专利行政执法制度的研究有较大空间。四是知识产权行政处罚案件信息公开机制与专利行政处罚制度的协同研究有待进一步展开。截至目前，知识产权行政处罚案件信息公开机制试行不足一年，信息公开制度本身还有诸多需要完善的地方，这在文中也有详细阐述。正如本书所反复强调的，行政处罚案件信息公开制度与《专利法》第四次修订存在非常密切的关系，在很大程度上是信息公开迫使我们重新思考相关行政处罚条款该如何进一步修订。随着信息公开机制的不断完善与专利行政处罚案件公开后所引发的一系列问题，两者的关联性才能更为直观地显现出来，而相关的研究工作也更有价值。

参考文献

［1］ 苏珊·K. 塞尔. 私权、公法：知识产权的全球化［M］. 董刚，周超，译. 北京：中国人民大学出版社，2005：11.

［2］ 杨静. 自由贸易协定知识产权条款研究［M］. 北京：法律出版社，2013：1.

［3］ GRAEME B D. The international intellectual property law system：new actors，new institutions，new sources［J］. Marquette Intellectual Property Law Review，2006，10（2）：206.

［4］ 古祖雪. 后 TRIPs 时代的国际知识产权制度变革与国际关系的演变：以 WTO 多哈回合谈判为中心［J］. 中国社会科学，2007（2）：143－146.

［5］ Laurence R H. Regime shining：The TRIPs agreement and new dynamics of international lawmaking［J］. The Yale Journal of International Law. 2004（5）：129.

［6］ 李轩. 世界海关组织《关于海关统一知识产权执法的临时标准》（SECURE）：一项严重超 TRIPs 标准的知识产权实施动议之流产的启示［Z］. 南方中心研究论文第 19 号，2008（12）：xii.

［7］ 袁真富. 反假冒贸易协定（ACTA）：制度评价及其国际影响［J］. 国际贸易问题，2012（7）：164－177.

［8］ White House. 2010 Joint Strategic Plan on intellectual property enforcement［R/OL］. http：//safeonlinerx. com/wp － content/uploads/2012/07/intellectualproperty_strategic_plan. pdf.

［9］ OECD. The economic impact of counterfeiting and piracy［EB/OL］. http：//www. oecd. org/document/4/0，3740876868_1_1_1_1，00. html.

［10］ Council Regulation（EC）No. 3295/94 of 22 December 1994 laying down measures to prohibit the release for free circulation，export，re － export or entry for a suspensive procedure of counterfeit and pirated goods，OJL 341，30. 12. 1994：8.

[11] Council Regulation（EC）No. 1383/2003 of 22 July 2003 concerning cus-
    toms action against goods suspected of infringing certain intellectual property
    rights and the measures to be taken against goods found to have infringed such
    rights，Official Journal L 196，02/08/2003：7.

[12] Guy T, etc. Intellectual property in Europe（Third Edition）［M］. Hebden
    Bridge：Sweet & Maxwell，2008：1144 – 1145.

[13] 黄葆春，梁心新. 日本《知识产权推进计划》试析［J］. 知识产权，
    2011（3）：101 – 104.

[14] 付明星. 韩国知识产权政策及管理新动向研究［J］. 知识产权，2010
    （3）：92 – 96.

[15] 李琼，梅世雄. 权力冲突与权力划界［J］. 南京政治学院学报，2011
    （5）：69 – 71.

[16] 朱理. 著作权的边界：信息社会著作权的限制与例外［M］. 北京：北京
    大学出版社，2011.

[17] 康德. 纯粹理性批判［M］. 郭大为，译. 北京：人民出版社，2008.

[18] 贺来. 边界意识和人的解放［M］. 上海：上海人民出版社，2007.

[19] 张弘，杨阳. 行政权的边界意识及其法律培植研究［J］. 政法论丛，
    2013（10）：19 – 25.

[20] 哈贝马斯. 公共领域的机构转型［M］. 曹卫东，等译. 北京：学林出版
    社，1999. 24.

[21] 刘伟. 论现代社会中公共权力边界问题的由来［J］. 行政论坛，2005
    （4）：12 – 15.

[22] 刘杰. 理性认识公共权力的合理边界［N］. 文汇报，2007 – 05 – 28.

[23] 吴翰. 从权力边界的确定探索中国行政改革［J］. 华南师范大学学报
    （社会科学版），2004（10）：17 – 25.

[24] 曼昆. 经济学原理［M］. 梁小民，译. 北京：北京大学出版社，2010. 13.

[25] 萨缪尔森. 经济学［M］. 萧琛，译. 北京：人民邮电出版社，2008. 36.

[26] 穆雷·罗斯巴德. 权力与市场［M］. 刘云鹏，等译. 北京：新星出版
    社，2007. 3.

[27] 王景斌. 论行政权对私域的有限介入［D］. 长春：吉林大学，2008.

[28] 潘爱国. 论公权力的边界［J］. 金陵法律评论（春季卷），2011：46 – 61.

[29] 甄理. 行政权的边界［J］. 经济研究导刊，2013（31）：199 – 201.

[30] 肖顺武. 政府干预的权力边界研究 [J]. 现代法学, 2013 (1): 99 – 109.

[31] 郑少华. 论金融监管权的边界 [J]. 法学, 2003 (7): 73 – 78.

[32] 贾西津. 个人权利: 公权力的边界和责任 [J]. 法学研究, 2009 (4): 191 – 194.

[33] 杨海坤. 实现宪政目标下的中国行政法治 [J]. 法学论坛, 2005 (2): 43 – 54.

[34] 徐爽. 以权利制约权力: 社会主义法律体系与基本权利立法实践的发展 [J]. 政法论坛, 2011 (6): 118 – 123.

[35] 郭贵春. 语境的边界及其意义 [J]. 哲学研究, 2009 (2): 94 – 102.

[36] 肖尤丹. 中国知识产权行政执法制度定位研究 [J]. 科研管理, 2012 (9): 138 – 146.

[37] 郑成思. 国际知识产权保护和我国面临的挑战 [J]. 法制与社会发展, 2006 (6): 3 – 14.

[38] 易玲. 日本《专利法》第 104 条之 3 对我国的启示 [J]. 科技与法律, 2013 (6): 45 – 64.

[39] 邓建志. 我国专利行政保护制度的发展路径 [J]. 知识产权, 2012 (3): 68 – 75.

[40] 赵克祥. 论知识产权侵权案件行政执法权限 [J]. 昆明理工大学学报 (社会科学版), 2009 (5): 42 – 46.

[41] 王秀哲. 知识产权的私权性与行政保护 [J]. 学术论坛, 2009 (10): 155 – 160.

[42] 唐素琴, 姚梦. 专利权行政保护的正当性探析 [J]. 知识产权, 2014 (1): 50 – 55.

[43] 李永明, 郑淑云, 洪俊杰. 论知识产权行政执法的限制: 以知识产权最新修法为背景 [J]. 浙江大学学报 (社会科学版), 2013 (9): 160 – 171.

[44] 李明德. 关于《专利法修订草案 (送审稿)》的几点思考 [J]. 知识产权, 2013 (9): 3 – 10.

[45] 金多才. 我国专利行政执法制度的完善 [J]. 河南社会科学, 2014 (3): 49 – 56.

[46] 段葳, 章娅彤. 知识产权行政保护的边界重构 [J]. 河南社会科学, 2014 (7): 59 – 64.

[47] 赵艳. 我国知识产权行政处罚研究: [D]. 济南: 山东大学, 2008.

［48］ 时延安. 论行政处罚权与刑罚权的协调与实践路径：以侵犯知识产权行为为视角 ［J］. 云南大学学报法学版，2006（9）：71－75.

［49］ 陈钠. 论知识产权行政处罚制度的选择：公共选择理论的视角 ［J］. 社会科学家，2008（11）：66－71.

［50］ 李云霖，欧爱民. 知识产权行政处罚案件信息公开机制探析 ［J］. 知识产权，2014（8）：59－65.

［51］ 朱雪忠，万里鹏. 信息公开视角下的专利行政处罚研究 ［J］. 江西社会科学，2014（9）：141－146.

［52］ 陈刚. 发达国家强化专利权行政保护的经验及启示 ［J］. 科技与经济，2010（12）：39－43.

［53］ 孙益武. 美国知识产权执法的最新发展 ［J］. 理论界，2011（3）：203－206.

［54］ 赵丽. 国际多边条约知识产权执法研究： ［D］. 上海：华东政法大学，2012.

［55］ China – Measures Affecting the Protection and Enforcement of Intellectual Property Rights, Panel Report ［R/OL］. http：//www. ifta – online. org/sites/default/files/58. pdf.

［56］ Lorna B. Intellectual property protection and enforcement ［J］. Thorogood, 1998.

［57］ Louis H. Enforcement of intellectual property rights ［J］. World Intellectual Property, 2006.

［58］ Timothy P T. International intellectual property enforcement：SOP（Standards, Observations and Perceptions）, International Anti – Counterfeiting Coalition, Inc. 2002.

［59］ Xuan Li, Carlos M C. Intellectual property enforcement：international perspective ［M］. Northampton：Edward Elgar Press, 2009.

［60］ M. C. E. J Bronckers. TRIPS agreement：enforcement of intellectual property rights, Bernan Associates, 2000.

［61］ Carlos M C. Research handbook on the interpretation and enforcement of intellectual property under WTO Rules：intellectual property in the WTO（Research Handbooks）［M］. Northampton：Edward Elgar Press, 2010.

［62］ Peter D. Expanding intellectual property's empire：the role of FTAS ［EB/OL］. ［2014 – 11 – 12］. http：//ictsd. org/i/ip/24737/. Ruth L O. Back to bilateralism? pendulum swings in international intellectual property protection [J]. University of Ottawa Law & Technology Journal, 2004 (1).

[63] Timothy P T, Vicki E A. Protecting intellectual property rights across borders [J]. Thomson West, 2006.

[64] Susan S. The global IP upward ratchet, anti – counterfeiting and piracy enforcement efforts: the State of play. PIJIP Research Paper Series, 2010 – 10 – 01; Henning Grosse Ruse – Khan. IP enforcement beyond exclusive right, max planck institute for IP. Competition & Tax Law Research Paper Series No. 09 – 08.

[65] Peter K Y. TRIPs enforcement and developing country. Legal Studies Research Paper Series, Drake University 2011 Research Paper No. 11 – 32.

[66] Ivus O. Do stronger patent rights raise high – tech exports to the developing world [J]. Journal of International Economics, 2010, 81 (1): 38 – 46.

[67] Christopher W. Enforcement of intellectual property in European and international law [M]. Hebden Bridge: Sweet & Maxwell, 1998.

[68] Thomas A H. U. S. patent policy: crafting a 21st century national blueprint for global competitiveness, knowledge [J]. Technology & Policy, 2008: 83 – 96.

[69] Daniel G, Intellectual property, trade and development: strategies to optimize economic development in a TRIPS – Plus era [M]. Oxford University Press, 2007.

[70] Jay S A. Combating piracy: intellectual property theft and fraud [M]. New Jersey: Transaction Publishers, 2009: 11.

[71] USITC. China: intellectual property infringement, indigenous innovation policies, and frameworks for measuring the effects on the U. S. economy [EB/OL]. [2015 – 03 – 03]. http://www. usitc. gov/publications/332/pub4199. pdf.

[72] Prudhomme, Dan. Dulling the cutting edge: how patent – related policies and practices hamper Innovation in China [EB/OL]. [2015 – 01 – 25]. http://mpra. ub. uni – muenchen. de/43299/.

[73] 吴汉东. 知识产权法价值的中国语境解读 [J]. 中国法学, 2013 (4): 15 – 27.

[74] Paolo B. China: administrative enforcement of patents in China, Carroll, Burdick & McDonoughLLP [EB/OL]. [2015 – 02 – 15]. http://www. mondaq. com/x/373326/Patent/Administrative + Enforcement + Of + Patents +

In + China + New + Norms + To + Make + It + More + Effective + But + With + No + Impact + For + Foreign + Patentees.

[75] Rouse. Administrative patent enforcement in China. the In – House Lawyer. co. uk [EB/OL]. [2015 – 02 – 20]. http：//www. inhouselawyer. co. uk/index. php/intellectual – property/10132 – administrative – patent – enforcement – in – china.

[76] King , Wood Mallesons. Recent proposed amendments to China's patent law：will it help to improve the enforceability of patents in China? [EB/OL]. [2015 – 02 – 20]. http：//www. chinalawinsight. com/2014/10/articles/ip – 2/recent – proposed – amendments – to – chinas – patent – law – will – it – help – to – improve – the – enforceability – of – patents – in – china/.

[77] Jeffery M D, Michelle A , Yuanlin Shen. A comparison between the Judicial and administrative routes to enforce intellectual property right in China [M]. The John Marshall Review of Intellectual Property Law, 2008：29 – 544.

[78] Dimitrov M. Piracy and the state：the politics of intellectual property rights in China [M]. Cambridge：Cambridge University Press, 2009：221 – 247.

[79] 朱景文. 中国特色社会主义法律体系：结构、特色和趋势 [J]. 中国社会科学, 2011 (3)：20 – 41.

[80] 孟德斯鸠. 论法的精神 [M]. 张雁深, 译. 北京：商务印书馆, 1986：151.

[81] 周永坤. 宪政与权力 [M]. 济南：山东人民出版社, 2008：73.

[82] 袁曙宏. 建立统一的公法学 [J]. 中国法学, 2003 (5)：25 – 40.

[83] 吴庚. 行政法之理论与实用 [M]. 台北：三民书局, 1995：1.

[84] 洛克. 政府论 (下) [M]. 叶启芳, 译. 北京：光明日报出版社, 2008：90.

[85] 霍尔巴赫. 自然政治论 [M]. 陈太先, 译. 北京：商务印书馆, 1994：75.

[86] 胡建森. 公权力研究：立法权、行政权、司法权 [M]. 杭州：浙江大学出版社, 2005：193.

[87] 李浩培, 王贵国. 中华法学大辞典 (国际法学卷) [M]. 北京：中国检察出版社, 1996：41.

[88] 张康之, 张乾友. 领域融合与公共生活的重建 [J]. 中国人民大学学报,

2008（5）：104 – 111.

［89］童之伟，刘茂林，梁忠前. 宪法的现实世界与观念世界［J］. 法学研究，
2002（2）：57 – 73.

［90］张树义. 现代行政权的概念及属性分析［J］. 国家行政学院学报，2000
（2）：75 – 79.

［91］邓薇. 行政权的正当性证成：控权服务——论理论合理性［J］. 行政法
学研究，2008（1）：17 – 24.

［92］张劲松. 三权分立政体：误区、审视、否定与继承［J］. 浙江社会科学，
2011（2）：18 – 27.

［93］Garner, Bryan A. Black's law dictionary［M］. Eagan：published by west pub-
lish, 1979：511.

［94］王英津. "五权分立"思想与"三权分立"思想之比较分析［J］. 政治
学研究，2009（6）：94 – 103.

［95］贾湛. 行政管理学大辞典［M］. 北京：中国社会科学出版社，
1989：211.

［96］姜明安. 论法治国家、法治政府、法治社会建设的相互关系［J］. 法学
杂志，2013（6）：1 – 8.

［97］朱新力，梁亮. 公共行政变迁与新行政法的兴起［J］. 国家检察官学院
学报. 2013（1）：113 – 121.

［98］胡建淼. 法律思维与现代政府管理［J］. 国家行政学院学报，2011（6）：
67 – 72.

［99］M. J. C. 维尔. 宪政与分权［M］. 苏力，译. 北京：生活·读书·新
知三联书店，1997：8.

［100］卜祥记.《资本论》的理论空间与哲学性质［J］. 中国社会科学，2013
（10）：4 – 23.

［101］谢晖. 权力缺席与权力失约［J］. 求是学刊，2001（1）：59 – 66.

［102］汪国华. 中国宪法中的权力秩序［J］. 东方法学，2010（4）：50 – 69.

［103］喻中. 行政权的性质与政府的角色［J］. 新视野，2010（1）：51 – 55.

［104］陈兴立. 正确认识和处理农村党支部和村民委员会的关系［J］. 西南大
学学报（社会科学版），2008（2）：73 – 77.

［105］徐靖. 论法律视阈下社会公权力的内涵、构成及价值［J］. 中国法学.
2014（1）：79 – 102.

[106] 赵家祥. 经济基础决定上层建筑原理的形成过程及系统论证 [J]. 北京行政学院学报, 2011 (1)：57 – 63.

[107] 刘雪华. 论服务型政府建设与政府职能转变 [J]. 政治学研究, 2008 (4)：108 – 114.

[108] 施雪华. 服务型政府的基本涵义、理论基础和建构条件 [J]. 社会科学, 2010 (2)：3 – 13.

[109] 罗峰. 渐进过程中的政府职能转变：价值、动因与阻力 [J]. 学术月刊, 2011 (5)：23 – 31.

[110] 田国强. 世界变局下的中国改革与政府职能转变 [J]. 学术月刊, 2012 (6)：60 – 71.

[111] 张华民. 依法行政的德性要求及其现实观照 [J]. 现代法学, 2014 (2)：67 – 73.

[112] 密尔. 代议制政府 [M]. 汪瑄, 译. 北京：商务印书馆, 1982. 17.

[113] 完颜平. "改革进入深水区"仍须"摸着石头过河" [N]. 光明日报. 2013 – 01 – 25.

[114] 张文显. 法理学 [M]. 北京：法律出版社, 2006：77.

[115] 雷磊. 融贯性与法律体系的重构：兼论当代中国法律体系的融贯化 [J]. 法学家, 2012 (2)：1 – 17.

[116] 关保英. 社会变迁中行政授权的法理基础 [J]. 中国社会科学, 2013 (10)：102 – 123.

[117] 姜明安. 全球化时代的"新行政法" [J]. 法学杂志, 2009 (10)：8 – 12.

[118] 姜明安. 再论法治、法治思维与法律手段 [J]. 湖南社会科学, 2012 (4)：75 – 83.

[119] 沈寿文. 环境公益诉讼行政机关原告资格之反思：基于宪法原理的分析 [J]. 当代法学, 2013 (1)：61 – 68.

[120] 金自宁. 公法/私法二元区分的反思 [M]. 北京：北京大学出版社, 2007.

[121] 姜明安. 法律与全球化 [J]. 求是学刊, 2002 (5)：4 – 12.

[122] 罗豪才, 宋功德. 现代行政法学与制约、激励机制 [J]. 中国法学, 2000 (3)：77 – 89.

[123] 关保英. 《唐六典》的行政法文化研究 [J]. 社会科学战线, 2009 (5)：188 – 198.

[124] 陈峰，杨俊. 行政权：行政法逻辑起点的科学界定 [J]. 社会科学论坛，2006（7）：50－56.

[125] 陈端洪. 中国行政法 [M]. 北京：法律出版社，1998：33.

[126] 王学辉. 市场经济条件下行政法学的新视野 [J]. 现代法学，2000（6）：111－114.

[127] 杨海坤，章志远. 中国行政法基本理论研究 [M]. 北京：北京大学出版社，2004：17.

[128] 陈新民. 中国行政法学原理 [M]. 北京：中国政法大学出版社，2002：29.

[129] 姜明安. 行政法与行政诉讼法 [M]. 5 版. 北京：北京大学出版社，2011：13.

[130] 王连昌，马怀德. 行政法学 [M]. 北京：中国政法大学出版社，2007：35.

[131] 徐爽. 以权利制约权力：社会主义法律体系与基本权利立法实践的发展 [J]. 政法论坛，2011（6）：118－123.

[132] 胡水君. 法律与社会权力 [M]. 北京：中国政法大学出版社，2007：25.

[133] 丹尼斯·H. 朗. 权力论 [M]. 郑明哲，译. 北京：中国社会科学出版社，2001：109.

[134] 马怀德. 预防化解社会矛盾的治本之策：规范公权力 [J]. 中国法学，2012（2）：45－54.

[135] 姜明安. 论公法与政治文明 [J]. 法商研究，2003（3）：62－71.

[136] 姜明安. 公法学研究的几个基本问题 [J]. 法商研究，2005（3）：3－10.

[137] 姜明安. 公众参与与行政法治 [J]. 中国法学，2004（2）：26－37.

[138] 李拥军，刘晓林. 权利与权力的分野与暗合：对个人与国家权利关系的一种解析 [J]. 甘肃社会科学，2009（5）：160－164.

[139] 蒋永甫. 乡村治理视阈中的农民土地财产权：一种私权力取向的研究路径 [J]. 华中师范大学（人文社科版），2009（3）：20－26.

[140] 张康之，张乾友. 对"市民社会"和"公民国家"的历史考察 [J]. 中国社会科学，2008（3）：27－42.

[141] 卢梭. 社会契约论 [M]. 何兆武，译. 北京：商务印书馆，1980：10.

[142] 张文显. 论法学范畴体系 [J]. 江西社会科学，2004（4）：22－31.

[143] 亚里士多德. 政治学 [M]. 吴寿彭, 译. 北京: 商务印书馆, 1981: 130.

[144] 郭道晖. 论公民权与公权利 [J]. 政治与法律, 2005 (6): 44 – 49.

[145] 美浓部达吉. 公法与私法 [M]. 黄冯明, 译. 北京: 中国政法大学出版社, 2003: 130.

[146] 卓泽渊. 法治国家论 [M]. 北京: 中国方正出版社, 2001: 62.

[147] 季卫东. 法治秩序的构建 [M]. 北京: 中国政法大学出版社, 1999: 61.

[148] 曾毅. 作为政体理论的联邦制与单一制: 一种知识社会学的考察 [J]. 学海, 2014 (3): 104 – 110.

[149] 甘藏春. 高度分权的美国联邦政府如何实行对全国的有效管治 [J]. 中国行政管理, 2009 (6): 22 – 27.

[150] 崔卓兰, 杜一平. 行政权滥用的预测与防范 [J]. 法学杂志, 2012 (1): 81 – 88.

[151] 高鹏程. 权利与权力的关系: 从斯宾诺莎、边沁到霍菲尔德 [J]. 北方论丛, 2007 (6): 119 – 124.

[152] 薛刚凌, 王文英. 社会自治规则探讨: 兼论社会自治规则与国家法律的关系 [J]. 行政法学研究, 2006 (1): 1 – 9.

[153] 刘义强. 构建以社会自治功能为导向的农村社会组织机制 [J]. 东南学术, 2009 (1): 79 – 86.

[154] 李宏图. 宪政体制与权力的边界 [J]. 浙江学刊, 2003 (3): 55 – 62.

[155] 应松年. 把权力关进制度的笼子 [J]. 中国行政管理. 2014 (6): 6 – 9.

[156] 姜明安. 论行政执法 [J]. 行政法学研究, 2003 (12): 4 – 12.

[157] 罗豪才. 行政法学 [M]. 北京: 中央广播电视大学出版社, 2010: 201.

[158] 肖尤丹. 中国知识产权行政执法制度定位研究 [J]. 科研管理, 2012 (9): 138 – 146.

[159] 张虹. 行政职权理论范畴对中国行政法的影响与反思 [J]. 公法研究, 2009: 228 – 268.

[160] 喻煊. 试论行政处罚实施权运行模式的确定 [J]. 中国行政管理, 2010 (7): 32 – 35.

[161] 关保英. 行政处罚法新论 [M]. 北京: 中国政法大学出版社,

2007：95.

[162] 冯军. 行政处罚法新论 [M]. 北京：中国检察出版社，2003：121.

[163] 黄杰，白钢. 行政处罚法及配套规定新释新解 [M]. 北京：中国民主法治出版社，1999：118.

[164] 刘平. 侵犯商标专用权的行政处罚问题研究：一起商标行政执法案件引发的法律思考 [J]. 知识产权，2010（3）：58-63.

[165] 张明，季刚. 对商标侵权行政处罚的目的性 [J]. 中华商标，2013（6）：73-77.

[166] 陈兴良. 本体刑法学 [M]. 北京：商务印书馆，2001：76.

[167] 陈兴良. 刑法的价值构造 [M]. 北京：中国人民法学出版社，1998：376.

[168] 李孝猛. 主观过错与行政处罚归责原则：学说与实践 [J]. 华东政法大学学报，2007（6）：30-36.

[169] 陈兴良. 构成要件：犯罪论体系核心概念的反拨与再造 [J]. 法学研究，2011（2）：3-19.

[170] 李明德. 知识产权法 [M]. 北京：法律出版社，2008：187.

[171] 黄玉烨，戈光应. 非法实施专利行为入罪论 [J]. 法商研究，2014（5）：41-50.

[172] 莫洪宪，贺志军. 国家经济安全视角下我国知识产权之刑事保护：对"专利侵权罪"增设论之否定 [J]. 法学论坛，2008（1）：114-120.

[173] 威廉·韦德. 行政法 [M]. 徐炳，译. 北京：大百科全书出版社，1997：619.

[174] 罗豪才. 行政法学 [M]. 北京：北京大学出版社，2000：215.

[175] 王文惠. 行政裁决法律制度主要问题探究 [J]. 法学杂志，2010（2）：35-38.

[176] 叶必丰，徐键，虞青松. 行政裁决：地方政府的制度推力 [J]. 上海交通大学学报（哲学社会科学版），2012（2）：5-20.

[177] 张树义. 纠纷的行政解决机制：以行政裁决为中心 [M]. 北京：中国政法大学出版社，2006：109.

[178] 冀瑜，李建民. 试论我国专利侵权纠纷行政处理机制及其完善 [J]. 知识产权，2011（7）：97-99.

[179] 景辉.《专利法》第六十条背后的行政法学困境 [J]. 电子知识产权，

2013（6）：51-59.

［180］魏玮. 知识产权侵权纠纷行政裁决若干问题研究［J］. 华东政法大学学报，2007（4）：51-60.

［181］汤宗舜. 专利法教程［M］. 3版. 北京：法律出版社，2003：239.

［182］卢护锋. 我国行政裁决制度陷入困境的成因分析［J］. 东北师大学报（哲学社会科学版），2011（4）：247-250.

［183］尹新天. 中国专利法详解［M］. 北京：知识产权出版社，2011：676.

［184］刘翀. 论目的主义的制定法解释方法：以美国法律过程学派的目的主义版本为中心的分析［J］. 法律科学，2013（2）：33-42.

［185］Laurinda L H, James R H. Convergence of national intellectual property norms in international trading agreements［M］. Washington：12 Am. U. J. Int'l L. & Pol'y, 1997：783.

［186］Bernard M H, Michel M K. The political economy of the world trading system［M］. 2ed. London：Oxford University Press, 2001：274.

［187］高卢麟. 关贸总协定乌拉圭回合关于与贸易有关的知识产权谈判的初析［J］. 电子知识产权，2011（10）：74-83.

［188］Nie Jianqing. Several new issues relating to the enforcement of the enforcement provisions of the TRIPs agreement under the WTO system［J］. 武大国际法评论，2006（2）：147.

［189］沈宗灵. 法理学［M］. 北京：高等教育出版社，2004：346.

［190］张乃根. 国际贸易的知识产权法［M］. 上海：复旦大学出版社，2007：129.

［191］孔祥俊. WTO知识产权协定及其国内适用［M］. 北京：法律出版社，2002：508.

［192］Daniel G. The TRIPs agreement：drafting history and analysis［M］. Hebden Bridge：Sweet & Marxwell, 2003：68.

［193］朱晓勤. 发展中国家与WTO法律制度研究［M］. 北京：北京大学出版社，2006：277.

［194］曲三强，张洪波. 知识产权行政保护研究［J］. 政法论丛，2011（3）：56-79.

［195］盖尔霍恩. 行政法和行政程序概要［M］. 黄列，译. 北京：中国社会科学出版社，1996：4.

［196］ 李哲范. 论行政裁量权的司法控制：行政诉讼法第 5 条、第 54 条之解读 ［J］. 法制与社会发展，2012（6）：66 - 76.

［197］ 李沫. 自由裁量的法律控制：以行政公开为视角 ［J］. 中国社会科学院研究生院学报，2012（5）：68 - 74.

［198］ 邓建志. TRIPs 协定对知识产权行政保护的规定及其启示 ［J］. 知识产权，2013（1）：86 - 92.

［199］ 张惠彬. 后 TRIPs 时代国际知识产权保护新趋势：以《反假冒贸易协定》为考察中心 ［J］. 国际商务（对外经济贸易大学学报），2013（6）：118 - 126.

［200］ Joost P. The dog that barked but didn't bite：15 years of intellectual property disputes at the WTO ［J］. J. Int'l Disp. Settlement，2010（1）：389.

［201］ 杨鸿.《反假冒贸易协定》的知识产权执法规则研究 ［J］. 法商研究，2011（6）：108 - 117.

［202］ 郑成思. 知识产权法 ［M］. 北京：法律出版社，2004：235.

［203］ Timothy P T，Vicki E. A. Customs enforcement of intellectual property right ［M］. Eagan：Thomson Reuters，2012.

［204］ Federal Trade Commission. A brief overview of the federal trade commission's investigative and law enforcement authority ［EB/OL］. ［2015 - 02 - 20］. http：//www. ftc. gov/about - ftc/what - we - do/enforcement - authority.

［205］ Cornish W R. Intellectual property：patents，copyright，trademarks and allied rights ［M］. 7th ed. Hebden Bridge：Sweet& Maxwell，2010.

［206］ 董希凡. 知识产权行政管理机关的中外比较研究 ［J］. 知识产权，2006（3）：39 - 45.

［207］ The State Intellectual Property Office. Mediation of intellectual property disputes and IPO mediation service ［EB/OL］. ［2014 - 12 - 15］. http：//www. ipo. gov. uk/mediation. pdf.

［208］ 强志强. 论我国专利行政执法制度的完善 ［J］. 专利法研究，2010.

［209］ 魏治勋. 从法律体系到法治体系：论党的十八大对中国特色社会主义法治体系的基本构建 ［J］. 北京行政学院学报，2013（1）：7 - 13.

［210］ 苏力. 也许正在发生：转型中国的法学 ［M］. 北京：法律出版社，2004：16.

［211］ 陶广峰. 效率与正当性：我国行政立法制度的核心：美国行政立法制度

的借鉴意义 [J]. 比较法研究, 2013 (6): 119-126.

[212] 丛雪莲. 中国知识产权行政管理机构之设置与职能重构 [J]. 首都师范大学学报 (社会科学版), 2011 (5): 137-143.

[213] 埃莉诺·奥斯特罗姆. 公共事务的治理之道: 集体行动制度的演进 [M]. 余逊达, 陈旭东, 译. 上海: 生活·读书·新知三联书店, 2000: 19.

[214] 康添雄. 专利作为技术公共事物的治理之道: 民主在无效宣告中的引入 [J]. 法制与社会发展, 2011 (5): 41-60.

[215] 汪利红. 行政过程论在中国行政法学中的导入及其课题 [J]. 政治与法律, 2014 (2): 50-64.

[216] 顾建光. 公共政策分析引论 [M]. 武汉: 武汉出版社, 2002: 2.

[217] 吴汉东. 中国应建立以知识产权为导向的公共政策体系 [J]. 中国发展观察, 2007 (5): 4-7.

[218] 李志萍, 肖志远. 专利政策与制度互动的国际经验及启示 [J]. 国家行政学院学报, 2010 (5): 135-138.

[219] 彼得·德霍斯. 知识财产法哲学 [M]. 周林, 译. 北京: 商务印书馆, 2008: 221.

[220] 康添雄. 范式与理性: 知识产权法学现代性的演进 [J]. 法学杂志, 2011 (9): 124-127.

[221] Dan L B, Mark L L. The Patent Crisis and How The Courts Can Solve It . [M]. Chicago: The University of Chicago Press, 2009: 92.

[222] 田村善之. 智慧财产法政策学初探 [J]. 李扬, 许清, 译. 太平洋学报, 2008 (8): 28-47.

[223] 康添雄. 专利法的公共政策研究 [D]. 重庆: 西南政法大学, 2012. 281.

[224] 弗里德里希·李斯特. 政治经济学的国民体系 [M]. 陈万熙, 译. 北京: 商务印书馆, 1961: 260.

[225] 冯晓青. 知识产权法的价值构造 [J]. 中国法学, 2007 (1): 67-78.

[226] 朱淑娣. 中美知识产权行政法律保护制度比较: 捷康公司主动参加美国337行政程序案 [M]. 北京: 知识产权出版社, 2012: 41.

[227] 徐瑄. 知识产权的正当性: 论知识产权法中的对价与衡平 [J]. 中国社会科学, 2003 (4): 144-153.

［228］杨思斌. 功利主义法学述评［J］. 安徽大学学报（哲学社会科学版），2005（5）：56 – 63.

［229］张文显. 法哲学范畴研究［M］. 北京：中国政法大学出版社，2001：55.

［230］冯军. 行政处罚法新论［M］. 北京：中国检察出版社，2003：101.

［231］应松年. 中国行政程序法立法展望［J］. 中国法学，2010（2）：5 – 26.

［232］博登海默. 法理学：法律哲学与法律方法［M］. 邓正来，译. 北京：中国政法大学出版社，2010：62.

［233］喻中. 法律文化视野中的权力［M］. 北京：法律出版社，2013：139.

［234］付子堂. 法理学初阶［M］. 2版. 北京：法律出版社，2006：270.

［235］陈伯礼，杨道现. 立法责任的概念与法理分析：以规范立法权为视角［J］. 社会科学家，2012（1）：141 – 142.

［236］刘俊敏，蒋鼎峰. 论我国授权立法制度之重构［J］. 社会科学家，2013（10）：98 – 102.

［237］陶广峰. 效率与正当性：我国行政立法制度的核心——美国行政立法制度的借鉴意义［J］. 比较法研究，2013（6）：119 – 126.

［238］威廉·韦德著. 行政法［M］. 徐炳，译. 北京：中国大百科全书出版社，1997：557.

［239］王名扬. 美国行政法［M］. 北京：中国法制出版社，1995：348.

［240］王名扬. 法国行政法［M］. 北京：中国政法大学出版社，1989：134.

［241］张家洋. 行政法［M］. 台北：三民书局，2002：449.

［242］Mathew D M. Abdication or delegation？congress，the bureaucracy，and the delegation dilemma［J］. Regulation，1999，22（2）：31.

［243］城仲模. 行政法之基础理论［M］. 台北：三民书局，1994：22.

［244］应松年. 行政法与行政诉讼法学［M］. 北京：法律出版社，2005：33.

［245］孙笑侠. 法律对行政的控制：现代行政法的法理解释［M］. 济南：山东人民出版社，1999：195.

［246］吴庚. 行政法之理论与实用［M］. 台北：三民书局，1996：80.

［247］杨登峰. 行政法定原则及其法定范围［J］. 中国法学，2014（3）：91 – 110.

［248］张成福，余凌云. 行政法学［M］. 北京：中共中央党校出版社，2003：31.

［249］应松年. 行政处罚法教程［M］. 北京：法律出版社，2012：101.

[250] 陶广峰. 行政垄断与我国能源发展战略研究 [J]. 现代经济探讨, 2011 (1): 32 - 36.

[251] 张新宝. 侵权责任法立法的利益衡量 [J]. 中国法学, 2009 (4): 176 - 190.

[252] 肖尤丹. 我国专利行政执法发展路径的制度思考 [J]. 中国科学院院刊, 2014 (6): 659 - 669.

[253] 谭世贵. 中国司法权的界定、调整与优化 [J]. 学习与探索, 2012 (4): 61 - 68.

[254] 顾越利. 建立司法与行政良性互动机制 [J]. 东南学术, 2010 (6).

[255] 张千帆. 中国宪政的路径与局限 [J]. 法学, 2011 (1): 70 - 78.

[256] 马小红. 中国古代的权力理念: 兼论中国古代社会的政体与法律 [J]. 法学杂志, 2012 (2): 1 - 8.

[257] 肖光辉. 古罗马公权力的构成与近现代西方政权结构的基本模式: 关于政体与权力分立学说的理论与实践 [J]. 现代法学, 2012 (4): 28 - 39.

[258] 王贵松. 论行政裁量的司法审查强度 [J]. 法商研究, 2012 (4): 66 - 77.

[259] 杨建顺. 行政规制与权利保障 [M]. 北京: 中国人民大学出版社, 2007: 533.

[260] 让·马克索维, 张莉. 法国行政法官对规范性行政行为的合法性审查 [J]. 比较法研究, 2011 (2): 154 - 160.

[261] 伯纳德·施瓦茨. 行政法 [M]. 徐炳, 译. 北京: 群众出版社, 1986: 543.

[262] 章剑生. 现代行政法基本理论 (下卷) [M]. 北京: 法律出版社, 2014: 763.

[263] 喻中. 从 "行政兼理司法" 到 "司法兼理行政": 我国 "司法—行政" 关系模式的变迁 [M]. 清华法学, 2012 (5): 19 - 30.

[264] 斯蒂芬·L. 埃尔金, 卡罗尔·爱德华·索乌坦. 新宪政论 [M]. 周叶谦, 译. 上海: 生活·读书·新知三联书店, 1999: 156.

[265] 王先林. 论反垄断民事诉讼与行政执法的衔接与协调 [J]. 江西财经大学学报, 2010 (3): 87 - 92.

[266] 梁平. "大调解" 衔接机制的理论构建与实证探究 [J]. 法律科学, 2011 (5): 154 - 162.

[267] 练育强. 行政处罚与刑事制裁衔接研究之检视 [J]. 政治与法律, 2013 (12): 126 - 138.

[268] 姜芳蕊. 知识产权行政保护与司法保护的冲突与协调 [J]. 知识产权, 2014 (2)：76-82.

[269] 乔永忠, 杨雨蒙. 我国专利侵权纠纷执法结案方式实证分析 [J]. 科技管理研究, 2014 (11)：138-144.

[270] 程雪梅, 何培育. 欧洲统一专利法院的考察与借鉴：兼论我国知识产权法院构建的路径 [J]. 知识产权, 2014 (4)：89-94.

[271] 张鹏. 专利行政诉讼合法性审查范围的实务探讨 [J]. 科技与法律, 2013 (2)：22-26.

[272] 李红枫. 行政处罚证据原理研究 [M]. 北京：中国政法大学出版社, 2013：3.

[273] 姬亚平, 冯宪芬. 我国行政证据制度建构之研究 [J]. 西安交通大学学报 (社会科学版), 2013 (3)：85-92.

[274] 张维炜. 专利维权, "难" 在哪里? [J]. 中国人大, 2014 (11)：16-17.

[275] 何炼红. 深化体制改革, 促进行政保护与司法保护有机衔接 [N]. 中国知识产权报, 2014-11-26.

[276] 张道许. 知识产权保护中 "两法衔接" 机制研究 [J]. 行政法学研究, 2012 (2)：103-108.

[277] 冯俊伟. 行政执法证据进入刑事诉讼的类型分析：基于比较法的视角 [J]. 比较法研究, 2014 (2)：109-120.

[278] 孟鸿志. 知识产权行政保护新态势研究 [M]. 北京：知识产权出版社, 2011：65.

[279] 关保英. 社会变迁中行政授权的法理基础 [J]. 中国社会科学, 2013 (10)：102-123.

[280] 孙建. 对完善我国知识产权海关保护法的探讨 [J]. 南开学报 (哲学社会科学版), 2010 (5)：116-123.

[281] 朱秋沅. 知识产权海关保护制度研究二十年发展综述 [J]. 上海海关学院学报, 2011 (2)：72-81.

[282] 杨小君. 行政处罚研究 [M]. 北京：法律出版社, 2002：123.

[283] 皮纯协. 行政程序法比较研究 [M]. 北京：中国公安大学出版社, 2001：440.

[284] 胡建淼. 行政法学 [M]. 北京：法律出版社, 2010：116.

[285] 高艳, 刘大中, 金玲. 论行政权限冲突的化解路径：基于冲突理论的探

讨 [J]. 河北师范大学学报（哲学社会科学版），2012（5）：140-144.

[286] 钱宁峰. 从《魔兽世界》审批权之争看中央行政机关权限冲突之解决方式及其完善 [J]. 学海，2011（6）：124-130.

[287] 刘雪凤，高兴. 促进我国自主创新能力建设的知识产权政策体系研究 [J]. 科学管理研究，2013（3）：21-26.

[288] 孟涛. 论当前中国法律理论与民意的冲突：兼论现代性法律的局限性 [J]. 现代法学，2010（1）：11-21.

[289] 威廉姆·A. 尼斯坎南. 官僚制与公共经济学 [M]. 王浦劬，等译. 北京：中国青年出版社，2004：38-39.

[290] 章剑生. 现代行政法基本理论（上卷）[M]. 2版. 北京：法律出版社，2014：14.

[291] 唐震. 再论行政协助概念之界定 [J]. 东方法学，2012（4）：150-158.

[292] 武善学. 美日韩知识产权部门联合执法概况及其借鉴 [J]. 知识产权，2010（1）：92-97.

[293] 高小平，沈荣华. 推进综合执法体制改革：成效、问题与对策 [J]. 中国行政管理，2012（5）：12-15.

[294] 陶希东. 跨界治理：中国社会公共治理的战略选择 [J]. 学术月刊，2011（8）：22-30.

[295] 青锋. 行政处罚权的相对集中：现实的范围及追问 [J]. 行政法学研究，2009（2）：10-16.

[296] 菅从进. 权利制约权力论 [M]. 济南：山东人民出版社，2008：1.

[297] 王莉君. 权力与权利的思辨 [M]. 北京：中国法制出版社，2005：49.

[298] 殷啸虎. 现代宪政价值体系的重构 [J]. 法学，2011（12）：28-32.

[299] 刘莘，金成波. 参与式行政：一种新型的行政法制模式 [J]. 江淮论坛，2013（6）：105-110.

[300] 赵汀阳. 一个或所有问题 [M]. 南昌：江西教育出版社，1998：3.

[301] 李扬. 知识产权法基本原理（1）：基础理论 [M]. 北京：中国社会科学出版社，2013：10.

[302] 任剑涛，徐亮. 公共哲学与自由主义 [J]. 江海学刊，2012（2）：116-123.

[303] 袁祖社. "公共哲学"与当代中国的公共性社会实践 [J]. 中国社会科学，2007（3）：153-162.

[304] 张雅勤. 公共行政"公共性"的概念解析 [J]. 浙江学刊，2012（1）：

88 - 93.

[305] 杨建顺. 日本行政法通论 [M]. 北京：中国法制出版社，1998：108.

[306] 佐佐木毅，金泰昌. 公共哲学第 10 卷：21 世纪公共哲学的展望 [M]. 北京：人民出版社，2009：444.

[307] 卜崇道. 日本的公共哲学研究述评 [J]. 哲学动态，2008 (11)：96 - 98.

[308] 田毅鹏. "活私开公"：东亚志愿主义发展的新路径 [J]. 南开学报 (哲学社会科学版)，2013 (3)：126 - 133.

[309] R·M·克朗. 系统分析和政策科学 [M]. 陈东威，译. 北京：商务印书馆，1987：31.

[310] 威廉·邓恩. 公共政策分析导论 [M]. 谢明，等译. 北京：中国人民大学出版社，2002：437.

[311] 瞿同祖. 中国法律与中国社会 [M]. 北京：中华书局，1981：2.

[312] 杨建顺. 论科学、民主的行政立法 [J]. 法学杂志，2011 (8)：19 - 28.

[313] 王万华. 行政程序法研究 [M]. 北京：中国法制出版社，2000：186.

[314] 邓佑文. 行政参与权对新型行政法律关系的构造 [J]. 学术界，2012 (2)：38 - 50.

[315] 李卫华. 行政参与主体研究 [M]. 北京：法律出版社，2012：18.

[316] 卡尔·科恩. 论民主 [M]. 聂崇信，朱秀贤，译. 北京：商务印书馆，1988：15.

[317] 杨海坤，蔡翔. 行政行为概念的考证分析和重新构建 [J]. 山东大学学报 (哲学社会科学版)，2013 (1)：1 - 16.

[318] 邓佑文. 行政参与的权利化：内涵、困境及其突破 [J]. 政治与法律. 2014 (11)：58 - 71.

[319] 应松年. 外国行政程序法汇编 [M]. 北京：中国法制出版社，2004.

[320] 姜明安. 行政法与行政诉讼法 [M]. 5 版. 北京：北京大学出版社，2011：139.

[321] 方世荣. 论行政相对人 [M]. 北京：中国政法大学出版社，2000：52.

[322] 肖金明. 行政许可要论 [M]. 济南：山东大学出版社，2003：8.

[323] 李卫华. 行政参与主体研究 [M]. 北京：法律出版社，2012：121.

[324] 龚文龙，李友林. 试论宪政视野下行政相对人参与权的完善 [J]. 四川师范大学学报 (社会科学版)，2012 (6)：48 - 53.

[325] 关保英. 论行政相对人的程序权利 [J]. 社会科学，2009 (7)：100 - 108.

［326］梁平，张明强. 我国行政处罚设定权的反思 ［J］. 管理现代化，2010
（5）：15 – 17.

［327］姜明安. 行政裁量的自我规制 ［J］. 行政法学研究，2012（1）：5 – 13.

［328］曹康泰. 行政处罚法教程 ［M］. 北京：中国法制出版社，2011：174.

［329］张淑芳. 行政处罚实施中违法行为的纠正途径 ［J］. 法学，2013（6）：
138 – 146.

［330］韩凤然，郝静. 行政强制执行法律体制的缺陷与完善 ［J］. 河北法学，
2013（1）：97 – 100.

［331］Kenneth C D. Discretionary justice：a preliminary inquiry, baton rouge
［M］. Louisiana State University Press, 1969：4.

［332］德沃金. 认真对待权利 ［M］. 信春鹰，等译. 上海：生活·读书·新知
三联书店，2008：53.

［333］王锡锌. 自由裁量权基准：技术的创新还是误用 ［J］. 法学研究，2008
（5）：36 – 48.

［334］周佑勇. 作为行政自制规范的裁量基准及其效力界定 ［J］. 当代法学，
2014（1）：30 – 39.

［335］王凯. 论海关行政处罚基准制度的构建 ［J］. 上海海关学院学报，2013
（6）：79 – 88.

［336］章志远. 行政裁量基准的兴起与现实课题 ［J］. 当代法学，2010（1）：
68 – 76.

［337］章志远，张雪薇. 行政裁量基准立法面向问题研究：基于湖南省实证文
本的观察 ［J］. 浙江学刊，2012（2）：150 – 158.

［338］周佑勇，钱卿. 裁量基准在中国的本土实践：浙江金华行政处罚裁量基
准调查研究 ［J］. 东南大学学报（哲学社会科学版），2010（7）：
44 – 55.

［339］姜明安. 行政程序研究 ［M］. 北京：北京大学出版社，2006：161.

［340］谷口安平. 程序的正义与诉讼 ［M］. 王亚新，译. 北京：中国政法大学
出版社，1996：22.

［341］石肖雪. 行政处罚听证程序适用范围的发展：以法规范与案例的互动为
中心 ［J］. 华东政法大学学报，2013（6）：57 – 70.

［342］刘云华. 行政程序法的价值与功能 ［J］. 求实，2011（12）：71 – 75.

［343］彼得·斯坦，约翰·香德. 西方社会的法律价值 ［M］. 王献平，译. 北

京：中国法制出版社，2004：45 – 46.

[344] 肖金明. 行政处罚制度研究 [M]. 济南：山东人民出版社，2004：136.

[345] 程雨燕. 环境罚款数额设定的立法研究 [J]. 法商研究，2008（1）：121 – 132.

[346] 肖世杰. 通过参与的纠纷消解：作为行政纠纷消解创新机制的公众参与 [J]. 现代法学，2010（5）：130 – 141.

[347] 陈彩虹. 法律：一种激励机制 [J]. 书屋，2005（5）：12 – 19.

[348] 张维迎. 信息、信任与法律 [M]. 北京：生活·读书·新知三联书店，2003.

[349] 付子堂. 法律功能论 [M]. 北京：中国政法大学出版社，1999：68 – 69.

[350] 丰霏，王天玉. 法律制度激励功能的理论解说 [J]. 法制与社会发展，2010（1）：139 – 150.

[351] 丰霏. 法律激励的理想形态 [J]. 法制与社会发展，2011（1）：142 – 150.

[352] 罗斯科·庞德. 通过法律的社会控制 [M]. 沈宗灵，等译. 北京：商务印书馆，1984：15.

[353] 胡元聪. 我国法律激励的类型化分析 [J]. 法商研究，2013（4）：36 – 46.

[354] 丰霏. 法律治理中的激励模式 [J]. 法制与社会发展，2012（2）：151 – 160.

[355] 张亚鹏. 论经济法的激励功能 [J]. 西南交通大学学报（社会科学版），2014（5）：133 – 141.

[356] 赵汀阳. 思想之剑 [M]. 广州：广东教育出版社，1996：50.

[357] 章剑生. 论行政处罚中当事人之协助 [J]. 华东政法大学学报，2006（4）：34 – 40.

[358] 王锡锌. 公众参与和行政过程：一个理念和制度分析的框架 [M]. 北京：中国民主法制出版社，2007：164.

[359] 中共中央关于全面深化改革若干重大问题的决定 [N]. 人民日报，2013 – 11 – 16.

[360] 李主峰，郑凤. 政府信息公开制度初探：以私权利与公权力的平衡为视角 [J]. 人民论坛，2013（3）：32 – 33.

[361] 闫霏. 国内外政府信息公开法律体系比较研究 [J]. 情报科学，2012（3）：450 – 455.

[362] 朱红灿，邹凯. 国内外政府信息公开研究综述 [J]. 图书情报工作，

2011（2）：120 – 124.

[363] 肖明. 政府信息公开制度运行状态考察：基于 2008 年至 2010 年 245 份
政府信息公开工作年度报告 [J]. 法学，2011（10）：78 – 86.

[364] 顾继光. 我国政府信息公开存在的问题及对策 [J]. 情报科学，2010
（6）：80 – 81.

[365] 戴维斯. 裁量正义：一项初步的研究 [M]. 毕洪海，译. 北京：商务印
书馆，2009：123.

[366] 王军. 行政处罚信息公开与隐私保护 [J]. 北京行政学院学报，2011
（1）：103 – 107.

[367] 杨寅. 行政处罚类政府信息公开中的法律问题 [J]. 法学评论，2010
（2）：67 – 70.

[368] 李云霖. 非诉行政强制执行的司法审查研究 [J]. 武汉大学学报（哲学
社会科学版），2013（5）：105 – 110.

[369] 胡正昌. 社会管理创新中政府权力的定位及其法律规制 [J]. 湖南科技
大学学报（哲学社会科学版），2012（6）：52 – 58.

[370] 李云霖. 指导性案例的人大监督：义释、疑释与解释 [J]. 政治与法
律，2013（7）：119 – 129.

[371] 黄庆畅，盖群. 信息公开“五多五少”待突围 [N]. 人民日报，2013 –
06 – 05（17）.

[372] 万静. 政府核心数据公开仍不理想 [N]. 法制日报，2013 – 04 – 02
（6）.

[373] 李明德. 关于《专利法》修订草案（送审稿）的几点思考 [J]. 知识
产权，2013（9）.

[374] 张新宝. 侵权责任法 [M]. 北京：中国人民大学出版社，2010：4.

[375] 中国社科院知识产权研究中心. 完善知识产权执法体制问题研究 [M].
北京：中国水利出版社，2009：6.

[376] 曲三强，张洪波. 知识产权行政保护研究 [J]. 政法论丛，2011（3）：
56 – 69.

[377] 唐素琴，姚梦. 专利权行政保护的正当性探析 [J]. 知识产权，2014
（1）：50 – 55.

[378] 宗艳霞. 专利行政执法问题研判与制度设计 [J]. 北京政法职业学院学
报，2014（3）：30 – 36.

[379] 李红娟.《专利法》第四次修改（征求意见稿）的理论分析：以加强侵权保护为视角［J］. 中国政法大学学报，2013（6）：100 – 108.

[380] 王卫国. 民法总论［M］. 北京：中国政法大学出版社，2012：24.

[381] 冯晓青，杨利华，付继存. 国家知识产权文献及信息资料库建设研究：理论探讨与实证分析［J］. 中国政法大学学报，2014（2）：36 – 50.

[382] 毛克盾. 中国专利法修改的理论思考与辨正［J］. 湖北民族学院学报（哲学社会科学版），2014（3）：73 – 79.

[383] 田欣，张思惠. 判决公开制度的现状及对策［J］. 山西省政法管理干部学院学报，2013（3）：118 – 120.

[384] 袁秀挺，王翠平. 等同侵权的司法实践：原则、限制和案例——"专利等同侵权的司法认定"研讨会综述［J］. 知识产权，2013（8）：96 – 100.

[385] 李卫红. 关于完善我国征信体系的若干思考［J］. 征信，2012（1）：70 – 73.

[386] 陈庆超. "发展"的伦理内蕴与可能生活的展开［J］. 华侨大学学报（哲学社会科学版），2014（2）：71 – 77.

[387] 渠滢. 论专利无效诉讼中的"循环诉讼"问题［J］. 行政法学研究，2009（1）：90 – 95.

[388] 付子堂. 法之理在法外［M］. 北京：法律出版社，2003：1.

[389] 韩升. 现代公共生活的话语重塑：西方共同体主义的基本政治理念概观［J］. 华侨大学学报（哲学社会科学版），2013（3）：91 – 97.

后　记

　　本书是在笔者博士论文基础上写就的。毕业入职后，有幸得到中共上海市委党校第二分校的出版资助，本书得以顺利付梓，在此向二分校关心支持本书出版的领导、老师们致敬。回首创作的整个过程，胸中纵有千言万语却无奈苍白的语言难以表达，唯有诚挚地答谢能够渐渐释怀。

　　首先要感谢我的导师朱雪忠教授。本书从选题，到资料收集、撰写、修改、编辑出版的每个阶段都得到了朱老师的悉心点拨和指导。可以说，没有老师的倾力相助，我无法完成如此浩繁的撰写工作，更不会有本书的出版。五年前，承蒙老师不弃，将我收入门下，诚惶诚恐。读博期间，我深深地被老师的谦逊人品所折服，即使工作再忙，老师也总是留出时间耐心指导学生的论文撰写。老师渊博的学识和广阔的研究视野不断给我以启迪，引领我以更为宽广的思维展开学术研究。朱老师是带我步入学术殿堂的领路人，亦是我在学术之路上继续奋进的精神支柱，在此，献上学生对恩师最为诚挚的谢意！

　　感谢同济大学法学院提供的优越的学习环境和浓厚的学术研究氛围。作为法学院第一届博士生，无比荣幸得到了学院领导、老师的殷切关怀。知识产权是法学院的特色、优势学科，不仅汇聚了国内外顶尖的知名专家学者，也不定期地举办各式高水平的学术研讨会，这对我而言都是极为难得和宝贵的学习、交流机会。感谢单晓光院长、宋晓亭教授、刘晓海教授、高旭军教授以及校外专家吕国强局长对我整个写作的严格把关和真知灼见。感谢"朱家军"同门和法学院 2012 级 10 位哥哥、姐姐们对我的支持和鼓励。点点滴滴，我都铭记于心。

　　感谢父母的养育之恩。读书乃奢侈之事。我能心无旁骛地认真做学问，全赖父母在我读书期间提供的物质条件。在这个阅读碎片化的浮躁时代，有条件允许我就一个问题经年进行深入、持续地研究，也算是一种享受和幸福吧。而这一切，都是父母的恩泽。常年在外求学、工作，未能在父母身边陪伴尽孝，始终是我心中难言之痛。唯有尽好本分，让他们安心、开心，让他们因我而自豪。

　　感谢爱人珺珺的陪伴和鼓励。做学问，注定是一个人在黑暗中摸索。命运之神在我最为艰难的时刻眷顾了我，为我安排了一场美丽的邂逅。爱情的滋润可以使人变得睿智、充满力量。即使创作再艰辛，珺珺的温柔善良也足以消解任何挫折和痛苦，这本书是我们的爱情结晶。书籍出版了，我们的幸福生活才刚开始。

　　最后，要感谢负责本书出版的编辑老师们。尤为感谢责任编辑可为老师，她的耐心、细致和专业不仅帮我修正了大量细节瑕疵，也促使我对书中很多问题做了更为严谨的思考，大大提升了本书的撰写质量。

　　我很幸运，遇到了这么多愿意帮助我、点拨我的人，谢谢你们！